EL ZOHAR

EL ZOHAR

Traducido, explicado
y comentado
Vol. XXVI

EDICIONES OBELISCO

Si este libro le ha interesado y desea que le mantengamos informado de
nuestras publicaciones, escríbanos indicándonos qué temas son de su interés
(Astrología, Autoayuda, Ciencias Ocultas, Artes Marciales, Naturismo,
Espiritualidad, Tradición…) y gustosamente le complaceremos.

Puede consultar nuestro catálogo en www.edicionesobelisco.com

Colección Cábala y Judaísmo
El Zohar
Vol. XXVI

1.ª edición: noviembre de 2019

Título original: *Sefer ha Zohar*

Traducción: *Equipo editorial*
Maquetación: *Natàlia Campillo*
Diseño de cubierta: *Enrique Iborra*

© 2019, Ediciones Obelisco, S. L.
(Reservados los derechos para la presente edición)

Edita: Ediciones Obelisco, S. L.
Collita, 23-25. Pol. Ind. Molí de la Bastida
08191 Rubí - Barcelona - España
Tel. 93 309 85 25 - Fax 93 309 85 23
E-mail: info@edicionesobelisco.com

ISBN: 978-84-9111-535-9
Depósito Legal: B-18.979-2019

Printed in India

Reservados todos los derechos. Ninguna parte de esta publicación,
incluido el diseño de la cubierta, puede ser reproducida, almacenada,
transmitida o utilizada en manera alguna por ningún medio, ya sea electrónico,
químico, mecánico, óptico, de grabación o electrográfico,
sin el previo consentimiento por escrito del editor.
Diríjase a CEDRO (Centro Español de Derechos Reprográficos, www.cedro.org)
si necesita fotocopiar o escanear algún fragmento de esta obra.

DEDICATORIA DE EL ZOHAR

A Jana Miriam, que llegó a leer parte de estos textos y los amó con toda su alma. Para ella, que develó el misterioso modo de estudiar la Torah desde las profundidades de su ser y de entregarse a Dios sin reservas, y que se fue de este mundo en dirección a su amada Jerusalén Celestial con la paz interior y el sosiego que caracterizan a aquellos que tienen la certeza de haber cumplido su misión en su paso por la vida.

Aquellos que tuvimos el mérito y la suerte de conocerla sabemos que su luz espiritual y su sonrisa pura nos acompañarán e iluminarán hasta el reencuentro final.

Zijroná Librajá

¡Que su recuerdo sea una bendición!

PALABRAS INTRODUCTORIAS

> He aquí que vendrán días, dice El Eterno, Dios, en que enviaré hambre a la Tierra, pero no hambre de pan, ni sed de agua, sino de la palabra de El Eterno.
>
> Amós 8:11

Los motivos que nos llevan a traducir esta edición de El Zohar son los siguientes:

1. Todo lo relacionado con la Cábala se encuentra tan popularizado y divulgado que prácticamente se halla al alcance de cualquiera.
2. Las traducciones parciales que normalmente suelen encontrarse en el mercado son incompletas, inexactas y confusas, y en la mayoría de los casos no se basan en el idioma original de El Zohar.
3. Existen personas que, sin saber hebreo ni arameo, e incluso sin vivir de acuerdo con las normas de la Torah, se dedican a la enseñanza de estos textos sagrados motivados por intereses exclusivamente personales y comerciales.

Por consiguiente, y tras consultar a grandes e importantes cabalistas en Israel, nos propusimos presentar una traducción absolutamente fiel al texto sagrado original, incluyendo comentarios breves y aclaraciones con la intención de facilitar una comprensión mínima de aquellos pasajes que se consideran de carácter más abierto y revelado. Estas aclaraciones escritas en letra más fina, no son nunca opiniones personales de los traductores, sino una síntesis de las enseñanzas de los sabios que han comentado El Zohar. Con todo, el lector atento notará que muchos pasajes han sido traducidos de modo literal y sin explicación alguna, ya que debido a su misterio y hermetismo simplemente no pueden ser revelados al inexperto aprendiz.

Las características técnicas de la presente obra son las siguientes:
1. La letra enfatizada en negrita es la traducción palabra por palabra de El Zohar.
2. La letra intercalada en redonda son los comentarios y agregados.
3. Se han añadido fuentes bíblicas y talmúdicas.
4. Se acompaña un glosario al final de cada volumen.

Por último, queremos aclarar que todas las personas que participan en la traducción de esta obra excepcional viven de acuerdo con las enseñanzas clásicas de la Torah y se esfuerzan por complacer y cumplir la Voluntad del Creador.

Quiera el Dios de Abraham, Itzjak y Jacob hacer cumplir nuestra voluntad: que las almas sedientas de espiritualidad beban de la Luz de Su Torah.

Y como dice la Mishná de Pirkei Avot (2:6):
En un lugar donde no hay hombres, esfuérzate en ser un hombre.

Los traductores

PARASHAT MATOT

Números 30:1 a Números 32:42

«Pero a todas las niñas entre las mujeres, que no hayan conocido ayuntamiento de varón, os guardaréis vivas» (Números 31:18). A propósito de esto hemos aprendido que Rabbí Iehudah dijo que **el mundo se mantiene únicamente por dos colores,** en relación a los atributos de Rigor y Misericordia **que proceden de las mujeres sabias de corazón.** Por esta razón, «Además todas las mujeres sabias de corazón hilaban con sus manos, y traían lo que habían hilado: cárdeno, o púrpura, o carmesí, o lino fino» (Éxodo 35:25). ¿Qué trajeron? Cárdeno y púrpura, colores que están dentro de los colores. Éste es el sentido de «Buscó lana y lino, y con voluntad labró con sus manos» (Proverbios 31:13). La lana representa a la Misericordia y el lino al Rigor. **También está escrito «hilaban con sus manos».** ¿Qué significa «hilaban»? Dijo Rabbí Iehudah: hilaban con Rigor e hilaban con Misericordia. Dijo Rabbí Isaac: ¿Por qué a una Ishah, mujer se la llama así? Porque es *Esh*, **fuego,** que representa al Rigor **y** *He*, que representa a la Misericordia.

Ven y ve: dijo Rabbí Eleazar: se considera que las mujeres pertenecen al Rigor hasta que experimentan Misericordia. Hemos aprendido que lo blanco, que representa a la Misericordia y corresponde al semen, **procede del hombre y del lado de la mujer viene lo rojo. Cuando una mujer prueba lo blanco, éste prevalece.**

Ven y ve: por esta razón, no está permitido tomar en matrimonio a las mujeres de las demás naciones que se acuestan con hombres, que no son vírgenes. **Hemos aprendido que hay derecha e izquierda, y son Israel y las demás naciones, y el jardín del Edén y el infierno** (*Guehenom*). **Este mundo y el mundo venidero. Israel corresponden a la Misericordia y las demás naciones al Rigor.** Hemos aprendido que cuando una mujer prueba la Misericordia ésta prevalece. Cuando una mujer prueba el Rigor, el Rigor se añade al Rigor. Está escrito a propósito de esto: «los perros son voraces pero no se sacian» (Isaías 26:11). A propósito de esto, **hemos aprendido que cuando una mujer** judía se casa con un extranjero, **se une a él como un perro. Y así como un perro tiene un fuerte espíritu desvergonzado, cuando el Rigor se une al Rigor ella también es desvergonzada. Hemos aprendido que cuando una mujer** judía **se casa con uno de Israel, se dice: «Mas vosotros que os allegasteis al Eterno vuestro Dios, todos** *estáis* **vivos hoy»** (Deuteronomio 4:4). **¿Por qué?** El alma de Israel procede del espíritu del Dios vivo, según escrito: «Porque no estaré en pleito para siempre, ni estaré siempre enojado, **pues el espíritu desfallecería ante mí,** y el aliento de los que Yo he creado» (Isaías 57:16). **Esto se aprende de «ante mí». Por esta razón, la Misericordia es más poderosa en aquella virgen que no se une a las otras naciones, sino que se une a Israel.**

Ven y ve: está escrito: **«Para siempre será edificada Misericordia»** (Salmos 89:3). **¿Qué es Misericordia? Es una de las coronas del rey de Arriba. El Santo, bendito sea, denominó Misericordia al alma de Israel para que éste construya. De este modo, la Misericordia nunca desaparecerá.** Esto se aprende de la frase «será edificada». Por esta razón, hemos aprendido que aquel que provoca que la Misericordia cese en el mundo, no saboreará el mundo venidero. Por esta razón, está escrito: «la mujer del muerto no se casará fuera con hombre extraño» (Deuteronomio 25:5) **para hacer misericordia con el hombre muerto a fin de que sea construi-**

do y establecido, según está escrito: «Para siempre será edificada Misericordia» (Salmos 89:3).

(En algunas ediciones del *Zohar* después de la Parashah de Matot aparece el texto del *Sefer haBahir*. El lector lo podrá consultar en *El libro de la claridad*, traducción de Mario Satz, Ediciones Obelisco, Barcelona 2012).

PARASHAT VAETJANAN

(Deuteronomio 3:23 a 7:11)

(260a) «Y oré al Eterno en aquel tiempo, diciendo: Eterno Dios, tú has comenzado a mostrar a tu siervo...» (Deuteronomio 3:23). Rabbí Iosi abrió el versículo y dijo: «Entonces volvió Ezequías su rostro a la pared, e hizo oración al Eterno» (Isaías 38:2). Ven y ve cuán poderoso es el poder de la Torah y cuán suprema es por encima de todo. Aquel que se aferra a la Torah no ha de temer nada Arriba o aquí abajo, ya que ningún mal lo alcanzará en este mundo ya que se aferra al Árbol de la Vida (*Véase* Talmud, tratado de *Berajoth* 32b) **y come de él cada día. Porque la Torah enseña al hombre el verdadero camino y le enseña sobre cómo volver a su Señor y anular su decreto. Incluso si ya ha sido ordenado contra él, es anulado en su totalidad y retirado de él y ya no se cierne sobre él. El consejo que deberíamos seguir** mientras estamos **en este mundo, es consagrarnos a la Torah noche y día y no abandonarla nunca, según ha sido escrito:** «El libro de esta ley nunca se apartará de tu boca; **antes de día y de noche meditarás en él**, para que guardes y hagas conforme a todo lo que en él está escrito; porque entonces harás prosperar tu camino, y entonces todo lo entenderás» (Josué 1:8). **Si alguien abandona la Torah o se separa de ella, es como si se separara de la vida.**

260a

Ven y ve: hay un consejo para el hombre que se acuesta por la noche en su cama: debe recibir sobre sí mismo de todo corazón el reino de Arriba y entregarle la promesa de su alma. Y esto ya ha sido explicado (*Véase* Talmud, tratado de *Berajoth* 5a). **Porque desde que el Árbol del conocimiento del Bien y del Mal prevalece en el mundo, todos saborean el sabor de la muerte** (*Véase* Talmud, tratado de *Berajoth* 57b) **y las almas de los hombres salen, ascienden y son entregadas a él. Y como han sido entregadas como promesas, todas ellas regresarán a sus lugares.**

Ven y ve: cuando el viento del norte se despierta a medianoche, sale un heraldo y el Santo, bendito sea, se despierta en el jardín del Edén para alegrarse con las almas de los Tzadikim, justos. Entonces todos los hijos de la matronita y todos los habitantes del palacio se dedican a alabar al Rey Santo y todas las promesas son liberadas y devueltas a sus poseedores. Entonces se despiertan muchos habitantes del mundo junto con sus promesas, y los miembros del palacio de Arriba se alzan en sus posiciones entregándose a las alabanzas de la Torah hasta que llega el amanecer participando con la Asamblea de Israel. Entonces, cuando llega la mañana, ella la Matronita y los habitantes del palacio se acercan al Rey Santo y son llamados miembros del palacio del rey e hijos del Santo, bendito sea, como ya ha sido explicado. Cuando llega la mañana cada uno se lava a sí mismo y ciñe sus armas para unirse con el Rey Santo. Porque durante la noche está ocupado con la Matronita y ahora va con ella para que se una al Rey Santo (*Véase Zohar* III-120b). Va a la sinagoga, se purifica a sí mismo con ofrendas y canta las alabanzas de David, con los Tzitzit de la cabeza y del brazo, y recita salmos de David, como ya ha sido explicado (particularmente en el salmo 145).

Realiza plegarias ante su Señor y durante éstas permanece de pie como los ángeles del cielo en la Amidá participando con ellos, por lo que es llamado «el que está de pie», según ha sido dicho: «y te daré libre acceso entre los que están aquí» (Zacarías 3:7) (*Véase* Talmud, tratado de *Berajoth* 10b). **Y dirigen su atención hacia su Señor y le presentan sus peticiones.**

Ven y ve: cuando un hombre se levanta por la noche para ocuparse de la Torah, delante de él se encuentra un heraldo que proclama: «Mirad, bendecid al Eterno, *vosotros* todos los siervos del Eterno, los que en la Casa del Eterno estáis por las noches» (Salmos 134:1). Ahora, cuando está de pie rezándole a su señor, el heraldo está de pie delante de él diciendo «y te daré libre acceso entre los que están aquí» (Zacarías 3:7).

Cuando la oración ya ha finalizado, hemos aprendido que estando de pie ante su señor puede entregar su alma con un corazón dispuesto en el lugar requerido. ¡Cuántos buenos consejos recibe una persona que está allí! (260b). Cuando la oración ha acabado, todas las palabras que han salido de su boca durante la oración ascienden y quebrantan los cielos, atmósferas y firmamentos hasta llegar allí donde han de llegar, hasta alcanzar la cabeza del Rey, adornada con una corona. Los compañeros cabalistas explican que cuando un hombre presenta un ruego al Santo, bendito sea, ha de ser una oración de súplica. ¿De dónde lo sabemos? De Moisés, nuestro maestro, según ha sido escrito: «Y oré al Eterno en aquel tiempo, diciendo» (Deuteronomio 3:23), ya que ésta es la oración apropiada para ser recibida.

Ven y ve: como ya ha sido explicado, la persona que está de pie en la oración de la Amidá ha de juntar sus piernas y cubrir su cabeza como alguien que se halla en presencia del rey y cerrar los ojos, no fuera que viera a la Shekinah. En el libro de Rav Amnuna el anciano se dice que aquel que abre los ojos durante la oración o los aparta del suelo, el ángel de la muerte acudirá a él prematuramente. Cuando su alma lo abandone no verá la luz de la Shekinah y no morirá por el beso. Aquel que trata a la ligera a la Shekinah es tratado a la ligera por ella cuando la necesita en el momento de la muerte, según ha sido escrito: «porque *yo* honraré a los que me honran, y los que me tuvieren en poco, serán viles» (1 Samuel 2:30).

¿Cuándo puede alguien ver a la Shekinah? Uno puede ver a la Shekinah cuando reza, porque la Shekinah está entonces delante de él. Por esta razón ha sido escrito: «Entonces volvió Ezequías su rostro a la pared, e hizo oración al Eterno» (Isaías 38:2), donde mora la Shekinah. Ésta es la razón por la cual durante la oración ha de haber una separación entre la persona y la pared. Y esto ya ha sido explicado (*Véase Zohar* I-132a).

Aquel que está de pie en oración, ha de preparar primero sus peticiones a su señor y después sometérselas. Ésta es la razón por la cual Moisés nuestro maestro dijo: «Eterno Dios, **tú has comenzado** a mostrar a tu siervo tu grandeza, y tu mano fuerte; porque ¿qué dios *hay* en el cielo ni en la tierra que haga según tus obras, y según tus valentías?» (Deuteronomio 3:24), **y después «Pase *yo* ahora, te ruego, y vea** aquella tierra buena, *que* está al otro lado del Jordán, aquel buen monte, y el Líbano» (Deuteronomio 3:25).

Dijo Rabbí Iehudah: ¿Por qué está escrito primero «Adonai» con *Alef, Dalet, Nun* y *Iod*, y después El Eterno, pronunciado como se pronuncia **Elohim?** Es porque la secuencia es desde Arriba hacia abajo a fin de combinar el día con la noche y la noche con el día, uniéndolos el uno con el otro de un modo apropiado. «Tú has comenzado a mostrar a tu siervo...» (Deuteronomio 3:24). ¿Has comenzado? ¿De qué comienzo estamos hablando? Ciertamente Moisés fue un principio en este mundo al ser alguien totalmente completo. Pero podrías decir que Jacob también era completo antes de Moisés, como es completo un árbol aquí abajo a imagen de Arriba. Pero lo que alcanzó Moisés ningún otro hombre lo había alcanzado, pues él fue ornamentado con miles y decenas de miles de personas de Israel, con la Torah, con el tabernáculo, con las doce tribus y con sus doce príncipes. Era completo porque Aarón estaba a su derecha, Najshón hijo de Aminadab a su izquierda y él estaba entre ellos. Por eso «tu grandeza», a la derecha, Aarón y «tu mano fuerte», a la izquierda Najshón. Y esto ya ha sido explicado (*Véase* Talmud, tratado de *Sotah* 37a) **y por eso Moisés fue un comienzo en el mundo.**

Pero ahora podrías preguntar: ¿Si Moisés es el comienzo, cuál es el final? El final es el rey Mesías porque entonces habrá una perfección en el mundo como nunca la hubo en las generaciones anteriores. Entonces la perfección estará Arriba y abajo y ambos mundos serán uno. A propósito de esto ha sido escrito: «En aquel día el Eterno será uno, y su nombre uno» (Zacarías 14:9).

«Y el Eterno se había enojado contra mí por causa de vosotros, por lo cual no me oyó; y me dijo el Eterno: basta, **no me hables más** de este negocio. (Deuteronomio 3:26). **Dijo Rabbí Jía: el Santo, bendito sea, le dijo a Moisés «basta» con que te hayas unido a la Shekinah, a partir de ahora «no me hables más».** Dijo Rabbí Isaac: te basta con la luz del Sol que estaba contigo, no más. **Ha llegado el tiempo de la Luna,** que corresponde a Josué, **y la Luna no puede brillar hasta que el Sol se reúne con ella.** Pero «**Y manda a Josué, y anímalo, y confórtalo**; porque él ha de pasar delante de este pueblo, y él les hará heredar la tierra que verás» (Deuteronomio 3:28). **Porque tú eres el Sol que ha de iluminar a la Luna, como ya ha sido enseñando** (*Véase Zohar* III-284a). «Mas vosotros que **os allegasteis al Eterno vuestro Dios,** todos *estáis* vivos hoy» (Deuteronomio 4:4). **Dijo Rabbí Iosi:** «Bienaventurado el pueblo que tiene esto; bienaventurado el pueblo cuyo Dios *es* el Eterno» (Salmos 144:15). **Bienaventurado es aquel pueblo al que el Santo, bendito sea, ha escogido entre los otros pueblos y le ha dado su bendición, la bendición de Su Nombre, según ha sido escrito:** «Y la simiente de ellos será conocida entre los gentiles, y sus renuevos en medio de los pueblos; todos los que los vieren, los conocerán, que **son simiente bendita del Eterno**» (Isaías 61:9). **El Eterno los ha bendecido, ciertamente.**

Ven y ve: el Santo, bendito sea, ha dado a los demás pueblos del mundo príncipes designados para gobernarlos, y en cuanto a Israel, le entregó la sagrada Torah para estar unido a ellos y unirlos a Su Nombre, ya que toda la Torah es un nombre del Santo, bendito sea (*Véase Zohar* III-298b). **Por esta razón,** (261a) «**os allegasteis al Eterno**» y no a cualquier otro príncipe, como ocurre con los demás pueblos. Y esto ya ha sido explicado en varios lugares (*Véase Zohar* III-73a).

«Y habló el Eterno con vosotros de en medio del fuego; oísteis la voz de sus palabras, mas *a excepción* de *oír* la voz, ninguna figura visteis». **Dijo Rabbí Eleazar: hay que examinar** cuida-

261a

dosamente **este versículo: «la voz de las palabras»,** *Kol Devarim.* **¿Cuál es la voz de las palabras? Es una voz llamada** *Dibur,* **discurso, ya que todo discurso depende de ella. Por esta razón está escrito** *Vaidaber Elohim,* **«Y dijo Dios»** (Éxodo 20:1), **ya que el discurso depende de ese lugar denominado «la voz de las palabras»,** *Kol Devarim* y corresponde a la sefirah de Maljut.

«¿Oísteis?», ya que la audición depende de únicamente de ella, la sefirah de Maljut, **por lo que está escrito «¿Oísteis?».** Y esto ya ha sido explicado (*Véase* Talmud, tratado de *Kiddushin* 22b), **«y su amo le horadará la oreja con lezna, y será su siervo para siempre»** (Éxodo 21:6), **ya que mancilló el lugar denominado «oreja» que es** al mismo tiempo **habla y audición.**

«Oísteis la voz de sus palabras, mas *a excepción* **de** *oír* **la voz, ninguna figura visteis»** (Deuteronomio 4:12). **¿Qué es una figura,** *Temunah*? **Es como en «él no verá al Eterno por figuras»** (Números 12:8). Otra explicación: una figura es una voz interior, que no es visible para nada. «oír la voz» se refiere a una voz exterior. ¿Por qué se la llama «figura»? Porque manifiesta a todo cuerpo. Y ahora podrías decir que hay otras que también se llaman así y son las manifestaciones más bajas. Por lo tanto, son la letra *He* de Arriba y la letra *He* de abajo. La letra *He* de Arriba es «cuando vosotros oísteis la voz» (Deuteronomio 5:23), **que nunca cesa. Todas estas voces estaban allí cuando fue entregada la Torah a Israel, y todas salían de esa voz interior de la que depende la palabra** (*Véase* Talmud, tratado de *Sanhedrín* 17a).

Esto es la llamada «segunda Torah», *Mishneh Torah*, «repetición de la Torah, salió de la boca misma de Moisés y esto ya ha sido explicado (*Véase* Talmud, tratado de *Meguilah* 31b). **¿Por qué** es así? Se dice que la Jojmah de Arriba es la totalidad de la Torah de la cual todo sale a través de esa voz interior, que es Binah, la sefirah siguiente. Después, todo se asienta y se une al lugar llamado Árbol de la Vida del que dependen lo general y lo particular o sea la Torah escrita llamada «general» y la Torah oral, llamada «particular». Y es llamada «segunda Torah», *Mishneh Torah*. Al principio era Guevurah, que no se detiene, pero ahora todo es como uno. «Y no adulterarás. Y no hurtarás. Y no mentirás. Y no codiciarás y no desearás» (Deuteronomio 5:18a 5:21). **Y en los diez preceptos todo está inscrito con la** letra *Vav*, **como ya ha sido explicado.** Cada uno de ellos comienza por «Y», que en hebreo queda indicado por la letra *Vav*.

Dijo Rabbí Iosi: ¿Qué significa *velo Titaveh*, y no codiciarás (Deuteronomio 15:21), **y** *velo Tajmod*, y no desearás, **cuando debería estar escrito** *velo Titaaveh*? **Dijo: ¡dichosos los poseedores de la verdad! Codiciar es un grado y desear es otro. La codicia indica que si puede, irá a por ello y cometerá el acto. Con el deseo no ocurre lo mismo,** pues todavía permanece al nivel de deseo. **Y esto ya ha sido explicado por los compañeros** cabalistas.

Rabbí Iosi dijo: ¿Por qué no está escrito también *velo Tirtzah*, «**no matarás» como los demás?** (El texto hebreo dice *lo Tirtzah* sin *ve*, o sea sin la «Y»). **Contestó: porque el asesinato depende de** la sefirah **Guevurah, que es la columna izquierda, y no de Hessed,** la columna derecha, de compasión. *Lo Tirtzah*, «no matarás» (Deuteronomio 5:17) **está escrito defectivamente** (falta la letra *Vav*), **y como se necesitan cinco** letras *Vav*, en estos cinco primeros preceptos**, la** letra *Vav* **se añadió en** *velo Titaaveh*, **que lleva dos** letras *Vav*, **ya que en** *lo Tirtzah*, «**no matarás» no puede aparecer y por eso la** letra *Vav* **fue agregada aquí.**

Rabbí Pinjas estaba sentado detrás de él (Rabbí Eleazar), **escuchándolo. Lo besó, lloró y se rió. Dijo: ¡cachorro de león! ¡Nadie puede estar de pie delante de ti! ¿Quién de este mundo podría estar de pie ante ti y ante tu padre? ¡Dichosa la suerte de los justos y dichosa mi parte en este mundo y en el mundo venidero porque he presenciado esto! Y a propósito de esto ha sido escrito «Verán los justos y se gozarán**; y el inocente los escarnecerá» (Job 22:19). **Rabbí Eleazar abrió** el versículo: «**Acércate tú, y oye todas las cosas que dijere el Eterno** nuestro Dios; y tú nos dirás todo lo que el Eterno nuestro Dios te dijere, y nosotros oiremos y haremos (Deuteronomio 5:27).

**Ven y ve: cuando la Torah fue entregada a Israel, todas las voces estaban presentes y el Santo, bendito sea, estaba sentado en su trono. Y uno era visto a través del otro, la manifestación de cada uno a partir del que está encima de él. Éste es el misterio sobre el que está escrito: «Cara a cara habló el Eterno con vosotros en el monte de en medio del fuego» (Deuteronomio 5:4). El habla salió y habló desde el fuego y la llama por un golpe de viento y agua; fuego, viento y agua que salen del Shofar que los contiene a todos. E Israel se mantuvo alejado de esta experiencia aterradora.

«Y oye todas las cosas que dijere el Eterno» (Deuteronomio 5:27). ¡No queremos poder desde Arriba sino desde el lugar de la mujer, y nada más! Moisés dijo: sin duda habéis debilitado mi poder y también otro poder porque Israel no es equidistante entre ambos, y si hubieran escuchado el discurso entero como al principio, el mundo no habría sido destruido e Israel hubiera vivido (261b) durante generaciones. La primera vez que murieron fue por lo del Árbol de la Muerte. Después fueron resucitados y se levantaron y desearon apegarse al Árbol de la Vida que está encima del Árbol de la Muerte para vivir para siempre pero, poco dispuestos, retrocedieron. Entonces el poder de Moisés se debilitó y otro poder se debilitó (*Véase* Talmud, tratado de *Shabat* 88b). El Santo, bendito sea, dijo: deseo establecerte en un lugar de Arriba en el que te unirás a la vida pero has preferido el lugar en el que habita la hembra. Por esta razón, «Volveos a vuestras tiendas» (Deuteronomio 5:30), ya que cada uno descendió a donde estaba su hembra y se unió con ella. Sin embargo, dado que Israel lo hizo únicamente por un temor mayor que estaba encima de ellos, está escrito: «Quién diese que tuviesen tal corazón, que me temiesen» (Deuteronomio 5:29). De aquí se aprende que cuando alguien hace algo sin tener en cuenta el corazón y atendiendo a la Mala Inclinación, si no lo hizo a propósito, no es castigado por ello y el Santo, bendito sea, no lo juzga para mal. «Y tú estate aquí conmigo, para que te diga todos los preceptos, y estatutos...» (Deuteronomio 5:31). De aquí en adelante se separará completamente de su hembra y se elevará hasta otro lugar, el macho y no la hembra. ¡Dichosa la parte de Moisés, el profeta fiel, que alcanzó escalones (niveles) muy elevados que ningún otro ser humano ha alcanzado nunca! A propósito de esto está escrito: «El que agrada a Dios escapará de ella; mas el pecador quedará preso en ella» (Eclesiastés 7:26). ¿Qué quiere decir «el que agrada» (literalmente *Iadia Tov*)? **Es como en «ella vio que era bueno (*Tov*)»** (Éxodo 2:2). **Y como era bueno, ascendió a un escalón** nivel **superior. Por eso está escrito: «porque el lugar en que tú estás, tierra santa *es*»** (Éxodo 3:5). **Concretamente «en que tú estás»** (*Véase* Zohar II-222a). **¿Por qué? Porque «era bueno», y «bueno» es el macho.**

Pero alguien podría decir que Rabbí Iehudah dijo a propósito de David «de hermoso parecer» (1 Samuel 16:12). **¿Por qué no era él el mayor? Está escrito *Vetov Roi*, de hermoso parecer,** literalmente «de buen ver», **como** ocurre con **un espejo, un espejo en el que contemplar.** Y así *Tov*, buen, bueno, **está con él y *MeRei*, de *Rei*,** espejo, **es bueno. Sin embargo, está escrito a propósito de Moisés *Tov Hu*, él bueno. Mientras que aquí** leemos *Tov Roi*. **Sin embargo, habita en los dos ya que uno está unido al otro. Y después de ser bueno Moisés ascendió a *Ish*, varón, según está escrito: «Y aquel varón Moisés era muy manso**, más que todos los hombres que había sobre la tierra» (Números 12:3).

Dijo Rabbí Iehudah: en todos sus actos el hombre ha de tener frente a él al Santo, bendito sea, y esto ya ha sido explicado (*Véase* Salmos 16:8). **Rabbí Iehudah seguía el razonamiento siguiente: cualquiera que va por un camino ha de concentrarse en tres cosas, la más importante de las cuales es la oración. Y aunque la oración es la más importante, después viene que haya dos o tres compañeros compartiendo palabras de Torah a fin de que no tengan miedo ya que la Shekinah estará entre ellos** (*Véase* Talmud, tratado de *Berajoth* 6a). **La cosa es como cuando Rabbí Eleazar y Rabbí Jía estaban caminando y Rabbí Eleazar dijo que está escrito: «Y el Eterno Dios hizo al hombre y a su mujer túnicas de pieles, y los vistió»** (Génesis 3:21). **¿Y ahora están despojados de esa piel? Sí, de las *Manei Iekar*, vestiduras de gloria. Dijo Rabbí Jía: así es, pero no lo merecían antes de haber pecado, sólo después de que pecaran está escrito: «Y el Eterno Dios hizo al hombre y a su mujer túnicas de pieles, y los vistió». Respondió: ciertamente.**

261b - 262a

Al principio estaban vestidos según el modelo de Arriba, y luego fueron despojados de los modelos de abajo y una luz celestial los rodeaba. Después de pecar volvieron a los colores del mundo y les quitaron los colores de Arriba. ¿Qué está escrito a propósito de esto? «Y el Eterno Dios hizo al hombre y a su mujer túnicas de pieles» que corresponden a ese mundo de Arriba. Está escrito: «Y harás llegar a Aarón y a sus hijos a la puerta del tabernáculo del testimonio» y «les vestirás las túnicas» (Éxodo 29:4 y 8). Éstas correspondiendo al modelo de Arriba y éstas otras correspondiendo al modelo de abajo. Unas son túnicas de lino y otras son túnicas de piel. Sin embargo, la belleza de estas vestiduras lo superaba todo (*Véase Zohar* II-229b). «Y fueron abiertos los ojos de ambos» (Génesis 3:7) a las formas de este mundo pues antes no era así cuando veían lo de Arriba con los ojos abiertos. Está escrito: «Y guiaré *a* los ciegos por camino, que nunca supieron, les haré pisar por las sendas que nunca conocieron; delante de ellos tornaré las tinieblas en luz, y los rodeos en llanura. Estas cosas les haré, y nunca los desampararé» (Isaías 42:16). Un día, el Santo, bendito sea abrirá los ojos de los que no ven para que (262a) vean la sabiduría de Arriba y capten lo que no captaban en este mundo a fin de que conozcan a su Señor. ¡Dichosos los justos que quieren alcanzar esta sabiduría, pues no hay una sabiduría mejor que ésta y no hay un conocimiento mejor que éste!

Mientras caminaban, vieron que unos ladrones los seguían para robarles. Rabbí Eleazar los miró y vinieron dos animales salvajes y los mataron a los ladrones. Dijo: ¡Bendito sea el misericordioso que nos ha salvado! Rabbí Eleazar dijo: «Cuando anduvieres *por ellas* no se estrecharán tus pasos; y si corrieres, no tropezarás» (Proverbios 4:12). Y está escrito: «Porque a sus ángeles mandará *acerca* de ti, que te guarden en todos tus caminos» (Salmos 91:11) y «Por cuanto en mí ha puesto su voluntad, *yo* también lo libraré; lo pondré en alto, por cuanto ha conocido mi Nombre» (Salmos 91:14).

En el *Sifra diZeniuta,* Libro Oculto, está explicado un misterio de Arriba, y es que hay reveladas tres cavidades con letras grabadas en el cerebro del Zeir Anpin (*Véase* Zohar II-177b). Y hemos aprendido que hay tres cerebros ocultos en estas cavidades y desde la parte superior del Atika Kaddisha aparecen cuatro cerebros en este Zeir Anpin y se expanden por todo el cuerpo. Son los cuatro párrafos de los cuatro canales de los Tefilín, las filacterias, **que se pone el Santo, bendito sea. Una persona ha de ponerse Tefilín todos los días ya que son como el Nombre Santo de Arriba en las letras grabadas, según ha sido escrito: «Y verán todos los pueblos de la tierra que el nombre del Eterno es llamado sobre ti, y te temerán»** (Deuteronomio 28:10). Hemos aprendido que el nombre Tetragrama es el nombre real del Eterno y a él se refieren los Tefilín de la cabeza. Y el cerebro de Arriba fluye sobre el de abajo, llamado «dos cerebros» que se expresan como uno (*Véase* Proverbios 1:20).

Dijo Rabbí Isaac: éste es el sentido de **«Santifícame todo primogénito**, cualquiera que abre matriz entre los hijos de Israel, así de los hombres como de las bestias; *porque* mío es» (Éxodo 13:2) **que es la corona que fluye y recubre a todas las demás.** Cada primogénito incluye el flujo de Arriba, que está oculto de todo. Es denominado «que abre la matriz», porque abre todo el flujo de Misericordia y luz celestial. Dijo Rabbí Shimon: está escondida en la letra *Iod* del Santo Nombre Tetragrama. Es un compartimiento de los Tefilín que es «santifícame todo primogénito», un compartimento en la parte de arriba del cerebro. El otro compartimento mundos «y cuando el Eterno te la hubiere dado» (Éxodo 13:11).

Dijo Rabbí Iehuda: el cerebro que se expande hacia las **cincuenta puertas.** Son muchas puertas y corresponden a todas las veces que está escrito en la Torah «quién os sacó de la tierra de Egipto» (Éxodo 20:1). **Y el recuerdo de la salida de Egipto menciona muchas veces en la Torah, cincuenta veces** que corresponden a las cincuenta puertas de Binah. **Lo hemos aprendido en el libro de Rav Amnuna el anciano que dijo que el Santo, bendito sea, rompió muchas puertas Arriba y abajo que estaban atadas por cadenas, a fin de sacar a Israel de Egipto.** En lo que se refiere a las puertas del cerebro, las otras puertas se abrieron y aflojaron, y si las puertas de este cerebro no hubieran sido rotas y abiertas, las otras no habían sido abiertas para ejercer el juicio y liberar a Israel de la esclavitud. Todo está sellado aquí y es denominado madre de Arriba, de la que procede el poder de la madre de abajo. ¿Quién es? Es aquella a propósito de quien ha sido escrito: «Estad atentos a mí, pueblo mío, **y oídme, nación mía**; porque de mí saldrá la ley, y mi juicio descubriré para luz de pueblos» (Isaías 51:4). **No leas «nación mía»** (Leumi), **sino «Madre mía»** (Leimi). **Porque el Santo, bendito sea, que es el amado de la Asamblea de Israel, la llama «mi madre».** Esta salida de la madre de Arriba, que es el segundo compartimiento denominado *He* del Tetragrama, se abre en cincuenta puertas y de esas puertas sale aliento de las fosas nasales de la nariz.

Hemos aprendido que el jubileo, cuando se libera a los esclavos, está unido a este cerebro. Porque hay cincuenta años del jubileo y hay cincuenta días en la cuenta del Omer. Entonces el espíritu de los esclavos descansa y toman aliento, según ha sido escrito: «**Y será que en el día que el Eterno te diera reposo de tu trabajo, y de tu temor, y de la dura servidumbre** en que te hicieron servir» (Isaías 14:3). **Por lo tanto, la** letra *He* **es la tranquilidad del espíritu que lo libera. La salida de Egipto depende de ese compartimento y de la letra** *He* **de Tetragrama, como ya hemos explicado. Hasta aquí, la generalidad del Santo Nombre.**

Ven y **ve: del lado del padre sale Hessed y del lado de la madre Guevurah. El Santo, bendito sea las reúne a las dos y con ellas la letra** *Vav* **es coronada** (262b).

Tercer compartimiento: «**escucha Israel**» (Deuteronomio 6:4), **Israel Saba,** anciano, que corresponde a la sefirah de Tiferet. «**Y amarás al Eterno tu Dios** de todo tu corazón, y de toda tu alma, y con todo tu poder» (Deuteronomio 6:5). **Rabbí Shimon enseñó que se trata de un gran misterio que estaba coronado con el aspecto de Aba. ¿Cuál es? Es Abraham. Coronado con el aspecto de Ima. ¿Cuál es? Es Isaac. Hemos aprendido a propósito de «y amarás» que aquel que ama mucho al rey se comporta amablemente con él. Este tipo de Hessed,** bondad, **es denominado «verdadera bon-**

dad» que no busca la recompensa sino únicamente el amor del rey, al que ama intensamente. Hessed depende del amor al rey. «Abraham, mi amigo» (Isaías 41:8), **porque lo ama tanto que propaga la bondad por el mundo. Por lo tanto «amarás», porque la bondad depende del amor. Éste es el tercer compartimiento.**

Cuarto compartimiento. **«Y será que, si escuchareis** cuidadosamente mis preceptos que yo os mando hoy, ... **Cuidaos ... y se encienda el furor del Eterno sobre vosotros»** (Deuteronomio 11:13 y 16-17). **Es Guevurah áspera y juicio severo que salen del aspecto de la madre de Arriba. Hemos aprendido que a pesar de que ella no es juicio, la Guevurah de Arriba sale de su aspecto. Pero podrías decir «Y será que, si escuchareis...» no se refiere al juicio. Ciertamente entre las coronas del rey,** las sefirot, **no hay ninguna que no incluya tanto el juicio como la Misericordia, particularmente Guevurah, que incluye al bien y al mal** (*Véase* Zohar II-36a).

Estos cuatro compartimientos **están agarrados por la** letra *Vav* cuya forma recuerda a un gancho; **que se corona con ellos y son los Tefilín que se pone el Santo, bendito sea. Hemos aprendido que esta** letra *Vav* **asciende y se adorna con estas coronas, y una está unida a la otra, con todas ellas. Y la** letra *Vav* **está en el centro de todas, Arriba y abajo, mostrando la sabiduría en todas las direcciones.**

Rabbí Abba enseñó que está escrito «Solamente de tus padres se agradó el Eterno para amarlos, y escogió su simiente después de ellos, a vosotros, de *entre* todos los pueblos, como *parece* en este día» (Deuteronomio 10:15), **a lo que repuso Rabbí Shimon: los patriarcas son el carro santo de Arriba, por lo que está escrito «se agradó el Eterno». Ven** y ve: **así como hay un carro santo abajo, así hay un carro santo Arriba. ¿Cuál es? El que hemos mencionado, porque todo está interconectado y se convierte en uno. «Solamente de tus padres», que son tres** mientras que **en el carro hay cuatro. ¿Cómo sabemos que hay cuatro? Es según ha sido escrito: «y escogió su simiente después de ellos»** (Deuteronomio 10:15). **¿Y esto que quiere decir? Que se incluye al rey David, que es el cuarto para adornar a este carro santo. Porque hemos aprendido que**

los patriarcas lo establecen y lo perfeccionan todo y con ellos se completa el cuerpo, se viste y se unifica. El rey David vino y lo perfeccionó todo, estableciendo el cuerpo y perfeccionándolo a través de ellos.

Dijo Rabbí Itzjak: así como los patriarcas fueron merecedores de ser un pilar sagrado de la carroza, el rey David fue merecedor de ser establecido como el cuarto pilar de la carroza. Dijo Rabbí Iehudah: está escrito a propósito del rey David: «Envió, pues, por él, y lo introdujo; el cual *era* rojo, (de buen color), **de hermoso parecer y de bello aspecto**» (1 Samuel 16:12). ¿Por qué «rojo»? Es el resultado de la parte que le estaba asignada, el juicio. «De hermoso parecer»: el juicio con compasión según ha sido escrito: «Y haré con vosotros pacto eterno, **las misericordias firmes a David**» (Isaías 55:3). Dijo Rabbí Itzjak: hemos explicado a propósito de los actos de amor de David en su lugar, sin embargo «era rojo», como ya se ha dicho, «de hermoso parecer»: los patriarcas.

Ven y ve: Jerusalén y Sión son el Rigor y la Misericordia; sin embargo está escrito: «la ciudad de David, que es Sión» (1 Reyes 8:1). Está escrito: «No ejecutaré el furor de mi ira, no volveré para destruir a Efraín; porque Dios soy, y no hombre; *el* **Santo en medio de ti; y no entraré en la ciudad**» (Oseas 11:9). **El Santo, bendito sea, ha jurado que nunca entraría en la Jerusalén celestial** hasta que Israel entre en la Jerusalén de abajo. ¿Cuándo? Dijo Rabbí Iehudah: cuando el reino de la casa de David sea restaurado de nuevo aquí abajo.

Dijo Rabbí Itzjak: hay una *Shin* con tres palos (ש) y una *Shin* con cuatro palos (ש), que aluden al tres y al cuatro. Tres, como hemos explicado y cuatro al carro como uno. Porque ésta es la totalidad de la disposición de Arriba y a partir de ella los de abajo se ramifican y fluyen en sus caminos, en sus correas que cuelgan de los cabellos de la cabeza de los que están suspendidas todas las otras y de donde fluyen hasta juntarse en su lugar. Hemos aprendido que la letra *Vav* recibe a estos de Arriba que hemos mencionado, y estos son los Tefilín que se pone el Santo, bendito sea. Por esta razón el hombre ha de ser glorificado con ellos.

A propósito de ellos ha sido escrito: «Y verán todos los pueblos de la tierra que el nombre del Eterno es llamado sobre ti, y te temerán» (Deuteronomio 28:10). **El nombre real del Eterno, a saber los Tefilín de la cabeza.** «Te será, pues, como *una* señal sobre tu **mano**, y por *un* memorial delante de tus ojos: que el Eterno nos sacó de Egipto con mano fuerte» (Éxodo 13:16). **Sobre tu mano,** *Iadekah*, escrito con *He* **como ya ha sido establecido** (*Véase* Talmud, tratado de *Menajoth* 37a). (263a) **Así la última** *He* **se agarra a los Tefilín porque está a la izquierda** del Tetragrama. **¿Quiénes son? Son cuatro que forman un solo cuerpo porque todo está incluido en uno. ¿Quiénes son? Son** las sefirot de **Tiferet, Netsaj, Hod y Iesod. Y ella es la** letra *He* de *Iadekah*.

Dijo Rabbí Jía: mira lo que está escrito: «y verás mis espaldas» (Éxodo 33:23). **Hemos aprendido que es el nudo de los Tefilín.** Prosiguió: esto ya ha sido explicado y comentado, y es correcto. Todo aclara el asunto. Por lo tanto, a partir de allí cuelga una correa y los que están abajo están suspendidos de ella y alimentados por ella. Por eso se la llama «memorial» (literalmente «signo»), **según ha sido dicho** *Zot*, **ésta** «*será* **la señal del pacto** que he establecido entre mí y toda carne, que *está* sobre la tierra» (Génesis 9:17) **y también está escrito «ésta será un signo en** *Iadekah*, tu mano», **con** *He*, **como hemos explicado.**

«Escucha, Israel: el Eterno nuestro Dios, el Eterno *es* uno» (Deuteronomio 6:4). **Dijo Rabbí Iesa: es Israel Saba,** el anciano. **Dijo Rabbí Itzjak: una** *Ayin* **mayor de lo normal, que incluye setenta nombres de testigos** pues el valor numérico de *Ayin* es setenta y junto con la *Dalet* de *Ejad* forman la palabra *Ed*, «testigo». **Está escrito «Escucha Israel» y** también **está escrito «Escuchad, cielos»** (Isaías 1:2) **y «prestad atención, oh cielos»** (Deuteronomio 32:1). **Y todo es una misma cosa.** «El Eterno», el más elevado de todos, en la iluminación del Atika Kaddisha, denominado «padre». «Nuestro Dios», en las profundidades de los ríos y los arroyos, de donde todo fluye. «El Eterno», corona del árbol, consumación de las raíces. «Uno», la Asamblea de Israel, todo forma una totalidad y está interconectado, sin división y todo es uno. Rab-

263a - 263b

bí Itzjak enseñó que el carro santo de Arriba son los cuatro compartimientos de los Tefilín puestos en la letra *Vav*, como ya ha sido dicho. Y hay otro carro santo, con cuatro compartimientos incluidos en uno, que está en la letra *He*, como ya ha sido explicado en el párrafo anterior al hablar de *Iadeja* (263b).

RAIA MEHEMNA

«Escucha, Israel: el Eterno nuestro Dios, el Eterno *es* uno» (Deuteronomio 6:4). El precepto consiste en declarar la unicidad del nombre del Santo, bendito sea, abajo para que se unifique Arriba. De este modo, el Santo, bendito sea es uno Arriba y abajo. Aquel que declare la unicidad del nombre del Santo, bendito sea, ha de dirigir su atención y entrar en meditación, y habrá hecho la unificación que mencionamos. Así conectará sus miembros y a través de la meditación todos se convertirán en uno. Cuando un hombre unifica el nombre del Santo, bendito sea, todas las huestes del cielo guardan sus caminos hasta que está establecido y alcanza la perfección por medio de esa meditación. En ese momento un ministro y un oficial están situados debajo de los doscientos cuarenta y ocho mundos. Se llaman *Halanu* y están esperando la unificación. Es el recolector de lirios según ha sido dicho: «Mi amado descendió a su huerto, a las eras de las especias, para apacentar en los huertos, **y para coger los lirios**» (Cantar de los cantares 6:2), **que son las** doscientas cuarenta y ocho **partes del cuerpo.** El nombre de Arriba reúne a las partes del cuerpo de Arriba en la meditación y es unificado por medio de los cuarenta y dos nombres. Reúne a todos los lirios de Arriba y este oficial reúne a todos los de abajo, que son todos ministros, en setenta y dos nombres. Todos ellos están reunidos por esta meditación y todos se convierten en un único cuerpo. Esta meditación se levanta y lo une todo en dos lados de una única unidad. En ese momento todas las partes del cuerpo están unidas y conectadas entre sí en una sola de acuerdo con el misterio de «El Eterno será uno y su nombre uno» (Zacarías 14:9). **Por esta razón, en la palabra** *Ejad***, uno, se enlentece la pronunciación de las letras** *Jet* **y** *Dalet***, para recoger lirios y estar unidos en la meditación completa.** Una vez que el cuerpo está unido de acuerdo con el mismo misterio de la misma meditación, todo está considerado «paz». Por esta razón secreta, el Santo, bendito sea, hizo entrar a Adán en el jardín del Edén, según ha sido escrito: «tomó, pues, el Eterno Dios al hombre, **y le puso en el huerto de Edén**, para que lo labrase y lo guardase» (Génesis 2:15). **Hemos aprendido que éstas son las dos ofrendas según el misterio de «El Eterno será uno y su nombre uno»** (Zacarías 14:9). **Está escrito: «y para coger los lirios»** (Cantar de los cantares 6:2), **que son las partes del cuerpo de las dos caras que son una.**

Los lirios son un misterio. Cuando estas partes del cuerpo están conectadas entre sí y por medio de la meditación son todas una según el misterio de la ofrenda, el Santo, bendito sea, es coronado con una corona de oro fino para ser coronado con su propio honor. Éste es el sentido que se encuentra detrás de la palabra «lirios», que son las partes del cuerpo Arriba y abajo. Es una corona que está adornada y que se levanta de entre ellos y todo está en ellos. Hay seiscientos trece preceptos en estos lirios, que son las partes del cuerpo de los dos lados, según el secreto de: «El Eterno será uno y su nombre uno» (Zacarías 14:9). (263b) **Dondequiera que estén, ese oro surgirá de ellos. Éste es el secreto de «Como el manzano entre los árboles silvestres»** (Cantar de los cantares 2:3), **ya que tanto el uno como el otro han de levantarse como uno en la meditación completa. ¡Dichoso aquel que sacrifica estas ofrendas! Seguramente, es favorable para él tanto en este mundo como en el mundo venidero.**

Es un precepto para ser cumplido en el temor del Santo, bendito sea, en general y en particular. Nosotros explicamos el concepto de **temor** como **que el hombre debe estar siempre en temor ante el Santo, bendito sea, según ha sido escrito, «si no cuidares de poner por obra todas las palabras de esta ley que están escritas en este libro, temiendo este Nombre glorioso y terrible, el Eterno**

tu Dios» (Deuteronomio 28:58). **El temor es un lugar llamado temor,** ya que el temor del Santo, bendito sea, está allí. Es llamado **el temor del Eterno** porque hay que **estar en temor de Él. Éste es el secreto del versículo** «Mis sábados guardaréis, **y mi santuario tendréis en reverencia»** (Levítico 19:30). **Porque en este temor mora un bastón de fuego que hiere al malvado que no observa los preceptos de la Torah. Por lo tanto, uno debería sentir temor en general. Y en particular, es decir, cuando el hombre sabe lo que es el temor del Eterno. Esto es temor por amor, que es la base y el fundamento del amor del Santo, bendito sea. Este temor hace que uno observe todos los preceptos de la Torah, para que el hombre sea un siervo fiel del Santo, bendito sea, como es apropiado. Es un precepto para amar. Ya hemos explicado que el amor por el Santo, bendito sea, significa que el hombre debe amarlo con gran amor como lo hizo Abraham, quien amó al Santo, bendito sea, con gran amor, arriesgó su cuerpo y su alma por su causa. De esto se desprende que aquel que ama al Santo, bendito sea, mantiene diez dichos,** que corresponden a las diez sefirot, **Arriba y abajo. Por lo tanto, todas las diez pruebas que Abraham pasó y soportó corresponden a los diez dichos, ya que cada prueba es un dicho. Y fue puesto a prueba por ese dicho y lo superó.**

Hay por lo tanto diez pruebas que corresponden a las diez sefirot, **y Abraham las superó todas, porque estaba atado y apegado a la mano derecha del Santo, bendito sea, denominada «gran amor». Se llama gran amor porque quienquiera que esté en ese estado de amor está apegado al mundo de Arriba. El amor eterno es el secreto del mundo inferior, al cual está unido el amor del Santo, bendito sea. Y todo es el mismo misterio sin división alguna. Y hemos aprendido ahora el misterio del amor que** es que **el amor sobrepasa toda clase de adoración en el mundo. Por amor, el nombre del Santo, bendito sea, es honrado por encima de todo, y es bendecido. Bendito sea por los siglos de los siglos. Y ésta es la clarificación del secreto del amor.**

Es un precepto recitar el Kiriat Shemá dos veces al día, una vez para corresponder al grado del día, y una vez para correspon-

der al grado de la noche, a fin de incluir el grado de la noche en el día y el grado del día en la noche. Esto ya lo hemos aprendido. Por lo tanto, tenemos que hacerlo dos veces al día, una durante el día y otra por la noche.

Es un precepto que el hombre fije una Mezuzah en su puerta, para que todos sean guardados por el Santo, bendito sea, al salir y entrar en su casa. Éste es el secreto de: «El Eterno guardará tu salida y tu entrada, desde ahora y para siempre» (Salmos 121:8). Porque el secreto de la Mezuzah permanece siempre en la puerta, que es la entrada a lo alto. Este grado se llama «guardián», así que uno está protegido siempre. Porque el hombre no es protegido sino por el Santo, bendito sea, que guarda constantemente y está presente en la puerta de su casa, mientras que uno está dentro de ella. Otra explicación es que uno nunca debe olvidar la memoria del Santo, bendito sea. Es como el Tzitzit, como se ha dicho: «Y os servirá de pezuelo, para que cuando lo viereis, os acordéis» (Números 15:39). Cuando uno ve ese recordatorio, se le recuerda que ha de obedecer las órdenes de su Señor. El secreto de la fe es que la Mezuzah incluye un macho y una hembra juntos.

Está escrito en el libro de Salomón: cerca de la entrada, contra los dos marcos de la puerta, viene un cierto demonio que tiene permiso para hacer daño. Se encuentra a la izquierda. El hombre levanta los ojos, ve el secreto del nombre de su Señor que está a la derecha en la Mezuzah y lo recuerda, y el demonio no puede hacerle daño. Alguien podría decir que si esto es así, ocurre cuando entramos pero no al dejar la puerta cuando salimos, el demonio está ahora a la derecha y la Mezuzah a la izquierda. ¿Cómo se protege al hombre entonces, si la Mezuzah está a su izquierda?

Todo lo que el Santo, bendito sea, hace, sigue a su propio modelo. Hay dos grados para el hombre, uno a su derecha y otro a su izquierda. Al de la derecha se le llama la Buena Inclinación y al de la izquierda la Mala Inclinación. Cuando uno sale de la puerta de su casa, ese demonio levanta los ojos y ve la Mala Inclinación a la izquierda. Es atraído hacia ese lado y es sacado de la derecha. Entonces en el lado izquierdo descansa el Nombre de su Señor y no puede acercarse a él para causarle daño, y ese hombre sale y es salvado de él. Al entrar en la casa, el Santo Nombre está a su derecha, en la Mezuzah, y no puede enjuiciarlo. Por lo tanto, uno debe tener cuidado de no ensuciar la puerta de su casa con suciedad y basura, o derramar agua sucia; una razón es no profanar el nombre de su Señor y la otra es que entonces ese demonio tiene permiso para causar daño. Por esa razón, el hombre debe ser cuidadoso al respecto (264a) y tener cuidado de no alejar el Nombre de su Señor de la puerta de su casa. Cuando el hombre fija un Mezuzah a su puerta, cuando entra en su casa, la Mala Inclinación y el demonio lo protegen a pesar de sí mismos y dicen, «ésta es la puerta el Eterno, por ella entrarán los justos» (Salmos 118:20). Cuando no hay Mezuzah en la entrada de la casa de un hombre, la Mala Inclinación y ese demonio se juntan y ponen sus manos sobre su cabeza cuando entra y comienzan a decir, ¡Ay de fulano que salió del dominio de su Señor! Desde ese momento en adelante ya no está protegido y no hay nadie que lo proteja. Que el Misericordioso nos salve.

«Escucha, Israel: el Eterno nuestro Dios, el Eterno *es* uno» (Deuteronomio 6:4) **es una unificación y «Sea bendito el nombre de Dios de siglo hasta siglo**; porque suya es la sabiduría y la fortaleza» (Daniel 2:20) **es otra unificación y se trata del mismo secreto. Según este secreto «El Eterno es Dios** (Elohim)» (1 Reyes 18:39). Cuando está escrito están unidos. Y si alguien dijera que en ese caso que «sea bendito» se parece al versículo que dice que «El Eterno será uno, y su nombre uno» (Zacarías 14:9), un versículo que no es igual a, «El Eterno, nuestro Elohim». Porque si se hubiera escrito: «El Eterno y Su nombre serán uno», diríamos que es lo mismo. Sin embargo, no está escrito así, sino que «El Eterno será uno, y su nombre Uno». «El Eterno, nuestro Elohim» equivaldría a «El Eterno será uno, y su nombre uno». Todo es uno y «sea bendito». Cuando estos dos nombres se unifican por medio de la meditación, o cuando se convierten en uno y se incluyen mutuamente el uno en el otro, todo se convierte en un nombre completo y entonces está escrito: «el Eterno, nuestro Elohim». Porque entonces todo está incluido en cada uno para ser uno, pero antes de que se unifiquen cada uno por sí mismo, no pueden incluirse mutuamente para ser uno. La generalidad de la Torah es sin duda así porque la Torah es la Torah escrita y es la Torah oral. La Torah escrita es como «El Eterno» y la Torah oral como «Elohim». Y ya que la Torah es el secreto del Santo Nombre, se la llama así. La Torah Escrita y la Torah oral: una es general y la otra particular. Lo general necesita de lo particular y lo particular necesita de lo general y se unen entre sí y todo se vuelve uno. Por lo tanto, la generalidad de toda la Torah es la generalidad de Arriba, y la generalidad de abajo, ya que ese nombre existe Arriba y ese nombre existe abajo. La una es el secreto del mundo de Arriba y la otra es el secreto del mundo de abajo. Así está escrito: «A vosotros os fue mostrado, para que sepáis que el Eterno es el Elohim» (Deuteronomio 4:35). Esto incluye todo y todo lo que dijimos uno debería saberlo en este mundo. Alguien podría preguntar dónde están los preceptos de la Torah en esta inclusión. El uno, es «recuerda», mientras que el otro es «guarda». Todos los preceptos de la Torah están incluidos en estos en el misterio de «recordar» y el misterio de «guardar», y todo es uno.

Rabbí Iosi abrió el versículo y dijo: el hecho de que hemos aprendido que Arvit (la oración de la tarde) es obligatoria es seguramente así, porque el Santo, bendito sea, está unificado de noche, así como Él está unificado durante el día. La calidad de la noche se incluye en el día y la calidad del día se incluye en la noche, y tiene lugar la unificación. Aquel que diga que es opcional, lo es para corresponder a las porciones de los sacrificios y a las partes grasas que se consumen y se queman en la noche, las cuales no son obligatorias. Y esto ya ha sido explicado.

Está escrito: «Y amarás al Eterno tu Dios de todo tu corazón, y de toda tu alma, y con todo tu poder» (Deuteronomio 6:5). Este versículo ya ha sido explicado y también lo han hecho los compañeros cabalistas. Sin embargo, hemos de preguntarnos si todo, a la izquierda, está incluido en esta meditación de «Shemá Israel».

264a - 264b

¿Por qué está escrito «Y amarás» y «Y será que, si escuchareis cuidadosamente» (Deuteronomio 11:13), si ya está incluido en la lectura del Shemá? **Uno se refiere a lo general y otro a lo particular. Y así ha de ser.**

Hemos observado en el secreto de la meditación que la meditación es como la cabeza de los Tefilín y la mano de los Tefilín. En la cabeza de los Tefilín hay cuatro pasajes, como hemos aprendido,

y en cada uno de ellos hay tres nombres. Así hay cuatro pasajes pero únicamente tres nombres. ¿Cuál es la diferencia entre ellos? Los cuatro pasajes son en realidad **uno, el primer punto. Es el secreto del mundo venidero, uno es el lado de la derecha** (264b) **y otro el lado de la izquierda. Son el secreto de los Tefilín de la cabeza,** esta unificación de los nombres supremos se parece a los cuatro pasajes. El primer *Iod He Vav He* es el punto supremo, el principio de todo. Nuestro Elohim es el secreto del mundo venidero. Este *Iod He Vav He* es enteramente de la derecha y la izquierda juntas en un todo. Son los Tefilín la cabeza y la primera meditación.

Los Tefilín de la mano son la unión de estos dos y éste es el secreto de «bendito sea el nombre de la gloria de su reino por la eternidad» (Salmos 72:19). Aquí están incluidos los Tefilín de la cabeza en los Tefilín de la mano. El misterio es el siguiente: «bendito» es el secreto del punto supremo que es bendito ya que todas las bendiciones salen de él. Pero alguien podría decir que el mundo venidero es llamado «bendito». No es así, el punto supremo es masculino y el mundo venidero, es femenino y por lo tanto a él se le llama «bendito» y a ella se la llama «bendición». «Bendito» es masculino y «bendición» es femenino y por lo tanto, «bendito» es el punto supremo. El «nombre» es el mundo venidero, que es como **un gran nombre,** según ha sido dicho: «entonces ¿qué harás *tú* a tu grande Nombre?» (Josué 7:9). «Gloria» es la gloria suprema, que es de la derecha y de la izquierda y está incluida en los Tefilín de la mano, «su reino». Maljut lo recibe todo a través suyo y, por lo tanto, todos los mundos debían ser alimentados según sus necesidades.

Es también la unificación de los Tefilín de la cabeza con los Tefilín de la mano dado que al igual que el secreto de la unificación de todo es como el secreto de la unificación de los Tefilín. Y esto aclara el asunto. Y así he arreglado esta meditación ante la Lámpara Santa que me dijo que esta meditación está arreglada de cuatro maneras, y que este orden es el más claro de todos ellos. El secreto de la unificación existe en todos ellos, pero el orden de los Tefilín es una meditación sublime y apropiada. Y dado que la derecha y la izquierda están incluidas en el secreto del mismo nombre, de una manera general, uno debería pronunciarlas de una manera particular pero no por medio de la unificación, porque la unificación ya fue realizada en los versículos anteriores, así que «el Eterno es uno» en los Tefilín de la cabeza, y «su nombre uno» en los Tefilín de la mano, y todo es uno. Una vez que la unificación está dispuesta en su totalidad desde la cima del punto de Arriba, uno debería adornarla desde la cima de la luz primordial, que es la cima de todo.

Moisés grabó y compuso veinticinco letras en vistas a la unificación del versículo que declara: «Escucha, Israel: el Eterno nuestro Dios, el Eterno es uno» (Deuteronomio 6:4). **Hay veinticinco letras grabadas en el secreto de Arriba. Jacob quiso componer abajo el secreto de la unificación y lo hizo con veinticuatro letras que son: «Bendito sea el nombre de la gloria de su reino por la eternidad»,** frase que en hebreo tiene veinticuatro letras, **pero no completó las veinticinco letras porque el tabernáculo aún no había sido construido. Cuando se construyó el tabernáculo y fue completado, después de su terminación él habló con él solamente con veinticinco letras para indicar que fue completado como el de Arriba como está escrito: «y habló con él desde el tabernáculo del testimonio, diciendo»** (Levítico 1:1).

Por lo tanto, se utilizaron veinticinco cosas distintas para culminar la construcción del tabernáculo. Aprendimos todas estas letras cuando estudiamos las letras grabadas que aprendimos de nuestro maestro. Y dado que el tabernáculo fue completado con este secreto, es denominado *Kah*, *Kaf*, *He*, guematria veinticinco, la unificación de la finalización del tabernáculo. Por esta razón ha sido escrito: «y tus misericordiosos te bendigan» (Salmos 145:10). «Te bendigan» es el secreto de la finalización del tabernáculo y de su construcción.

Veinticinco por las veintidós letras sumados a la Torah, los profetas y los escritos. Todos son una única cosa, un único misterio. Cuando Israel logró esta unificación de acuerdo con el secreto de las veinticinco letras en el versículo «Escucha, Israel: el Eterno nuestro Dios, el Eterno uno *es*» (Deuteronomio 6:4), entonces: «Bendito sea el nombre de la gloria de su reino por la eternidad» (Salmos 72:19), que tiene veinticuatro letras, y cuando uno se fija en ellas, todas las letras se juntan y ascienden a una única conexión, que son cuarenta y nueve palabras que corresponden a las cuarenta y nueve puertas del secreto del jubileo. Entonces uno ha de continuar, pero no mucho. Entonces las cuarenta y nueve puertas se abren y el Santo, bendito sea, considera a este hombre como si hubiera mantenido la Torah entera que llega de cuarenta y nueve maneras.

Por esta razón, uno ha de dirigir su voluntad hacia veinticinco y veinticuatro, y elevarlas con el deseo del corazón a través de las cuarenta y nueve puertas mencionadas. Después de meditar en ello, uno ha de meditar en la unificación de la que habló nuestro maestro: «Escucha, Israel: el Eterno nuestro Dios, el Eterno es uno» (Deuteronomio 6:4) y «Bendito sea el nombre de la gloria de su reino por la eternidad», ya que son la Torah entera. ¡Dichosa la parte de aquel que medita en ella! Ciertamente es la Torah entera Arriba y abajo. Es el secreto de Adán, que es la perfección del macho y de la hembra, el secreto de la fe completa.

Fin del Raia Mehemna

(265a) **Rabbí Abba preguntó a Rabbí Shimon: viendo lo que ha dicho el maestro a propósito de los Tefilín del Señor del Universo y siendo el Sancta Sanctorum, ¿dónde encontramos en las escrituras un apoyo sobre el cuero de los Tefilín y sus correas que los consideren santos** (*Véase* Talmud, tratado de Shabat 28b)**? Contestó: «Y el Eterno Dios hizo al hombre y a su mujer túnicas de pieles, y los vistió»** (Génesis 3:21). **Concretamente «al hombre y a su mujer».** Esto ya fue explicado por Rav Amnuna el anciano y se trata de la cabeza de *Iadeja,* tu mano, **con la** letra *He.*

Dijo Rabbí Shimon: hay algunos que lo enseñan de la siguiente manera: es el brazo izquierdo del Santo, bendito sea llamado Gevurah. Si es así, sólo quedan en la cabeza tres, ¡mientras que hay cuatro! Sin embargo, hay dos carros sagrados, y los compañeros cabalistas han hablado bien. Por consiguiente, uno está unido al corazón y uno está unido al cerebro; y el corazón y el cerebro están unidos entre sí en una única unión. Será un signo, como ya se ha dicho, en *Iadejah,* tu mano, y ella no es llamada de otro modo sino «signo».

Dijo Rabbí Shimon: cuando una persona se levanta temprano por la mañana, se pone Tefilín en la cabeza y Tefilín con la insignia sagrada en el brazo, se envuelve en una envoltura de mitzvah (*Véase Zohar* III-81a), **y está a punto de salir de la entrada de su casa, se encuentra con la Mezuzah en la entrada de su casa. Cuatro santos ángeles se le unen, saliendo con él desde la entrada, y lo escoltan hasta la sinagoga, proclamando delante de él: ¡Honrad la imagen del Santo Rey! ¡Dadle honor al hijo del Rey, al semblante del Santo Rey! El** *Ruaj haKoddesh,* espíritu de santidad, **se asienta sobre él y proclama: «Israel, en quien me glorío»** (Isaías 49:3).

Entonces el *Ruaj haKoddesh,* espíritu de santidad, **sube a lo alto y da testimonio de él ante el Rey Santo. Entonces el Rey de Arriba ordena que todos los miembros de su palacio, todos los que le son familiares, sean inscritos delante de él, según ha sido escrito: «y fue escrito libro de memoria delante de él para los que temen al Eterno, y para los que piensan en su Nombre»** (Malaquías 3:16), **según ha sido dicho «Y tomarás las vestiduras, y vestirás a Aa-

265a

rón la túnica y el manto del efod, y el efod, y el pectoral, **y le ceñirás con el cinto del efod**» (Éxodo 29:5) **aquellos que hicieron para su nombre toda clase de obras: la obra de los Tefilín con sus compartimentos, sus correas y sus escritos; la obra del Tzitzit con sus hilos, su hilo de azul; la obra de la Mezuzah.** Estos son los *hoshevei*, los que contemplan **su nombre**, y está escrito *ve-hoshevei mahashavot*, «Y los ha llenado de sabiduría de corazón, para que hagan toda obra de artificio, y de invención, y de recamado en cárdeno, y en púrpura, y en carmesí, y en lino fino, y en telar; para que hagan toda labor, **e inventen todo diseño**» (Éxodo 35:35).

Además, el Santo, Bendito sea, se gloría en él y proclama a través de todos los mundos: «¡Mira qué clase de criatura he hecho en Mi mundo!» Pero el que entra en su presencia en la sinagoga después de haber salido de su casa sin Tefilín en la cabeza o Tzitzit en el manto, y dice: «Adoraré al templo de tu santidad, y alabaré tu Nombre sobre tu Misericordia y tu verdad; porque has hecho magnífico tu Nombre, *y has engrandecido* tu dicho sobre todas las cosas» (Salmos 138:2), **el Santo, bendito sea, dice: «¿Dónde está mi temor? ¡Mira, está dando falso testimonio!»**.

Dijo Rabbí Iosi: «Dichosa la parte de Moisés, que dijo aquí *EloHeinu*, nuestro Dios (Deuteronomio 6:4). **Porque dijo Rabbí Itzjak: «Moisés estaba atado a un peldaño más arriba que los demás profetas fieles». Y respondió Rabbí Shimon: «Si la gente conociera las palabras de la Torah, sabría que no hay ni una sola palabra en la Torah, ni una sola letra, que no contenga sublimes secretos excelsos»**.

Ven y **ve: está escrito:** «Y el sonido de la trompeta iba esforzándose en extremo: **Moisés hablaba, y Dios le respondía en voz**» (Éxodo 19:19). **Hemos aprendido ¿qué significa «en voz»? Con su propia voz**, la de Moisés. Efectivamente, con la voz de Moisés, con esa voz a la que se unió superando a todos los demás profetas, y de la que Moisés se nutrió, más que todos ellos. Y ya que estaba unido más que todos ellos a esa voz, un peldaño más arriba, dijo a Israel: «El Eterno, nuestro Dios» (Deuteronomio 6:5), **que es el peldaño llamado Shekinah, en medio de ellos. ¡Dichosa sea su parte!**

Y dijo Rabbí Shimon: «Hemos aprendido que las maldiciones del Levítico fueron pronunciadas por Moisés desde la boca de Guevurah, y las del Deuteronomio fueron pronunciadas por Moisés desde su propia boca». ¿Qué significa «desde su propia boca»? Pero, ¿alguien sería capaz de imaginar que Moisés pronunciara ni siquiera una pequeña letra de la Torah por sí mismo? Pues así es y lo hemos elucidado. No hemos aprendido «por sí mismo», sino «desde su propia boca». ¿De qué se trata? Es la voz que se unió a él. Así, pues, «desde la boca del poder» a «desde su propia boca» es el peldaño al que estaba atado, por encima de los demás profetas. Y así en todas partes es *Elokeja,* tu Dios, mientras que aquí es *Eloheinu,* nuestro Dios.

Ven y ve: ¡Cuán cuidadosamente las personas han de guardar sus caminos, para consagrarse al servicio de su Señor y alcanzar la vida eterna! Debajo del trono del Rey Santo hay moradas excelsas; y en ese lugar del trono hay una Mezuzah, que proporciona liberación de muchos maestros del juicio (265b) que están listos para amenazar a la gente en ese mundo. De la misma manera el Santo, bendito sea, ha hecho con Israel, les ha entregado los preceptos de la Torah para que se involucren en su cumplimiento, **para ser salvos en este mundo de muchos maestros del juicio, de muchos** ángeles **acusadores, que acechan a la gente cada día.**

Dijo Rabbí Jía: el que vigila sus caminos no debe pisar el agua que ha sido vertida delante de una puerta, porque cierto demonio mora allí entre las dos jambas de la puerta, mirando hacia la abertura, y ve lo que se hace dentro de la casa; y una persona no debe verter agua delante de la puerta.

Dijo Rabbí Itzjak dijo: no tenemos nada que objetar al agua limpia, siempre que no haya sido vertida con desdén. ¿Por qué? **Porque** en ese caso el demonio **está autorizado a hacer daño. Además, girará su cabeza hacia la casa, y todo lo que mire será maldito. Tiene trescientos sesenta y cinco asistentes que corresponden a los días del año sobre los que gobierna, y todos salen** acompañando a la **persona cuando sale de la entrada de su casa.**

265b

Dijo Rabbí Eleazar: contra todo esto quiso el Santo, bendito sea, proteger a Israel, y por eso compuso el Santo Nombre sobre la Torah. Toda la Torah es un Santo Nombre, y quienquiera que se involucra en el estudio de la Torah se involucra en su Nombre (*Véase Zohar* III-159a).

Ven y ve: una persona he de inscribir en la entrada de su casa el Santo Nombre, que es la fe de todos. Porque dondequiera que aparezca el Santo Nombre, las especies malignas desaparecen y no pueden acusar a una persona, según ha sido escrito: «no se ordenará para ti mal, **ni plaga tocará tu morada**» (Salmos 91:10).

«El lugar de la entrada de la casa se llama Mezuzah, que corresponde al patrón anterior. El lugar de la entrada de la Casa de Arriba se llama Mezuzah, perfección de la Casa, apertura de la Casa. De esa Mezuzah huyen muchos maestros del Juicio y los ángeles acusadores se desvanecen ante ella. De la misma manera, cuando una persona coloca una Mezuzah en la entrada de su casa, el Santo Nombre inscrito con sus letras, es adornada con las coronas de su Señor, y las especies malvadas no se acercan a la entrada de su casa y desaparecen de ella.

Rabbí Abba venía de ver a Rabbí Shimon cuando se encontró con Rabbí Itzjak, quien le dijo: ¿De dónde vienes, hombre de luz? «Él revela lo profundo y lo escondido; conoce lo que está en tinieblas, y la luz mora con él» (Daniel 2:22). Respondió: hemos aprendido lo siguiente: una persona está obligada a saludar a la Shekinah en cada Luna nueva y en cada día de reposo. ¿Y quién es? Es su maestro. Más aún, es la lámpara externa, a quien todos los habitantes del mundo deben saludar.

Dijo Rabbí Itzjak: déjame volver contigo y saludar a la Shekinah, y saborearé algunas de esas palabras sublimes que tú probaste en su presencia. Rabbí Abba abrió el versículo y dijo: «Canción de las gradas. A ti alcé mis ojos, a ti que habitas en los cielos» (Salmos 123:1). No se menciona al autor de esta canción; pero dondequiera que sea anónima, fue pronunciada por el *Ruaj haKoddesh*, espíritu de santidad, sobre Israel en el exilio. *HaIoshevi*, que habitas, **en los cielos**. El versículo debería decir *BaIoshev*, oh morador, en los cielos; ¿por qué *HaIoshevi*? Pues bien, ya hemos establecido que aquel que quiera ofrecer su oración ante el Santo Rey debe pedir desde lo más profundo de todo que las bendiciones sean derramadas abajo, según ha sido escrito: «Canción de las gradas. De lo profundo te llamo, oh Eterno» (Salmos 130:1). Esta letra *Iod* es la profundidad de todo, y debe derramar bendiciones al lugar llamado cielos, para que todos puedan ser alimentados por él. Así, *HaIoshevi*, oh morador, en los cielos, en los cielos ciertamente. Porque cuando esas bendiciones fluyen y son extraídas de esa profundidad de todo, asentándose en el lugar llamado «cielos», entonces las bendiciones aparecen entre los de Arriba y los de abajo.

«He aquí como los ojos de los siervos **miran** a la mano de sus **señores**, *y* como los ojos de la sierva a la mano de su Señora; así nuestros ojos *esperan* al Eterno nuestro Dios, hasta que tenga Misericordia de nosotros» (Salmos 123:2). **¿Qué significa «como los ojos de la sierva»?** Pues bien, son los diversos príncipes de las naciones, que sólo se alimentan del residuo de la copa del árbol al que se aferra Israel. Cuando Israel obtiene bendiciones de ese lugar, todos son bendecidos por el mérito de **Israel.**

«Y como los ojos de la sierva a la mano de su Señora» (Salmos 123:2), **la sierva que hemos establecido, cuyo poder fue inmolado por el Santo, bendito sea, en Egipto. Porque ella únicamente tiene poder cuando es extraída de los goteos de esta tierra de Israel, y la tierra de Israel** (266a) **es denominada «su Señora».** A propósito de esto ha sido escrito: «**Por tres cosas se alborota la tierra**, y la cuarta no puede sufrir» (Proverbios 30:21). ¿Qué significa Eretz, la tierra? **Eretz, la tierra de Israel, como se ha dicho. «Por el siervo que reinare», o sea aquellos siervos que mencionamos, cuando se le da el dominio a uno de ellos. Esto corresponde a lo que está escrito** «Yo *soy* el Eterno tu Dios, **que te saqué de la tierra de Egipto, de casa de siervos**»(Éxodo 20:2). «Por la *mujer* aborrecida cuando se casare; **y por la sierva cuando heredare a su Señora**» (Proverbios 30:23). **¿Quién es? Es la sierva que mencionamos.**

266a

Ven y ve: desde el lado de esta sierva surgen muchos demonios deslumbrantes para denunciar y acusar a Israel. Pero el Santo, bendito sea, actúa hacia Israel como un padre que busca proteger a su hijo de todo. El Santo, bendito sea, dice: Israel, muchos acusadores están en tu contra. Dedicaos a servirme y Yo os protegeré desde fuera. Estaréis en vuestras casas, durmiendo en vuestras camas, y yo estaré de guardia alrededor de vuestras camas. Ven y ve: cuando esas especies malvadas se acercan a la puerta de una persona, levantan la cabeza y ven la señal sagrada visible desde afuera: Shaddai, adornada con sus coronas en la Mezuzah. Este nombre los domina a todos; por temor a él, huyen, sin acercarse a la puerta.

Rabbí Itzjak le dijo: si fuera así, bastaría con que alguien escribiera este nombre en la puerta de su casa. Entonces, ¿por qué ha de estar incluido **todo el pasaje?** Respondió: de acuerdo, es porque este nombre no está coronado sino por todas esas letras, inscritas con la escritura del Rey. Cuando todo el pasaje ha sido escrito, este nombre está adornado con sus coronas y sale como un rey con todas sus fuerzas, todas ellas con la señal del rey. Entonces lo temen y huyen de él.

Ven y ve: *Vehaiah*, será (Deuteronomio 11:13) **el Santo Nombre de abajo Arriba.** Por lo tanto, Shaddai se inscribe afuera, frente a este nombre y *Vehaiah*, será (Deuteronomio 11:13) **en el interior;** Shaddai en el exterior, de modo que una persona estará protegida en todas partes, desde dentro y desde fuera. Rabbí Abba dijo: **muchas fuerzas santas están preparadas** para defenderle **en el momento en que una persona fija una Mezuzah en la puerta de su casa, y todas proclaman: «ésta puerta *es* del Eterno, por ella entrarán los justos»** (Salmos 118:20). ¡Dichosa es la parte de Israel! Entonces el pueblo de Israel es reconocido como hijo del Rey Santo, ya que todos están marcados por él: marcados en sus cuerpos con la señal santa de la circuncisión, **marcados en sus vestidos con una envoltura de los preceptos, marcados en sus cabezas con compartimentos de los Tefilín con el nombre de su Señor, marcados en sus manos con una correa de santidad, marcados en sus pies con zapatos de preceptos, marcados al aire libre por la siembra y la** cosecha, marcados en sus casas y en todos los caminos como hijos del Rey de Arriba. ¡Dichosa es su parte!

A medida que avanzaban, el Rabbí Abba preguntó: ¿Cuál es el significado del versículo que dice «*Oti*, porque dos males ha hecho mi pueblo: **me dejaron a mí, fuente de agua viva, por cavar para sí cisternas**, cisternas rotas que no detienen aguas» (Jeremías 2:13)? *Oti*, puede entenderse también como **mi signo, han dejado al que traiciona la *Et* (a), el signo de la señal santa**, la circuncisión. ¿Cómo lo traicionan? Insertándolo en un dominio ajeno, que se llama «cisternas rotas». Porque a las demás naciones se les llama «cisternas rotas», mientras que a la de Israel se le llama fuente de aguas vivas, **lugar de donde brota un torrente de aguas claras**, según ha sido escrito: «Bebe el agua **de tu propia cisterna, y las corrientes de tu propio pozo**» (Proverbios 5:15); y también **está escrito: «Fuente de huertos, pozo de aguas vivas**, que corren del Líbano» (Cantar de los Cantares 4:15).

«Que no puede contener el agua» (Jeremías 2:13). ¿Qué significa esto? Pues bien, el río que brota riega todo el Jardín, saturando cada lugar, como hemos establecido, hasta llenar el lugar en el Jardín llamado un pozo de aguas vivas, de donde se nutren las de Arriba y las de abajo, según ha sido dicho: «desde allí se divide...» (Génesis 2:10). **Pero todos esos aspectos del lado izquierdo no son regados por ese flujo de agua corriente, porque son del lado de las demás naciones.**

Aquel que traiciona al Santo Nombre se aferra a las cisternas rotas que no pueden contener el agua, ya que no puede entrar allí. Y aquel que logra custodiarlo se hace digno de ser regado por ese flujo de la corriente en este mundo y en el mundo venidero, según ha sido escrito: «y serás como huerta de riego, y como manadero de aguas, cuyas aguas nunca faltan» (Isaías 58:11) **y él llega a ser digno de tener ese pozo de Arriba lleno, transmitiendo bendiciones arriba y abajo.**

«Ay de aquel que traiciona esta santa señal, porque traiciona (266b) el Nombre supremo. Además, impide que este bien sea bendecido, y nosotros proclamamos sobre él: «y le han de multar

266b

en cien *ciclos* de plata, los cuales darán al padre de la joven, **por cuanto esparció mala fama sobre *una* virgen de Israel**; y la ha de tener por mujer, y no podrá despedirla en todos sus días» (Deuteronomio 22:19). Rabbí Shimon ha establecido esto en su lugar: cualquiera que traiga acusaciones falsas contra su primera esposa, difamándola, es como si difamara Arriba, según ha sido escrito: «por cuanto esparció mala fama sobre *una* virgen de Israel» sin especificar. Esto concuerda con lo que dijo Rabbí Jía en nombre de Rabbí Iosi: una virgen hereda siete bendiciones, y es bendecida por siete, porque la Virgen de Israel hereda siete bendiciones y es llamada así *Bat Sheva,* Betsabé, literalmente «hija de siete».

¿De dónde vienen las bendiciones de las otras mujeres? De la bendición de Boaz y Rut, según ha sido dicho: «Y dijeron todos los del pueblo que estaban a la puerta con los ancianos: testigos somos. El Eterno haga a la mujer que entra en tu casa como a Raquel y a Lea, las cuales dos edificaron la casa de Israel; y *tú* seas ilustre en Efrata, y tengas nombradía en Belén» (Rut 4:11). **Porque ciertamente, una virgen es bendecida con siete en** virtud de **este misterio. Cuando llegaron a cierto campo, vieron árboles y se sentaron debajo de ellos. Rabbí Abba dijo: hay claridad** suficiente **para las palabras de la Torah. ¡Sentémonos! Abrió** el versículo **y dijo: «Acontecerá también en aquel día, que habrá tañido con gran *voz* de trompeta» (Isaías 27:13). ¿Qué significa «en aquel día»? Bueno, en ese día conocido por el Santo, bendito sea, según ha sido dicho: «Y será un día, el cual *es* conocido del Eterno, que ni será día ni noche**; mas acontecerá que al tiempo de la tarde habrá luz» (Zacarías 14:7). **Además, ese día, según ha sido dicho: «Y será en aquel tiempo, cuando vendrá Gog contra la tierra de Israel**, dijo el Eterno Dios, que mi ira subirá por mi enojo» (Ezequiel 38:18). **«Que habrá tañido con gran *voz* de trompeta» (Isaías 27:13). ¿Qué diferencia hace para nosotros si la voz es grande o pequeña? Bueno, es ese Shofar, trompeta, a través del cual los esclavos siempre van hacia la libertad. ¿Y qué es? Es el jubileo, porque el jubileo es excelso y grande; y cuando se despierta, toda la libertad de los mundos se despierta por ello. Eso se llama un gran Shofar.**

Y *HaOvedim*, «los que habían sido esparcidos en la tierra de Asiria, y los que habían sido echados en tierra de Egipto» (Isaías 27:13). El versículo debería decir *HaAvudim* o *HaNeevadim*, aquellos que están perdidos. ¿Qué significa *HaOvedim*? Aquellos que están perdidos de verdad porque están en un lugar extranjero. De aquí aprendemos que aquel que vive en un lugar extranjero se alimenta de un poder extranjero, y es como si no viviera en su fe (*Véase* Talmud, tratado de *Ketuvoth* 110b). Así que se les llama *Ovedim*; están perdidos por todos lados. Porque cuando el pueblo de Israel vive en Tierra Santa, es digno de hacerlo constantemente, alcanzando todo, alcanzando lo alto y lo bajo.

Sucesivamente, los Ovedim, los que han sido esparcidos, «vendrán» (Isaías 27:13). ¿Quiénes son? Son el Tzadik, Justo y la Asamblea de Israel, que son llamados Ovedim, que han sido esparcidos. ¿De dónde los sabemos? En lo que se refiere a la **Asamblea de Israel, Según ha sido escrito: «¿Por qué causa la tierra ha perecido, ha sido asolada como desierto, que no hay quien pase?** (Jeremías 9:12). **No** está escrito *Avudah*, ha perecido, **sino** *Avedah*, y se refiere a la **Asamblea de Israel** (*Véase* Zohar III-268a). **El Justo, según ha sido escrito: «Perece el justo, y no** *hay* **quien eche de ver; y los píos son recogidos, y no** *hay* **quien entienda que delante de la aflicción es recogido el justo» (Isaías 57:1). No está escrito** *Avud* **o** *Neevad***, se pierde, sino** *Avad***, perece. Y esto ya ha sido explicado.**

Pero alguien podría decir, «Y vendrán». ¿De dónde vendrán? Es la Asamblea de Israel, desde el exilio. El Tzadik, Justo, **como ha sido establecido, ya que está escrito: «Cuando el Eterno hiciere tornar la cautividad de Sión, seremos como los que sueñan»** (Salmos 126:1), **porque** entonces **él regresará a su lugar y se unirá a la Asamblea de Israel. Así, «y vendrán los que habían sido esparcidos en la tierra de Asiria, y los que habían sido echados en tierra de Egipto»** (Isaías 27:13). **Pero alguien podría decir: «Acontecerá también en aquel día, que habrá tañido con gran** *voz* **de trompeta; y vendrán los que habían sido esparcidos en la tierra de Asiria, y los que habían sido echados en tierra de Egipto, y adorarán al Eterno en el Monte santo, en Jerusalén»** (Isaías 27:13). **¿Qué nos sugiere?** Se refiere a aquellos que fueron «echados en la tierra de Egipto», porque Israel no saldrá del exilio si no es acompañados por la Shekinah, como ha sido explicado, y los que «habían sido esparcidos» adorarán al Eterno.

Dijo Rabbí Abba: está escrito: «El Eterno guardará tu salida y tu entrada, desde ahora y para siempre» (Salmos 121:8). La guardará cuando salgas, ¿pero por qué cuando entres? Después de todo, aquel que entra en su casa no tiene miedo. Pues bien, una persona que coloca las palabras del nombre de Arriba está protegida de todo. Cuando se va, levanta los ojos en la entrada de su casa y ve la Mezuzah adherida a la puerta. Cuando la persona sale, la escolta y la protege; cuando entra en su casa, proclama ante ella: ¡Cuidado con el honor de la imagen del Santo Rey! Todo esto a causa de esa santa señal marcada en su puerta. No sólo lo protege a él, sino que está escrito que el Eterno guardará su salida y su entrada. El Santo, bendito sea, lo protege cuando entra y cuando sale. ¡Dichoso es Israel en este mundo y en el mundo venidero!

Ven y **ve: en lo referente a este espíritu maligno que permanece (267a) en las puertas, ¡ay de aquel que no sabe cuidarse de él y no inscribe en la entrada de su casa el Santo Nombre de Arriba, para estar con él! Porque** el espíritu maligno **tiene trescientos sesenta y cinco asistentes malvados, acusadores, que ofician uno cada día** del año. Todos ellos están cerca de él noche y día. De día para acusarlo y de noche, atormentándolo en sus sueños. Cuando salen a acusarlo ponen sus manos sobre sus hombros y dicen: ¡Ay de fulano o zutano que ha abandonado el dominio de su señor! ¡Ay de fulano en este mundo y en el mundo venidero!

Por esta razón, los hijos de la fe han de estar marcados en todos los sentidos con la señal de su señor, para que todos los miembros de las especies malignas tiemblen y para que sean protegidos en este mundo y en el mundo venidero. ¡Dichosa es la parte de Israel! A propósito de ellos está escrito «Y tu pueblo, todos ellos *serán* justos, para siempre heredarán la tierra; serán renuevos de mi plantío, obra de mis manos, para glorificarme» (Isaías 60:21).

«Y amarás al Eterno tu Dios de todo tu corazón, y de toda tu alma, y con todo tu poder» (Deuteronomio 6:5). **Rabbí Iosi abrió** el versículo y dijo: **«Y ahora ¿qué a mí aquí? Dice el Eterno: que mi pueblo sea tomado sin por qué**; y los que en él se enseñorean, *lo* hacen aullar, dice el **Eterno**, y continuamente mi nombre es blasfemado todo el día» (Isaías 52:5). **Ven y ve** cuánto es **el amor del Santo, bendito sea, por Israel. Aunque sus pecados causaron que él se apartara de ellos, y ellos han sido dispersados entre las naciones, él solicita que sean recompensados por su humillación.**

Ven y **ve: cuando Israel moraba en su tierra, el Santo, bendito sea, se deleitaba en su jardín y se acercaba a Israel, escuchando su voz y gloriándose en ellos. Pero una vez que sus pecados han prevalecido e Israel ha sido exiliado de la Tierra Santa, el Santo, bendito sea, no entra en su jardín ni se deleita en él. Además, él clama: «¿qué estoy haciendo *Po* aquí? declara el Eterno»** (Isaías 52:2). **Y en otra parte está escrito: «éste *será* mi reposo para siempre; *Po* aquí habitaré, porque la he deseado** (Salmos 132:14) (Salmos 132:14) **y «Porque así dice el Eterno: de balde fuisteis vendidos; por tanto, sin dinero seréis rescatados»** (Isaías 52:3). **A partir del día en que Israel fue exiliado de su tierra, no ha habido gozo ante el Santo, bendito sea, según ha sido escrito: «Visto de oscuridad los cielos, y torno *como saco de* cilicio su cobertura»** (Isaías 50:3). **Todo esto por el amor que el Santo, bendito sea, siente hacia ellos, según ha sido dicho: «Yo os amé, dijo el Eterno»** (Malaquías 1:2). **Por lo tanto, «Y amarás al Eterno, tu Dios** de todo tu corazón, y de toda tu alma, y con todo tu poder» (Deuteronomio 6:5).

Rabbí Iosi abrió el versículo y dijo: **«Y amarás al Eterno tu Dios» para ser atado en amor; porque todo servicio que una persona ofrece al Santo, bendito sea, ha de ser realizado con amor, ya que no hay servicio como el amor del Santo, bendito sea. Rabbí Abba dijo: estas palabras son la totalidad de la Torah, porque las diez alturas, los diez niveles de la Torah están incluidas aquí, como ya han enseñado los compañeros cabalistas.**

Ven y ve: nada es tan preciso para el Santo, bendito sea, como aquel que lo ama como es debido. ¿Cómo? Como está escrito: con

todo tu corazón. ¿Qué se indica con «todo»? El versículo debe leerse con el corazón, con el alma, con la fuerza. ¿Por qué con «con todo»? Para incluir dos corazones, uno bueno y otro malo, en alusión a las dos Inclinaciones, la Buena y la Mala. «Con toda tu alma» (Deuteronomio 6:5), **una buena y una mala**. «Con todo tu poder» este secreto **no debe ser expuesto**. Dijo Rabbí Eleazar dijo: **incluso este** secreto **está destinado a ser expuesto**, porque probablemente se trate de un eufemismo. ¿Cómo? Si el dinero viene a él a través de una herencia o de otra fuente, o si él lo gana; así está escrito «con todo tu poder». Rabbí Abba volvió al versículo que dice: «Y amarás al Eterno tu Dios». Aquel que ama al Santo, bendito sea, es coronado con Hessed por todas partes porque hace bondad (Hessed) completo, sin escatimar su cuerpo ni su dinero. ¿De dónde lo sabemos? De Abraham, como ha sido dicho, que, enamorado de su Señor, no escatimó su corazón ni su alma ni su dinero. «Su corazón» no prestó atención a su propio deseo por amor a su Señor. Ni a su alma, ni a su hijo, ni a su mujer, por amor a su Señor. «Su dinero», pues solía detenerse en el cruce de caminos y dar de comer a todo el mundo. Por consiguiente, fue adornado con la corona de Hessed, como está escrito: «Hessed a Abraham» (Miqueas 7:20).

Aquel que está ligado al amor de su Señor alcanza esto. Además, todos los mundos son bendecidos por él, según ha sido escrito: «Alábente, oh Eterno, todas tus obras; **y tus misericordiosos te bendigan**» (Salmos 145:10). **No leas** *Ievarakhukha*, te bendiga, **sino** *Ievarakhu koh*, bendecirá *Koh*.

Rabbí Iosi estaba enfermo. Rabbí Abba, Rabbí Iehudah y Rabbí Itzjak fueron a visitarlo. Lo vieron caer de bruces, dormido. Se sentaron a esperar que despertara. **Cuando despertó, vieron que sonreía**. Rabbí Abba le preguntó: ¿Has visto algo nuevo? (267b). Le contestó: ¡Claro que sí! Porque ahora mi alma subió, y vi la gloria de los que murieron y se sacrificaron por la santificación de su Señor: cómo entraron en trece montes de bálsamo puro, y el Santo, bendito sea se deleita en ellos. Vi lo que no me está permitido explicar. Les pregunté: ¿A quién pertenece esta gloria? Me respondieron: a aquellos que amaron a su Señor en este mundo. Gracias a lo que vi, mi alma y mi corazón estaban iluminados, y por esta razón mi rostro está sonriente. Rabbí Abba le dijo: ¡Dichosa tu parte! Pero la Torah da testimonio de ellos, según ha sido escrito: «ni nunca oyeron, ni oídos percibieron; **ni ojo ha visto Dios fuera de ti, que hiciese** *otro tanto* **por el que en él espera**» (Isaías 64:4). Rabbí Iehudah le dijo: los compañeros ya han preguntado por qué está escrito «que hiciese», cuando en realidad **debería decir: «Que harás»**. Él respondió: esto ya lo hemos discutido, pero el secreto de la cosa concuerda con lo que está escrito: «contemplar la hermosura del Eterno y para meditar en Su templo» (Salmos 27:4). Como ellos han establecido, la hermosura del Eterno es que el Atik haKaddosh, el santo antiguo, en el cual se deleita el Santo, bendito sea, porque esa belleza sale del Atik haKaddosh.

Aquí también, «ni ojo ha visto Dios fuera de ti, que hiciese *otro tanto* por el que en él espera (Isaías 64:4)». ¿**De quién** se trata? Del Atik haKaddosh, porque depende de Él». Le dijo: efectivamente, ¡dichosa la parte de aquellos a quienes se une el amor de su Señor! **Su parte en ese mundo** venidero es inconmensurable. Rabbí Itzjak dijo: **numerosas son las moradas de los justos en aquel mundo, unas sobre otras; y la morada más alta de todas está reservada para aquellos que están apegados al amor, porque su morada sobrepasa a todas** las demás. ¿Por qué? Porque el Santo, bendito sea, es coronado en esto.

Ven y **ve: todo esto se llama Amor, y para el amor todo existe, según ha sido escrito: las muchas aguas no podrán apagar el amor**, ni lo ahogarán los ríos. Si diese el hombre toda la hacienda de su casa por este amor, de cierto lo menospreciarán (Cantar de los Cantares 8:7). **Todo perdura por amor, porque el Santo Nombre es así, según ha sido establecido. El extremo superior de** la letra *Iod* **nunca se separa de** la letra *Iod*, **ya que se asienta sobre ella y nunca se separa.** La letra *He*, **como ha sido establecido, porque** la letra *Iod* **no se separa nunca de ella; y aparecen como uno, unidos amorosamente, sin separarse la una de la otra** *He* (ה), **como ya se**

267b

ha dicho. Esto es **según ha sido escrito: y salía** *un* **río de Edén** para regar el huerto, y de allí se repartía en cuatro cabezas (Génesis 2:10), **salía eternamente, adherido en el amor.** *Vav* y *He*, cuando se pegan la una con la otra, se unen en amor como uno solo, como un novio con su novia, cuyo camino es amar.

Iod con *He*, *He* con *Vav* y *Vav* con *He*, de este modo, todo recibe el nombre de amor, unidos el uno al otro con amor. Por consiguiente, aquel que ama al Rey está vinculado a ese amor. Así, «**amarás al Eterno tu Dios** de todo tu corazón, y de toda tu alma, y con todo tu poder» (Deuteronomio 6:5).

«**Y estas palabras** que yo te mando…» (Deuteronomio 6:6). Abrió Rabbí Itzjak: «**Todos mis huesos dirán: Oh Eterno, ¿quién como tú, que libras al pobre** del más fuerte que él, y al pobre y menesteroso del que le despoja?» (Salmos 35:10). **Este versículo fue pronunciado de memoria por** el rey **David por medio del** *Ruaj haKoddesh*, espíritu de santidad. «**Todos mis huesos dirán**». ¿Acaso alguien ha visto huesos que cantaran una canción? Este versículo se refiere al día en el que el Santo, bendito sea, resucite a los muertos. Entonces arreglará los huesos poniendo cada uno de ellos en el lugar que le corresponde, **según ha sido dicho:** «**y engordará tus huesos**» (Isaías 58:11). Entonces se dispondrán a cantar una canción. ¿De qué canción se trata? «**Oh Eterno, quién como tú**». Entonces ofrecerán una canción que será superior incluso a aquella que Israel entonó en el mar, pues únicamente mencionaron el Santo Nombre después de tres palabras, según está escrito: «Quién como tú, oh Eterno…» (Éxodo 15:11). Salvar «**al pobre y menesteroso del que le despoja**» significa salvar **a la Buena Inclinación de la Mala Inclinación. Porque la Mala Inclinación es dura como la piedra, según ha sido dicho:** «Y os daré corazón nuevo, y pondré espíritu nuevo dentro de vosotros; **y quitaré de vuestra carne el corazón de piedra, y os daré corazón de carne**» (Ezequiel 36:26); **mientras que la Buena Inclinación es** comparable con **la carne, según ha sido escrito:** «y os daré corazón de carne».

Ven y ve: ¿A qué se parece la Mala Inclinación? Cuando se trata de adherirse a una persona, se comporta **como el hierro antes**

de ser puesto en el fuego para templarlo; **después de ser calentado, se convierte completamente en fuego.**

Rabbí Jía dijo: cuando la Mala Inclinación viene a adherirse a una persona, se parece a alguien que ha estado viajando y se acerca a una puerta. En la puerta, no encuentra a nadie que le impida entrar, así que entra en la casa y se convierte en un huésped. Viendo que al cabo de unos días **todavía no hay nadie que lo detenga, se da el gusto y se convierte en dueño de la casa** (268a), **hasta que finalmente toda la casa queda bajo su control. ¿De dónde aprendemos esto? Del pasaje sobre David donde está escrito «Y vino uno de camino al hombre rico»;** y él no quiso tomar de sus ovejas y de sus vacas, para guisar al caminante que le había venido, sino *que* tomó la oveja de aquel hombre pobre, y la aderezó para el varón que le había venido» (2 Samuel 12:4). **Uno que va de camino que se acerca a la puerta sin querer permanecer allí, sino más bien** deseando **continuar su viaje. Así es la Mala Inclinación** que se comporta **como alguien que se acerca a la casa, se acerca a una persona, despertándola con un pecado menor, un invitado temporal. Si no ve a nadie que lo detenga, ¿qué está escrito?** «y la aderezó para el varón que le había venido» (2 Samuel 12:4). Entonces, **se convierte en un huésped que se aloja en la casa, despertándolo con pecados durante un par de días, como un huésped que es invitado a quedarse en la casa por un par de días. Una vez que ve que no hay nadie que le ponga límites, ¿qué está escrito?** «y la aderezó para el varón que le había venido» (2 Samuel 12:4). **Éste se convierte en amo de la casa, según ha sido dicho «Aquel varón, oh Eterno de la tierra**, nos habló ásperamente, y nos trató como a espías de la tierra» (Génesis 42:30); estas palabras se parecen a «**Varón, esposo de Noemí**» (Rut 1:3). **Lo mismo sucede con la Mala Inclinación: se convierte en un varón, amo de la casa, hacia esa persona. Ahora la persona está atada a su servicio y hace su voluntad. Por esta razón hemos de poner palabras de la Torah sobre él, para vencerlo; porque no hay quien se oponga a la Mala Inclinación sino las palabras de la Torah** (*Véase* Talmud, tratado de *Kiddushin* 30a). **Por esta razón ha sido escrito: «Y estas palabras**

268a

que yo te mando hoy, estarán sobre tu corazón» (Deuteronomio 6:6), o sea **sobre la Buena y la Mala Inclinación. Dijo Rabbí Iehuda:** entonces, ¿para qué necesita la Buena Inclinación palabras de la Torah? Respondió: la Buena Inclinación es adornada por ellas, y la Mala Inclinación es subyugada por ellas. Cuando llegó Rabbí Shimon, dijo: ciertamente, esta porción del Shemá alude a las diez alocuciones, como se ha establecido. Aquí, «estas palabras que yo te mando hoy» **serán la totalidad de las diez alocuciones. Por consiguiente, hay diez preceptos aquí que corresponden a los diez preceptos de la Torah. ¿Cuáles?** «Y las repetirás a tus hijos, y hablarás de ellas estando en tu casa, y andando por el camino, y acostado en la cama, y levantándote; y has *de* atarlas por señal en tu mano, y estarán por frontales entre tus ojos; y las escribirás en los postes de tu casa, y en tus portadas» (Deuteronomio 6:7-9). **Observa que son diez y están en correspondencia con las diez alocuciones,** y las diez sefirot. **De este modo estos versículos son un gran principio de la Torah. ¡Dichosa la parte de aquel que los completa dos veces al día, porque entonces el Santo Nombre es debidamente santificado en su boca!**

Rabbí Aja se encontraba con Rabbí Eleazar una noche después de la medianoche, y estaban enfrascados en el estudio de la Torah. Rabbí Eleazar dijo: «porque *es* tu vida, y la longitud de tus días; a fin de que habites sobre la tierra que juró el Eterno a tus padres Abraham, Isaac, y Jacob, que les había de dar» (Deuteronomio 30:20). **Ven y ve: por encima de todas las estipulaciones que el Santo, bendito sea, decretó cuando entró en la tierra de Israel estaba el decreto de la Torah. ¿Por qué? Porque la Shekinah se establece en el mundo sólo a través de la Torah, y ella se establece Arriba sólo a través de la Torah. Pues Rabbí Shimon, mi padre, dijo que la Torah oral únicamente podría conocerse a través de la Torah escrita. La Shekinah únicamente se instala Arriba o abajo con la Torah y mientras la Torah permanezca con ella, ella podrá permanecer en el mundo según ha sido escrito:** «porque *es* tu vida, y la longitud de tus días; a fin de que habites sobre la tierra» (Deuteronomio 30,20). «Sobre la tierra», **sin especificar. Y**

también ha sido escrito: «¿Por qué causa la tierra ha perecido, ha sido asolada como desierto, que no hay quien pase?» (Jeremías 4:12). **Porque han abandonado mi Torah. Mientras estaban sentados, Rabbí Eleazar bajó la cabeza y dijo: ¡así es!** Éste es el secreto que encontré en el Libro del Rav Amnuna el anciano, quien aplicó el siguiente versículo al misterio de la Asamblea de Israel: «Si le tomare otra, no disminuirá su alimento, ni su vestido, ni el deber conyugal» (Éxodo 21:10). **Si los disminuye, ¿qué está escrito?** «Y si ninguna de estas tres cosas hiciere, **ella saldrá de gracia sin dinero**» (Éxodo 21:11), **según ha sido dicho: «¿Qué es de esta carta de repudio de vuestra madre, a la cual** *yo* **repudié?** ¿O quiénes *son* mis acreedores, a quien yo os he vendido? He aquí, que por vuestras maldades sois vendidos; y por vuestras rebeliones fue repudiada vuestra madre» (Isaías 50:1); **y** también **está escrito: «De balde fuisteis vendidos**; por tanto, sin dinero seréis rescatados» (Isaías 52:3). **Aquel que le niega la Torah es como aquel que separa al marido de su mujer,** privándola de él; **porque ella queda como viuda, aunque no** sea **viuda, según ha sido escrito:** «Cómo está sentada sola la Ciudad *antes* populosa! La grande entre las naciones **se ha vuelto como viuda**» (Lamentaciones 1:1) **y no viuda. Se sentaron a estudiar la Torah hasta el amanecer. Una vez que el día brilló, se levantaron y continuaron** su camino. **Mientras avanzaban, vieron a un hombre que iba por el camino con la cabeza vendada. Se le acercaron, pero él murmuraba** (268b) **con sus labios y no les respondía en absoluto. Rabbí Eleazar dijo: ¡Ciertamente, está consultando a su Señor! Rabbí Eleazar y Rabbí Aja se sentaron a hacer sus oraciones, mientras ese hombre seguía erguido en otro lugar. Cuando terminaron de orar, siguieron su camino, y el hombre se les escapó. Rabbí Eleazar dijo: o ese hombre es un necio o sus caminos son inapropiados. Él dijo: dediquémonos a la Torah, porque ya es hora. Rabbí Eleazar abrió** el versículo y **dijo: «Los sabios heredarán la honra; mas los locos sostendrán deshonra»** (Proverbios 3:35). **«Los sabios heredarán la honra». ¡Dichosos aquellos que** se dedican al estudio de **la Torah! Apenas** habían iniciado su estudio, **cuando aquel hombre se les acercó. Rabbí Eleazar dijo: no** debemos interrumpir una palabra de la Torah, ya que cualquiera que se dedica a la Torah se hace digno de obtener una herencia celestial en la gloria del Santo Rey, y se hace digno de obtener una herencia en este mundo. ¿Qué es eso? Es lo que se llama la gloria del Eterno, que nunca deja de fluir a ellos, según ha sido escrito: «Los sabios heredarán la honra». «Mas los locos sostendrán deshonra» (Proverbios 3:35). «Y los tontos se llevan la desgracia. ¿Qué significa esto? Ven y ve: cuando una persona camina en el camino recto ante el Santo, bendito sea, y se compromete en la Torah, hereda esa gloria para sí mismo, y muchos ángeles guardianes y ángeles defensores aparecen sobre él y todos ellos hablan a su favor ante el Santo Rey. Pero si una persona no se compromete en la Torah y no camina en los caminos de su señor, produce un ángel acusador sobre sí mismo. Ese ángel acusador deambula por el aire y no se eleva por encima, por si la persona se arrepiente de sus pecados. Una vez que ve que la persona no se arrepiente y no desea participar en la Torah, entonces se eleva en los aires y da testimonio de su culpabilidad, según ha sido escrito: «mas los locos sostendrán deshonra» (Proverbios 3:35).

Abrió el versículo y dijo: «Y si la familia de Egipto no subiere, y no viniere, sobre ellos no habrá *lluvia; antes vendrá sobre ellos la plaga con que el Eterno herirá los gentiles que no subieren a celebrar la Fiesta de los Tabernáculos*» (Zacarías 14:18). ¿Por qué Egipto es diferente aquí de todas las demás naciones, a propósito de las cuales está escrito que no habrá lluvia, mientras que aquí no es así? Pues bien, los compañeros cabalistas ya han establecido que la tierra de Egipto no necesita lluvia (*Véase Zohar* I-109a); por lo tanto no está incluida entre los que serán privados de lluvia. Más bien, se reserva otro castigo para ellos. Y esto está bien dicho.

Ven y ve lo que está escrito: «Que la tierra a la cual entras para heredarla, no es como la tierra de Egipto de donde habéis salido, *donde* sembrabas tu simiente, y regabas con tu pie, como huerto de legumbres» (Deuteronomio 11:10), porque el río sube y riega la tierra. Pero aquí, bebe agua por la lluvia del cielo, ya que la tierra santa es regada constantemente por el cielo. Cuando Israel se ocupó de la Torah, fue regado convenientemente; y el que la retiene, es como si retuviese la bondad de todo el mundo, dado que el agua corresponde a Hessed, la bondad. Entraron en una cueva que estaba cerca del camino y aquel hombre entró con ellos; se sentaron. Aquel hombre abrió el versículo y dijo: «Y hablaba el Eterno a Moisés cara a cara, como habla cualquiera a su amigo. Y se volvía al campamento; mas el joven Josué, su criado, hijo de Nun, nunca se apartaba de en medio del tabernáculo» (Éxodo 33:11). El principio de este versículo no coincide con su final, ni el final con su principio, ni una afirmación se parece a la otra. Al principio, el Eterno le hablaba a Moisés cara a cara. Entonces, «Y se volvía al campamento; mas el joven Josué, su criado, hijo de Nun». ¿Qué significa esto? Dijo Rabbí Eleazar: ciertamente el Santo, bendito sea, desea honrarnos, porque ahora nuestra unión es genuina, y la Shekinah no se apartará de nosotros. El que abrió el versículo, ¡que lo explique!»

Abrió y dijo: «Y hablaba el Eterno a Moisés cara a cara». Moisés, el profeta fiel, estaba separado de todos los demás profetas del mundo por muchos peldaños excelsos y preciosos; porque en comparación con él, todos ellos eran como un simio en comparación con un ser humano. Otros profetas contemplarían un espejo que no brilla, y aun así, no podrían levantar la cara para ver, como está escrito: «Pero oí la voz de sus palabras; y cuando oí la voz de sus palabras, **fui adormecido sobre mi rostro, y mi rostro en tierra**» (Daniel 10:9). Además, las palabras no les fueron reveladas abiertamente. No ocurre lo mismo con Moisés, el profeta fiel. Porque él contemplaría en un espejo brillante y aun así se mantendría firme. Además, levantaba la cabeza para ver, como alguien que le dice a su compañero: levanta la cabeza y mírame a la cara, para entender lo que estoy diciendo. Así ocurre con Moisés: cara a cara, su cabeza levantada sin temor; su rostro levantado, mirando hacia el resplandor de la gloria excelsa (269a). Su mente y su semblante no cambiaron como ocurría con los otros profetas que, al querer mirar, perdieron el control y perdieron la razón; el resplandor de su semblante cambió, y perdieron la

269a

noción de este mundo. Pero no ocurre así con Moisés, porque él miraría en ese nivel (literalmente «peldaño») excelso real sin perder el control o perder la cabeza. Porque cuando contemplaba el resplandor de la gloria de Arriba, inmediatamente regresaba al campamento para hablar con ellos de lo que necesitaban, y su mente estaba tranquila como antes, incluso más. Así, «Y se volvía al campamento». «Mas el joven Josué, su criado, hijo de Nun» aprendió en la tienda y sabía mirar a través del Espíritu Santo, según ha sido dicho: «Y el joven Samuel ministraba delante del Eterno, vestido de *un* efod de lino» (1 Samuel 2:18).

Ven y ve: el tiempo en que Josué estuvo con Moisés, solía aprender y nutrirse del tabernáculo, sin temor. Después de separarse de Moisés y quedarse solo, ¿qué está escrito «Entonces Josué postrándose sobre su rostro en tierra le adoró» (Josué 5:14)? Porque no podía soportarlo y procedía de un mensajero y no directamente de Dios, y más aún, de otro lugar. La cosa se parece a una persona a quien el rey confió vasijas de oro y piedras preciosas. Mientras estaban con él, el criado de la casa se ocupaba de ellas y las vigilaba, pero cuando esa persona se fue de este mundo, el rey no dejó nada con el criado y recuperó todo su depósito. Y el criado exclamó: «¡Ay de mí! En los días de mi amo todo esto estaba en mis manos. Lo mismo ocurre con Josué. En los días de Moisés, él aprendía todos los días de la tienda sin temor. Después de la muerte de Moisés, ¿qué está escrito? «Entonces Josué postrándose sobre su rostro en tierra le adoró» (Josué 5:14). En cuanto a mí, ya que estoy con vosotros, examino las palabras de la Torah sin temor; después de separarme de vosotros, no podré hacerlo por mí mismo. Abrió de nuevo: «y las repetirás a tus hijos, y hablarás de ellas estando en tu casa, y andando por el camino, y acostado en la cama, y levantándote». (Deuteronomio 6:7). «Y las repetirás a tus hijos», las repetirás penetrantemente, según ha sido dicho: «Tus saetas agudas *con que* caerán pueblos debajo de ti, *penetrarán* en el corazón de los enemigos del Rey» (Salmos 45:5), porque una persona debe hacerse aguda con las palabras de la Torah como una espada de doble filo, para que la agudeza de la Torah entre en él, y ninguna torpeza entre en su mente. «Y hablarás de ellas» ya que cada palabra de la Torah tiene su propio camino. «Y hablarás de ellas». El versículo debería decir «y hablarás, de ellas». Sin embargo, una persona debe comportarse de acuerdo con ellas, y no únicamente hablar, **guiándose** por ellas **para no desviarse hacia la derecha o la izquierda. Cuando os halléis en vuestra casa, para comportaros bien** cuando estéis **en su casa, para que los miembros de su casa aprendan de él; para que os comportéis con ellos agradable y gozosamente, y para que no echéis excesivo temor sobre su casa. Todas sus acciones en casa deben ser armoniosas y sinceras.** «Y las repetirás a tus hijos, y hablarás de ellas estando en tu casa, y **andando por el camino,** y acostado en la cama, y levantándote» (Deuteronomio 6:7) **para que las palabras de la Torah os guíen y os mejoréis a vosotros mismos según sea necesario, para comportarse en los caminos de la Torah. ¿En qué consiste?** En hacer **como Jacob: por un don, por la batalla y por la oración. Ha de ofrecer una oración a su Señor, pero superando las palabras de la Torah.** «Y acostado en la cama» **para comportarte con reverencia hacia tu Eterno, en santidad, en humildad, para no ser insolente con tu Eterno.** «Y levantándote» **para alabar a tu Eterno, que ha restaurado tu alma. Porque ella lleva mucha culpa delante de su Señor, pero el Santo, bendito sea, le muestra bondad devolviéndola a su cuerpo** cada mañana. «Y has **de** atarlas por señal en tu **mano,** y estarán por frontales entre tus ojos; «las repetirás a tus hijos, y hablarás de ellas **estando en tu casa,** y andando por el camino, y acostado en la cama, y levantándote «(Deuteronomio 6:7). **Ha sido establecido esto: en la mano débil, que es la izquierda. En el Libro de la Haggadah está dicho** «en *Iad Koh*», **la mano de** *Koh***, así, como ha sido dicho:** «*Koh*, así **será tu semilla** (Génesis 15:5).

Y los compañeros cabalistas **que habitan en el sur han establecido, de acuerdo con su misterio, los compartimentos de los Tefilín como sigue:** «Santifícame todo primogénito, **cualquiera que abre matriz entre los hijos de Israel, así de los hombres como de las bestias;** porque **mío es»** (Éxodo 13:2). «**Todo primogénito», sin especificar, en correspondencia con la** *Kitra,* **corona, más elevada**

de todas. Así que «Y cuando el Eterno te hubiere metido en la tierra del cananeo, como te ha jurado a ti y a tus padres, y cuando te la hubiere dado» (Éxodo 13:11) **corresponde a Jojmah**. «Escucha, Israel... Amarás...» (Deuteronomio 6:4-5) **corresponde a Binah**. «Y será que» (Deuteronomio 11:13) **corresponde a Hessed. Después, todos están incluidos en el brazo izquierdo, que se llama** *Oz*, **fuerza; y está escrito** «Juró el Eterno por su mano derecha, y por el brazo de su fortaleza» (Isaías 62:8). **La fuerza no es sino la Torah; la fuerza no es sino los Tefilín. Pero estas palabras no nos parecen correctas. ¿Por qué? Porque Keter Elyon,** la corona suprema, **lo abarca todo, y no es contado** (*Véase Zohar* I-31b). **Además,** (269b) «**cuando** el Eterno **te hubiere metido** en la tierra del cananeo» (Éxodo 13:11) **depende del Éxodo de Egipto, el lugar donde se encuentra la libertad para los esclavos. Así que este método es incorrecto. Pero comenzamos desde Jojmah, y así es, y el Santo, bendito sea, se los pone. Así, cuatro arriba, cuatro abajo; cuatro en el lugar del cerebro, cuatro en el lugar donde reside el corazón, ya que uno está ligado al otro.**

Hay que adornarse con ellos, porque ese es el Santo Nombre de Arriba, según ha sido escrito: «Y verán todos los pueblos de la tierra que el nombre del Eterno es llamado sobre ti, y te temerán» (Deuteronomio 28:10). **Cualquiera que esté adornado con esta santa corona es llamado «rey en la tierra», mientras que el Santo, bendito sea, es llamado «rey en el cielo», según ha sido escrito:** «el rey está preso en tus trenzas» (Cantar de los Cantares 7:6). **Así como el Santo, bendito sea, es rey Arriba y es rey abajo.** «Y las escribirás en los postes de tu casa, y en tus portadas» (Deuteronomio 6:9) **para ser una persona completa en todo, llegando a ser completa en los preceptos de su Señor, inscritos Arriba y abajo. ¡Dichosa es la parte de Israel!**

Rabbí Eleazar abrió el versículo **y dijo: tenemos dos versículos, y aunque todo depende de uno, no están en el mismo nivel** (literalmente «peldaño»). **Un versículo dice: «Así** (*Koh*) **dice el Señor de los ejércitos»,** (1 Samuel 15:2)**; y otro dice: «*Por tanto* (*Koh*), así dice el Eterno Dios**: no prevalecerá ni se cumplirá» (Isaías 7:7).

¿Cuál es la diferencia entre ellos? Bien, cuando está escrito «Así (*Koh*) dice el Señor de los ejércitos», la pronunciación es con Misericordia; y cuando está escrito «*Por tanto* (*Koh*), así dice el Eterno Dios», la pronunciación es con Rigor. «Así (*Koh*) dice el Señor de los ejércitos» pues este *Koh* es bendecido por el Justo y por Netzah y Hod, quienes son llamados «el Señor de los ejércitos». Entonces son palabras de paz, ya que salen de este lugar. «*Por tanto* (*Koh*), así dice el Eterno Dios» pues este *Koh* se nutre del lado del Rigor, del lugar de la Guevurah de Arriba. Y he aprendido de mi padre que el Rigor está con la Misericordia, ya que está escrito «El Eterno Dios», y Dios (*Elohim*) es siempre Guevurah. Así, las palabras fueron reconocidas como salidas de la boca del profeta, y él tuvo la intención de pronunciar la palabra desde su lugar, y entonces esos hijos de la fe supieron de dónde provenía la expresión.

Rabbí Aja abrió el versículo y dijo: Rabbí Aha abrió diciendo: «Maldecid a Meroz, dijo el ángel del Eterno; maldecid severamente a sus moradores, porque no vinieron en socorro al Eterno, en socorro al Eterno contra los fuertes» (Jueces 5:23). **Ven y ve: este versículo es un misterio entre los misterios de Arriba. Cuando el Santo Rey confía su casa a la Matronita, pone en sus manos todas sus armas, lanzas y catapultas, y la pone a cargo de todos sus guerreros, según ha sido escrito: «He aquí es la cama de Salomón; sesenta fuertes la rodean, de los fuertes de Israel** (Cantar de los Cantares 3:7). **Y esto ya ha sido explicado** (*Véase Zohar* I-226b). **Entonces el Santo, bendito sea libra su guerra, y los guerreros que mencionamos «todos ellos tienen espadas, diestros en la guerra**; cada uno su cuchillo sobre su muslo, por los temores de la noche». **Está escrito: «De los cielos pelearon; las estrellas desde sus caminos pelearon contra Sísara»** (Jueces 5:20-21). **Y hemos aprendido que cuando Israel ofreció voluntariamente descubrir la señal santa en su carne** en la circuncisión (*Véase* Talmud, tratado de *Shabat* 19 6), **entonces «traeré sobre vosotros cuchillo vengador, en vindicación del pacto**; y os recogeréis a vuestras ciudades; mas *yo* enviaré pestilencia entre vosotros, y seréis entregados

269b - 270a

en mano del enemigo» (Levítico 26:25). **Y reunió todas sus fuerzas, todas las armas y todos sus guerreros para librar batalla contra Sísara, y las estrellas derramaron fuego desde Arriba.**

Dijo Rabbí Shimon dijo: cada estrella tiene su propio nombre, con el que se la llama. El Santo, bendito sea, les dijo: preparaos para vengar a mis hijos. Voy a exigirles una venganza doble. Una por los seiscientos carros que el maligno **prestó al príncipe de Egipto para hacer la guerra contra Israel, según ha sido está escrito: «Y tomó seiscientos carros escogidos,** y todos los carros de Egipto, y los capitanes sobre ellos» (Éxodo 14:7). **Y la otra** venganza **por mis hijos, que fueron oprimidos hasta ahora. Por esta razón fueron sentenciados a dos castigos: uno por el agua y otro por el fuego. Por el agua, según ha sido escrito: «los barrió el arroyo de Cisón,** el antiguo arroyo, el arroyo de Cisón» (Jueces 5:21); **por el fuego, según ha sido escrito: «las estrellas desde sus caminos pelearon contra Sísara»** (Jueces 5:20-21). **Pero entre esas estrellas había una que no participó en esa venganza y fue maldita para siempre. Cuando empieza a brillar, las demás estrellas vienen y se la tragan junto con toda su cohorte y todas perecen como una sola cosa, según ha sido escrito: «Maldecid a Meroz, dijo el ángel del Eterno»** (Jueces 5:23). **Ahora bien, ¿acaso tiene un ángel permiso para hacer algo así? Pues bien, se trata del ángel** a propósito **del que está escrito «Y el ángel de Dios que iba delante del campamento de Israel,** se apartó, e iba en pos de ellos; y asimismo la columna de nube que iba delante de ellos, se apartó, y se puso a sus espaldas» (Éxodo 14:19) **y a él le pertenecen todas las guerras.** (270a).

«Porque no vinieron en socorro al Eterno, en socorro al Eterno contra los fuertes» (Jueces 5:23) **cuando Israel salió de Egipto. «En ayuda del Eterno entre los guerreros»** (Jueces 5:23) **entre esos sesenta guerreros, cuando se reunieron para luchar contra Sísara. Es el ángel que controla todos los castigos y todas las guerras del rey, por lo que está escrito «el ángel del Eterno». Esto corresponde a lo que está escrito: «el ángel que me liberta de todo mal,** bendiga a estos jóvenes; y mi nombre sea llamado en ellos, y el nombre de mis padres Abraham e Isaac; y *se* multipliquen en gran manera en medio de la tierra» (Génesis 48:16), **como han establecido los compañeros** cabalistas. **Este ángel está destinado a ser supremo y glorioso en el futuro. Y el Santo Nombre será magnificado, y por esto el Santo, bendito sea, se propone exigir una compensación a las demás naciones. Y así ha sido escrito: «Y seré engrandecido y santificado, y seré conocido en ojos de muchos gentiles**; y sabrán que yo *soy* el Eterno» **que seré engrandecido, santificado y dado a conocer a los ojos de muchas naciones** (Ezequiel 38:23)». **Siguieron** por el camino **hasta que se encontraron con Rabbí Shimon. En cuanto los vio, les dijo: mirad, he aquí a la Shekinah. Hemos de mostrar gratitud a la cara de la Shekinah.**

Abrió el versículo **y dijo: «He aquí el día es aún grande**; no es tiempo todavía de recoger el ganado; abrevad las ovejas, e id a apacentarlas» (Génesis 29:7). **Este versículo ya ha sido explicado. Cuando Israel se despierte con arrepentimiento ante el Santo, bendito sea, regresarán a la tierra santa por el mérito** del estudio **de la Torah. Entonces Israel sólo se quedará un día más en el exilio. Éste es el significado de** «Desde lo alto envió fuego en mis huesos, el cual se enseñoreó; extendió red a mis pies, me tornó atrás, **me puso asolada, y que siempre tenga dolor**» (Lamentaciones 1:13). **Y si no se arrepienten, el Santo, bendito sea dirá «He aquí el día es aún grande**; no es tiempo todavía de recoger el ganado; abrevad las ovejas, e id a apacentarlas» (Génesis 29:7), **pero no hay ni méritos ni buenas acciones. Sólo hay un remedio para vosotros: abrevad las ovejas, profundizad en la Torah a fin de ser regados por las aguas de la Torah e «id a apacentarlas» a un lugar tranquilo, un buen lugar.**

De acuerdo con otra explicación, «**He aquí el día es aún grande**» alude al **día llamado «día de alboroto, y de huella, y de fatiga**» (Isaías 22:5). **En ese día fue destruido el Templo e Israel partió al exilio. A causa de sus malas acciones, el día creció y se alargó. Éste es el sentido de «He aquí el día es aún grande; no es tiempo todavía de recoger el ganado; abrevad las ovejas, e id a apacentarlas**» (Génesis 29:7), **porque el día se alargó. «Abrevad las ovejas» es, como ya hemos aprendido, saciad su sed con palabras de Torah, porque es a través de la Torah como Israel saldrá del**

270a

exilio. ¿Qué dice Israel? «no es tiempo todavía de recoger el ganado» (Génesis 29:8), es decir hasta que se reúnan el resto de los días de Arriba y «retiren la piedra de sobre la boca del pozo», o sea retiren el juicio severo que durante estos días está «sobre la boca del pozo». El pozo está en el exilio (*beGalut*) junto con nosotros, pero cuando sea desvelado (*Tegaliah*) y esta piedra no tenga poder sobre él, «daremos de beber a las ovejas». En el tiempo del final de los días el Santo, bendito sea devolverá a Israel a la tierra santa y los sacará del exilio. El final de los días es el último de los días. Durante el final de los días Israel padecerá el exilio y éste es el significado de «Cuando estuviereis en angustia, y te alcanzaren todas estas cosas, *si* en los postreros días…» (Deuteronomio 4:30) y «os ha de venir mal en los postreros días» (Deuteronomio 31:29). Son los postreros días porque la Asamblea de Israel se encuentra en el exilio. Junto con este final de los días reciben el castigo en el exilio. Con él, el Santo, bendito sea vengará constantemente a Israel, según ha sido escrito: «por tanto, he aquí, yo me voy ahora a mi pueblo; ven, te indicaré lo que este pueblo ha de hacer a tu pueblo en los postrimeros días» (Números 24:14). Se refiere a esto. Y el Santo, bendito sea, los devolverá a su lugar, y éste es el sentido de «Y acontecerá en lo postrero de los tiempos, que será confirmado el Monte de la Casa del Eterno por cabeza de los montes; y será ensalzado sobre los collados; y correrán a él todos los gentiles» (Isaías 2:2). Éste es el final de los días.

Una vez una sombra comenzó a formar el principio de otro día mientras duraba el tiempo en el que fue destruido el Templo cuando lo alcanzó la sombra. Y el día de sombra fue el final del exilio. Esta sombra medía seis pulgares de un hombre entre los hombres. Y su secreto es rememorado entre los compañeros cabalistas en este versículo: «que nosotros somos desde ayer, y no sabemos, siendo nuestros días sobre la tierra como sombra» (Job 8:9). «Somos desde ayer», el exilio, «y no sabemos, siendo nuestros días sobre la tierra como sombra» lo cual quiere decir que el Santo, bendito sea, quiere que la sombra y el día descansen sobre la tierra. ¡Dichosa la parte de aquel que los ve y dichosa la parte de aquel que no los ve! ¡Ay de aquel que esté presente cuando el gran león pida aparearse con su hembra, y más aún cuando se apareen juntos! A propósito de este momento ha sido escrito: «Bramando el león, ¿quién no temerá?» (Amós 3:8).

Ven y ve: al principio está escrito: «enfurecido bramará sobre su morada» (Jeremías 25:30). Cuando salga a recibir a su pareja ha sido dicho: «Bramando el león, ¿quién no temerá?» (Amós 3:8). A propósito de ese momento ha sido escrito: «entonces el Eterno, tu Dios, te hará volver de la cautividad» (Deuteronomio 30:3). ¿Qué es «volver»? El Santo, bendito sea, regresa a la congregación de Israel del exilio, y el Tzadik regresa para unirse a su lugar (270b). Entonces está escrito: «Ciertamente los justos alabarán tu Nombre; los rectos morarán en tu presencia (Salmos 140:13). Os está llamando una voz a vosotros, hijos de hombre, hombres de sabiduría, hombres de entendimiento. Aquel de vosotros que haya alcanzado la sabiduría y sepa cuándo la cabeza blanca preparó otra cabeza que está impresa de arriba abajo y de abajo a arriba en dirección hacia el norte, un adorno de un estanque de agua, imprimió en él la profundidad del abismo excelso que se eleva y cae dentro de él. Un grado oculto que desciende con mil quinientas huellas en mil quinientos mundos. Debajo de él camina una bestia del campo que tiene diez cabezas. Esta bestia tiene ojos que se parecen a los ojos de los hombres y una boca que pronuncia palabras arrogantes. Cuando se eleva camina, durante el día y se oculta por la noche. Las cuatro trituradoras que lleva en sus manos tiemblan y sesenta bocanadas de fuego viajan con ella, cada una de ellas con una afilada espada en su cadera.

Cuando él deseaba tanto producir al hombre para que fuera el gobernante de abajo, implementó en esa bestia cierto polvo fino que lo incluía todo. Sopló sobre ella y se extendió hacia las cuatro direcciones del mundo, es decir, se extendió en el cuerpo hacia las cuatro direcciones del mundo. Cuatro partes del cuerpo rodaron, una hacia Arriba, una hacia abajo, una hacia el norte, y otra

270b

hacia el sur. Un árbol grande y fuerte estaba conectado y unido a una rama hermosa cuya vista alegra a todos, como está escrito: «Hermosa provincia, el gozo de toda la tierra...» (Salmos 48:2). Se unió a ella, y produjeron un cierto espíritu que llenó esa masa de polvo fino y él se puso de pie. Él lo hizo rey sobre todo el mundo y gobernante sobre todo. Éste es el significado de: «Le hiciste señorear de las obras de tus manos» (Salmos 8:6). Se le dio una orden con respecto a ese árbol pero no observó ese precepto. El rey trajo de vuelta el espíritu del hombre a sí mismo, y esa bestia lo tomó. Prepararon otra vasija que se levantó entre ellos con una conexión con la que están grabados entre los santos ángeles que estaban unidos con la formación de las coronas. Las siguientes generaciones fueron castigadas por su pecado y su espíritu arrancado de su vasija y vestidura. Entonces fue enterrado en el polvo entre los terrones del valle. Estaban escondidos y ocultos en un **hueso fuerte** denominado **Luz** a partir del cual se reconstruirán de nuevo y se levantarán en grupos. Las siguientes generaciones fueron castigadas por su pecado. Y ellos volverán otra vez a la tierra de Israel. El Santo, bendito sea, amasará ese polvo anterior de esa vasija real, e introducirá en ella la masa más fina, como la levadura en la masa. De esa masa, que es la mayor claridad, se construirá y enderezará toda la vasija, como dice el versículo, «y del Templo del Señor brotará una fuente que regará el valle de Sitín» (Joel 4:18). Porque esa fuente aumenta el amor en el mundo. Y cuando esa fuente santa emerja y entre en ella, será construida y corregida y no estará en su estado de pecado. Aquellos que no tienen mérito se levantarán para ser juzgados por el juicio del rey de Arriba. Éste es el significado de: «Y muchos de los que duermen en el polvo de la tierra serán despertados, unos para vida eterna, y otros para vergüenza y confusión perpetua» (Daniel 12:2). Entonces está escrito: «Porque como los cielos nuevos y la nueva tierra que yo hago, permanecen delante de mí, dice el Eterno, así permanecerá vuestra simiente y vuestro nombre» (Isaías 66:22).

Bendito sea el Eterno por la eternidad. Amén y amén. Reine el Eterno por la eternidad. Amén y amén.

PARASHAT EKEV

Deuteronomio 7:12a 11:25

RAIA MEHEMNA

«Y será que, por haber oído estos derechos...» (Deuteronomio 7:12). «Y comerás y te saciarás, y bendecirás al Eterno tu Dios por la buena tierra que te habrá dado» (Deuteronomio 8:10). **Es una mitzvah que bendigamos al Santo, bendito sea, por todo lo que comemos y bebemos y disfrutamos en este mundo. El que no bendice es considerado como un ladrón del Santo, Bendito sea** (*Véase* Talmud, tratado de *Berajoth* 35a) **según ha sido escrito: «El que roba a su padre *o* a su madre**, y dice *que* no es maldad, compañero es del hombre destruidor» (Proverbios 28:24), **y los compañeros** cabalistas **ya lo han explicado. Las bendiciones que una persona da al Santo, bendito sea, están destinadas a extraer la vida de la fuente de la vida para el Santo Nombre del Santo, bendito sea. Y estas bendiciones son para derramar sobre él ese aceite excelso y de allí, entonces es atraído sobre el mundo entero.**

También **ha sido escrito: «Y comerás y te saciarás, y bendecirás al Eterno tu Dios»** (Deuteronomio 8:10). (271a) **Por medio de estas bendiciones el hombre hace derramar desde la fuente más**

271a

elevada. Todos los niveles y todas las fuentes son bendecidos y llenados de abundancia para derramar sobre todos los mundos, y todo es bendecido junto. Y ésta es la razón **por la cual el hombre necesita meditar en el secreto de las bendiciones, para que los patriarcas y los niños sean bendecidos todos juntos. Aquel que bendice al Santo, bendito sea, es bendecido y recibe su parte de estas bendiciones antes que el resto del mundo de abajo. Tan pronto como el nombre del Santo, bendito sea, es bendecido desde allí, la porción inicial de esas bendiciones desciende y descansa sobre la cabeza del** que bendice. **Y esto ya ha sido explicado, según ha sido está escrito: «en todos los lugares donde haga pronunciar mi nombre, vendré a ti, y te bendeciré»** (Éxodo 20:24). **Después de que llega esta bendición particular y descansa sobre la cabeza** del que bendice, **se extiende desde allí al resto del mundo.**

Cuando estas bendiciones descienden, son adornadas dentro del campo de los manzanos sagrados. Muchos niveles de los nominados en todo el mundo se reúnen allí con ellos anunciando y proclamando que es el don que esta persona ha enviado al Santo, bendito sea. ¿De qué lugar descienden las bendiciones? Descienden del lugar de la cabeza de los justos. Primero suben y hacen que bajen de Arriba y se llenan de aquellas que descienden de Arriba y de aquellas que ascienden de abajo. Éste es el significado de: «Bendita *es* **la cabeza del justo**; mas la boca de los impíos cubre *la* iniquidad» (Proverbios 10:6). **Y cuando ese nivel se llena,** las bendiciones **se derraman sobre la novia, de donde fluyen y se esparcen hacia abajo. Cuando estas bendiciones se elevan desde abajo, no hay una sola abertura hacia Arriba, y no hay ninguna persona designada desde Arriba que no abra estas aberturas y declare a través de los firmamentos: éste es el regalo al rey que le envió fulano de tal. Es un regalo absolutamente apropiado. ¿Qué es una bendición completa? Una a la que se dijo Amén. Porque cada bendición a la que fue dicho Amén es** considerada **apropiada y completa.**

Cuando esta bendición asciende, todos los grados de Arriba invocan al que no brilla para que brille sobre ella. Más aún, si es

una bendición dicha por muchos, está adornada con coronas santas por medio de los Amén. Amén es el secreto de la conexión que se encuentra dentro de cada unificación y santificación de acuerdo con el secreto de su maestro. Adorna adecuadamente esa bendición con coronas de Arriba. Y el Santo, bendito sea, favorece a los que lo bendicen, y su pasión es por la bendición que está abajo. Esta bendición se eleva y enciende la lámpara que no brilla y la fortalece con una fuerza poderosa para que se eleve por encima. A propósito de este secreto, ha sido escrito: «porque *yo honraré a los que me honran*, y los que me tuvieren en poco, serán viles» (1 Samuel 2:30). Este versículo se refiere a aquellos que otorgan bendiciones al Santo, bendito sea. «Y los que me tuvieren en poco, serán viles» se refiere a aquellos que no bendicen al Santo, bendito sea, y retienen toda bendición de sus labios.

El secreto de los secretos es que aquellos que conozcan la sabiduría de su amo, conozcan el secreto de las bendiciones recitadas sobre las mitzvot, preceptos de la Torah y sobre todos los disfrutes y placeres de este mundo, para derramar las bendiciones desde Arriba hacia abajo. La excepción son las bendiciones durante la oración, que son el *tikún*, corrección de su amo. Ambos se levantan de abajo hacia Arriba y de Arriba hacia abajo. Las bendiciones que no están sobre la oración se elevan de abajo hacia Arriba hasta alcanzar la luz que no brilla, la cual es malcriada, y la despiertan con fuerza a través de esa bendición. Este despertar se eleva hasta alcanzar el trono de Arriba, la fuente de toda vida. Otras bendiciones fluyen entonces de esa fuente de Arriba y se encuentran unas con otras y se besan unas a otras. Se acercan y descansan sobre la cabeza del Tzadik, justo para esparcirse. Cuando descienden, son bendecidos los patriarcas y los niños y todas sus lámparas.

Y el secreto de estas bendiciones que despiertan de Arriba hacia abajo se encuentra con este secreto: *Baruj*, Bendito. Éste es el secreto de la fuente suprema para verter, sacar y encender de allí todas las velas. Y siempre es *Baruj*, Bendito ya que su agua nunca deja de fluir. De ahí, recibe el principio que se llama el Mundo

Venidero. Es el fin del cielo, porque ese fin es el fin de Arriba. Porque hay un fin similar abajo, que es el mundo de abajo, que también es llamado «bendito», en correspondencia con los seres inferiores, lo que significa derramar hacia abajo y despertar desde abajo hacia Arriba a través de la bendición de la oración. Pero aquí, se le llama *Baruj*, Bendito, por el secreto de Jojmah, aquello que llena ese lugar por medio de un camino estrecho por el cual entra en él. *Atah*, tú, comienza entonces a ser revelado, porque *Baruj*, Bendito está oculto. Por lo tanto, se le llama vagamente *Baruj*, Bendito, y es una fuente de Arriba que no está revelada. *Atah*, tú, es el comienzo de la revelación afuera. Por eso se llama *Atah*, tú. ¿Y quién es? Es el secreto de la derecha, llamado sacerdote de ese lugar. Ese es el significado de: «Tú *eres* sacerdote para siempre según el orden de Melquisedek» (Salmos 110:4), **es decir, un sacerdote para ese mundo** (Ya que *leOlam*, «para siempre», puede entenderse también «para el mundo»). *Atah*, tú, es Binah. Ésta es la derecha de Arriba, que está ahí para ser revelada.

«El Eterno» es el secreto de la columna del centro, el secreto de la fe en todos los lados. (271b) *EloHeinu*, nuestro Dios, **es el lado de la izquierda que está incluido en la derecha y la derecha está incluida en él, y uno está incluido en el otro y el otro en uno. Hasta este punto, las bendiciones están conectadas. Cuando son bendecidos, todo el mundo abajo es bendecido. Después de ser bendecidos y recibir bendiciones para sí mismos, todos regresan como uno a esa fuente, porque no pueden regresar a ese lugar antes de ser bendecidos. Una vez que son bendecidos primero, entran de nuevo en ese lugar para recibir otras bendiciones adicionales y compartirlas. Antes de ser bendecidos, no entran ni regresan** allí. Ese es el significado secreto del versículo: «y ninguno comparecerá vacío delante de mí» (Éxodo 23:15).

Cuando regresan a ese lugar y entran allí, ese lugar se llama *Melej*, rey, y *Melej*, rey es llamado un rey sólo cuando estos se acercan a él para ser bendecidos. Y un rey es llamado «rey» cuando sus ministros vienen a él, cuando son ricos y tienen todo lo que necesitan, sin que les falte nada. Entonces él es el rey. Un rey abajo, cuando lo adornan como es debido con coronas sagradas. En este lugar, donde se dice «rey», ¿de quién se trata? Es *haOlam* que nos ha santificado y mandado realizar preceptos. Y ya que es un mundo que no está revelado y está oculto, se recita de manera oculta. Por esta razón, el Shemá se recita de una manera no revelada, tapándonos los ojos.

Según hemos aprendido, la derecha siempre se llama *Atah*, tú. Por esta razón, el sacerdote se inclina hacia ese lugar, al principio y al final de las bendiciones. El mundo de abajo, cuando está conectado a la derecha y unido a ella, es llamado de abajo hacia Arriba *Baruj*, Bendito, y no es considerado bendito sino por medio del secreto de la fuente a la cual fue unido, la cual entró y lo llenó. *Atah*, tú, es el secreto del sacerdote, es decir, para apegarse a él. Por esta razón en la oración, el hombre dobla sus rodillas en *Baruj*, Bendito, porque es un mundo doblado en la parte superior. Ésta es la diferencia entre *Baruj*, Bendito, en la oración y *Baruj*, Bendito de las bendiciones. Todo en el secreto más elevado para derramar bendiciones a todos los mundos.

Cuando se pronuncia *Baruj*, Bendito, en la oración de la Amidá (*Véase* Talmud, tratado de *Berajoth* 28b), el hombre dobla sus rodillas e inclina su cabeza hacia *Atah*, tú. Porque *Atah*, tú, es denominado *Rosh*, cabeza o primero. Y ésta es la razón por la cual el sacerdote recibe su parte primero y siempre es el primero en la fila. Y por ello el doblar la rodilla está en *Baruj*, Bendito, y el bajar la cabeza está en *Atah*, tú. Dondequiera que el sacerdote lee *Atah*, tú, se inclina cuando reza. Después de que un rey baja su cabeza no la levanta de nuevo. ¿Por qué? El Santo, bendito sea, dijo a la Luna: «Ve y disminúyete a ti misma», y todavía no se ha enderezado. Por esta razón, una bendición con la que una persona bendice al Santo, bendito sea, es despertada para derramar bendiciones de Arriba a todos los mundos, como hemos aprendido. Dichosos los de Israel en este mundo y en el mundo venidero.

Está escrito: «Porque tú eres nuestro padre, que Abraham nos ignora...» (Isaías 63:16). Hemos aprendido que en el futuro venidero se le dirá a Isaac: «**Tú eres nuestro Padre** pues has tenido piedad de nosotros como un padre se apiada de su hijo» (*Véase* Talmud, tratado de *Shabat* 89b). **Esto es porque la izquierda está incluida en la derecha. Pero, ¿cómo sabemos que la derecha también es considerada un padre? Está escrito:** «Entonces Micaía le dijo: quédate en mi casa, **y me serás en lugar de padre y sacerdote**...» (Jueces 17:10). **Aunque Arriba, incluso la luz que no brilla es considerada un padre, cuando está aquí atada a la derecha, se denomina** *Atah*, **tú, según ha sido escrito:** «Porque tú eres nuestro padre, que Abraham nos ignora, e Israel no nos conoce. **Tú, el Eterno,** *eres* **nuestro padre; nuestro Redentor**...» (Isaías 63:16).

Mientras tanto, un anciano se acercó a él y le dijo: Pastor Fiel, prepara una mesa para tu amo, para Él y para su Matronita, con toda clase de delicias, para cumplir en ella: «ésta es la mesa que está delante del Eterno» (Ezequiel 41:22). **Porque hasta ahora, todos estaban disfrutando de la mesa del Rey, según ha sido dicho:** «Venid, comed de mi pan» (Proverbios 9:5). **El pan es la** Torah Escrita, **y el vino Torah Oral. Hay muchas delicias en los diversos significados dulces de la Torah, y de todas las vituallas y delicias del mundo y del Rey.**

El Pastor Fiel se levantó, abrió y dijo: Aarón el sacerdote, levántate de tu sueño para matar bueyes y ovejas y cabras y corderos y aves, y todas las variedades necesarias para la fiesta del Rey. El **pan de rostros** (de la proposición), **que corresponde a las dos tablas de la Torah, escritas de esto y de esto,** en ambos lados, *Zeh veZeh*. **Son las doce caras,** guematria de *Zeh*, **que vemos en** «El Eterno te bendiga, y te guarde; el Eterno haga resplandecer su rostro sobre ti, y de ti tenga Misericordia; el Eterno alce a ti su rostro, y ponga en ti paz» (Números 6:24-26). **Son las doce** *Jaiot*, seres vivientes, de los que dice: «Y la figura de sus rostros *era* rostros de hombre; y rostros de león a la parte derecha en los cuatro; y a la izquierda rostros de buey en los cuatro; asimismo había en los cuatro rostros de águila» (Ezequiel 1:10). **Y a propósito de ellas ha sido dicho:** «Y cada uno tenía cuatro rostros, y cuatro alas» (Ezequiel 1:6). **Y éste es el significado de** «Y *Zeh*, éste a *Zeh* daba voces, otro diciendo»

(Isaías 6:3). Corresponden también a los veinticuatro libros de la Torah. Éste es el significado de: «*Zeh*, ésta es la mesa que está delante del Eterno» (Ezequiel 41:22). Los recipientes en la mesa del rey son los señores de Mishnah, señores de la oración, que los sabios compusieron para corresponder a los sacrificios.

Abrió el versículo y dijo: «Harás asimismo *una* mesa de madera de cedro: su longitud será de dos codos, y de *un* codo su anchura, y su altura de codo y medio» (Éxodo 25:23). **Ven y ve: los presentes en la fiesta del rey tenían buenas y hermosas costumbres para mostrar que eran miembros de la mesa del rey. Una era que el mayor se lavara las manos. En el tiempo en que entraban a sentarse a comer, el mayor se sentaba a la cabecera de la mesa. El segundo debajo de él, y el tercero debajo del segundo. Éstas son llamadas las «tres camas»** (o los tres bastones) **que corresponden a los tres patriarcas, y** (272a) **a los sacerdotes, los Levitas y a Israel. De aquí en adelante, no tenían un orden especial, sino que el que llegaba primero se sentaba** primero.

En segundo lugar, el dueño de la casa parte el pan para poder repartirlo generosamente, (literalmente «con buen ojo»). **Primero lo bendice y después lo parte. Nuestros primeros sabios lo han puesto de tal manera que a ninguno de los que se recuestan en la mesa de la fiesta se le permite saborear hasta que el dador de la bendición haya probado primero. Al que reparte no se le permite probar hasta que todos los presentes hayan terminado de decir Amén. Y si desea delegar el honor** a alguno de los presentes, **puede hacerlo.** Además, se había dicho que el huésped bendijo para que bendijera al dueño de la casa.

En modo secreto, el dueño de la casa que parte el pan es la columna del centro. En Shabat, debe repartir dos barras de pan de Jalá, que son las letras *He He*. El dueño de la casa es la letra *Vav* del interior del Tetragrama. **Para no parecer un glotón, puede repartir a cada uno un trozo del tamaño de un huevo. ¿Cuál es el tamaño de un huevo?** Es la letra *Iod* y la letra *Iod*, **que son los puntos del Santo Nombre, llamados migas del tamaño de una aceituna. Corresponden a gotas de esperma. La pobreza persigue a

272a

quienquiera que desprecie y deposite estas migas (en alusión a las gotas de esperma desperdiciadas) **en un lugar inapropiado, y constantemente deambulará por ahí** sin reencarnarse. Esto es según ha sido escrito: «Vaga alrededor tras del pan, *diciendo*: ¿Dónde está?» (Job 15:23). **Y no hay pan sino la Torah**, y este versículo implica que él clama, buscando a alguien que tenga misericordia de él, pero que no lo encuentra.

Las migas del tamaño de una aceituna pertenecen **al Tzadik**, el Justo, **que tritura estas aceitunas, y el invitado bendice**, según ha sido escrito: «**Mas la vereda de los justos *es* como la luz del lucero**, que va en aumento hasta que el día es perfecto» (Proverbios 4:18) y «**hay bendiciones sobre la cabeza del justo**» (Proverbios 10:6), **la vida de los mundos. Por esta razón, el invitado bendice.**

Mientras hablaba, se le acercó la Lámpara Santa y le dijo: Pastor Fiel, un día fui con los compañeros cabalistas **a una posada. Había allí un niño que se levantó y él mismo nos preparó una lámpara y una mesa, como si tuviera veinte años. Sin embargo, tenía aproximadamente cinco años. Puso esa mesa con diferentes platos y bebidas y dijo: los sabios han decretado que el dueño de la casa parta** el pan **y el invitado haga la bendición. Sin embargo, «Yo *soy* menor de días y vosotros viejos; por tanto he tenido miedo, y he temido de declararos mi opinión» (Job 32:6), hasta que obtuve permiso de vosotros. Ellos le dijeron: habla, hijo mío, ángel del Eterno.**

Nos dijo: ¿Acaso deseáis pan de delicias sin guerra, o pan por medio de la guerra? La raíz de *Lejem*, pan y la de guerra, *Miljamah*, es la misma. **Así es como nuestros sabios decretaron que la hora de la comida es un tiempo de guerra. Si deseas luchar por ello, que nadie coma. El que haya ganado la guerra comerá** primero y después repartirá entre los demás. **Los compañeros le dijeron: todavía eres pequeño, hijo mío, y aún no sabes cómo los hombres poderosos hacen la guerra con la espada, con el manejo de la espada, con la lanza, con el arco y las flechas, con las piedras y la honda.**

Nos dijo: «Y el rey de Israel respondió, y dijo: decidle, que no se alabe el que se ciñe, como el que ya se desciñe» (1 Reyes 20:11).

PARASHAT EKEV

Se ha explicado, a propósito del *Kiriat Shemá*, que aquel que recita la lectura de *Shemá* al lado de su cama es como si tuviera una espada de doble filo, según ha sido escrito: «Ensalzamientos de Dios *modularán* en sus gargantas; y espadas de dos filos *habrá* en sus manos» (Salmos 149:6). El agitar de la espada necesita ser hecho en las seis direcciones, como ya ha sido explicado, para hacerlo reinar sobre los cielos, la tierra, y las cuatro esquinas del mundo. Es la letra *Vav*, guematria seis, del Tetragrama, que es **el cuerpo de la espada, y la** letra *Iod*, del Tetragrama, es **la empuñadura de la espada. Las dos** letras *He* del Tetragrama **son los dos bordes de la espada. La vaina de la espada es Adonai.**

Romaj, la lanza, **guematria doscientos cuarenta y ocho, corresponde a las doscientas cuarenta y ocho palabras en la lectura del Shemá, junto con las seis palabras de la unificación.** *Maguen*, escudo, **es junto con la espada Miguel, Gabriel y Nuriel,** pues sus iniciales forman la palabra *Maguen*. **Sirven a los tres Patriarcas. El arco dispara flechas, y cualquier** gota de **esperma que no se dispare como una flecha no engendra descendencia. La honda se refiere al Kiriat Shemá,** la lectura del Shemá **y las cinco piedras de la honda son: «Escucha, Israel, el Eterno, nuestro Dios, el Eterno…» y corresponden al versículo: «y se tomó cinco piedras lisas del arroyo»** (1 Samuel 17:40). **Cuando las colocó en la honda, que es la boca, al leer el Shemá, que es la Shekinah, las cinco se hicieron una sola piedra, y mataron al filisteo.**

Hasta ahora, he estado arrojando la piedra a Samael, una piedra de asedio. He arruinado su asedio y lo he rebajado. **Por eso os dije: «que no se alabe el que se ciñe, como el que ya se desciñe»** (1 Reyes 20:11). **Ahora será claro para ti que sé cómo los hombres poderosos hacen la guerra con espadas, con lanzas, con arcos y hondas. Nos quedamos asombrados** con las palabras del niño **y no pudimos hablar con él. Nos dijo: sabios, veamos ahora quién ganará el pan, pues es un pan *Motzi*, bendito.**

Abrió el versículo **y dijo: «será que cuando comenzareis a comer del pan de la tierra, ofreceréis ofrenda** al Eterno» (Números 15:19). **¿Cómo se levanta la Shekinah, que es** la letra *He* de *haMotzi*,

sobre el cual los esclarecidos del don, los sabios de la Mishnah, **han decretado que cualquiera que parta el pan de *haMotzi* tiene que ser preciso al pronunciar la** letra *He*? **Sin duda ha sido decretado por los esclarecidos del don, los sabios de la Mishnah, que el tamo y la paja no requieren diezmar. Cuando está en el tamo y la paja, o sea ella está en prisión, y la** letra *He* **no tiene permiso para elevarse a la** letra *Mem,* **para convertirse junto con ella, en la *Mem He*,** o sea cuarenta y cinco, una de las guematrias del Tetragrama. **Y éste es el significado de *Terumah*,** que es *He,* guematria cinco, **por los cinco libros de la Torah, en los cuales leemos que «Y entró Moisés en medio de la nube, y subió al monte; y estuvo Moisés en el monte cuarenta días** y cuarenta noches...» (Éxodo 24:18). Cuarenta es la guematria de *Mem*.

Nuestros **sabios se refirieron al tamo y a la paja del trigo, cuando dijeron que el árbol del que comió Adán era el trigo. Porque al comer del Árbol del conocimiento del Bien y del Mal, se acercó a *Jet* y *Tet*,** que forman la palabra *Jet,* pecado, **tamo y paja, al pie de la** letra *He.* La letra *Iod,* guematria diez, **se había ido de ella, su diezmo. Por esta razón, cuando está en tamo y paja, que corresponden a la separación del prepucio y el órgano masculino, no requiere diezmar, ya que** la letra *Iod* **no tiene permiso para unirse a la** letra *He,* **que son un hombre y una mujer. Por esta razón, cualquiera que parta el pan debe** (272b) **ser preciso** pronunciando la letra *He* **y ha de partir el pan donde está bien cocido, porque la maduración apropiada es la terminación de la fruta. Y ésta es la** letra *Vav.*

Hay diez cosas que debe hacer el hombre para la comida: uno: lavarse las manos; dos: la preparación de los dos panes de Shabat; tres comer de tres comidas y añadir santidad a los días de la semana; cuatro: encender una vela en la mesa, como ha sido explicado, ya que la mesa ha de estar en el lado norte, y la vela en el sur, y reclinarse, como ha sido explicado ya que si se reclinan juntos, uno hace la bendición para todos.

En el Shabat, en todas las palabras hay que añadir de los días laborables a la santidad en todo lo que hace, en la comida y la be-

bida, en el vestido y en los asientos. Hay que preparar una cómoda cama reclinable con muchas almohadas y cojines bordados de todo lo que tiene en su casa, como cuando se prepara la *Jupah* para la novia, porque el Shabat es tanto una reina como una novia. Debido a esto, los maestros de la Mishnah, solían apresurarse a salir en la víspera del Shabat para saludarla en el camino. Y solían decir: «Ven novia, ven novia, ven novia», palabras tomadas de la canción *Lejá Dodí* que se canta en Shabat. Es necesario estimular en esa mesa el canto y la alegría por ella.

Y hay otra explicación, que es un secreto: hay que recibir a la dama encendiendo muchas velas para el Shabat, con muchos placeres, ropa hermosa, una casa con muchas vasijas adornadas y sillas cómodas para todos. Porque la alegría y la preparación hacen que la sierva malvada permanezca en la oscuridad, en el hambre, en el llanto, en el luto y en el vestido negro como una viuda. Cuando éste es llenado, este otro es destruido.

La Buena Inclinación es la Matronita santa, Maljut santa, que descendió sobre el Shabat, que está compuesto por diez sefirot. Está decorada con siete nombres que no se borran, con los muchos carros de las *Jaiot*, criaturas vivientes, y con los muchos ejércitos y campamentos. El rey sale hacia ella con muchos campamentos, y la Mala Inclinación, que es la sierva malvada, permanece en la oscuridad, como una viuda sin su marido, sin carros. Se dijo de ellos: «que hubiere ido y servido a dioses ajenos, y se hubiere inclinado a ellos, o al Sol, o a la Luna, o a todo el ejército del cielo, lo cual *yo* no he mandado» (Deuteronomio 17:3), que es la adoración a la sierva malvada que gobierna en la víspera de los días de Shabat y en la víspera de los miércoles. ¿Qué hace? Viste vestiduras negras, apaga las velas y se lamenta en el servicio de la víspera del Shabat por participar como ella está, porque «Dios también hizo esto delante de lo otro, para que el hombre no halle nada después de él» (Eclesiastés 7:14).

Después de que Israel pecara y el Templo fuera destruido, se dice de la Shekinah, la santa madre: «¡Cómo está sentada sola la ciudad *antes* populosa! La grande entre las naciones se ha vuelto

272b

como viuda, la señora de provincias es hecha tributaria» (Lamentaciones 1:1). La gente apaga lámparas y velas en la noche de Tishah beAv, y se sientan como dolientes para participar en el dolor de la Shekinah, porque ellos fueron los causantes de todas sus calamidades.

La quinta cosa que nos obliga a prepararnos para el Shabat es la copa de vino. La sexta es pronunciar palabras de la Torah en la mesa. La séptima es prolongar la comida, literalmente la mesa, y permitir que los pobres se sienten a la mesa. La octava es lavarse las manos con otras aguas. La novena es la bendición que se pronuncia después de la comida. La décima es la copa para la bendición. Es necesario repetirlas y prepararlas de acuerdo con el secreto santo, pues ella está compuesta de diez sefirot, la mesa del Santo, bendito sea, desde el lado de Guevurah. Por esta razón, los sabios han explicado que la mesa ha de estar orientada hacia el norte.

La primera, el lavado de las manos, significa que los sabios rabinos de la Mishnah explicaron que las manos sucias no son aptas para bendecir, porque son quitadas dos veces de la inmundicia. Cuando las manos son inmundas, se consideran una causa principal de contaminación, que una vez se elimina de la impureza, y cuando las manos están limpias, se consideran dos veces eliminadas de la impureza y son aptas para bendecir, porque la bendición se basa sólo en la pureza ya que la bendición se basa en un sacerdote, que es un hombre puro, un hombre de bondad. Éste es el significado de «es como el buen óleo sobre la cabeza...» (Salmos 133:2). Por lo tanto, «Habla a Aarón y a sus hijos, y diles: así bendeciréis a los hijos de Israel, diciéndoles...» (Números 6:23). Ya hemos explicado que todo sacerdote que bendice es bendito, y si no bendice no es bendito. Los maestros de la Mishnah también han explicado que cualquier bendición que no tenga una recitación del Nombre Tetragrama y Maljut, no se considera una bendición, ya que Maljut es el nombre de Adonai.

Además, las manos necesitan ser lavadas hasta la articulación que adhiere a los dedos, porque fue decretado que hay que lavar

Iod Dalet, catorce articulaciones. En ese momento, *Iad* (*Iod Dalet*) la mano del Eterno descansa sobre él. Es la mano de la bendición desde el aspecto de Hessed, donde Jojmah se encuentra en la mano derecha. Es la mano de la santidad desde el aspecto de Guevurah la que prevalece en el Juicio. Es también la mano de la unificación desde el punto de vista de Tiferet. Descansa sobre las catorce articulaciones del cuerpo, porque hay doce articulaciones en los dos brazos y en las dos piernas y las dos en el cuerpo y en el órgano genital, sumando un total de catorce.

Tres veces catorce es igual a cuarenta y dos, y las tres letras *Iod* de *Iod Iod Iod* están sugeridas en *Iebarejajá* «el Eterno te bendiga y te guarde, haga resplandecer el Eterno su rostro sobre ti y tenga de ti Misericordia» (Números 6:24-25) de *Iod He Vav He, Iod He Vav He, Iod He Vav He* es decir, *Dalet Dalet Dalet* en *Iod Dalet* (mano) *Iod Dalet Iod Dalet* están aludidos en *Adonai, Adonai, Adonai, Adonai*. El profeta dijo a propósito de ellos: «No fiéis en palabras de mentira, diciendo: **Templo del Eterno, Templo del Eterno, Templo del Eterno a ellos**» (Jeremías 7:4). De ahí el decreto de lavarse las manos.

Cada lado está compuesto por los tres rostros de las *Jaiot*, criaturas vivientes, **que son** *Iod He Vav He, Iod He Vav He, Iod He Vav He*, y las tres alas en las criaturas vivientes son *Dalet, Dalet, Dalet, Dalet*. Todos ellos necesitan derivar de la fuerza *Koaj*, del hombre o sea, *Iod Vav Dalet, He Alef, Vav Alef Vav, He Alef*, guematria cuarenta y cinco, **que tiene el mismo valor numérico que** Adán. Su fuerza es *Iod Vav Dalet, Vav Alef Vav, Dalet Lamed Tav; He Alef, Alef Lamed Pe; Vav Alef Vav, Alef Lamed Pe, Vav Alef Vav; He Alef, Alef Lamed Pe*. La Matronita no habita en su poder, en las veintiocho coyunturas de los dedos, hasta que toda la inmundicia de la malvada e inepta sierva, esposa de los ineptos, sea limpiada. Por lo tanto, los maestros de la Mishnah explicaron que las manos sucias no son aptas para hacer una bendición (*Véase* Talmud, tratado de *Berajoth* 53b).

Esta agua es para limpiar la mano sobre la cual descansa la mano de *Iod He Vav He*. La mano de *Iod He Vav He* es el agua

272b

de la Torah. La gente ignorante es considerada como reptiles inmundos. ¡Cuánto bien les hace sumergirse en el agua y tener en la mano a ese reptil, que es la sierva malvada, los bienes robados en su posesión, las bendiciones robadas que le robaron al Santo, bendito sea! No saben lo que es una bendición ni lo que es la suciedad.

Inmediatamente después de que los compañeros cabalistas y yo mismo escuchamos estas palabras, no pudimos esperar a que terminara con todos estos diez puntos relacionados con las bendiciones. Nos postramos ante él y le dijimos: ciertamente, no hay nadie que pueda decir estas cosas excepto tú, ya que eres comparable a las cuatro secciones del Jardín del Edén. Si una persona entra en la sección de los niños, se convierte en un niño; en la sección de los jóvenes se convierte en un joven; en la sección de los adultos se convierte en un adulto, y en la sección de los ancianos, en un anciano. Por lo tanto, está escrito a propósito de ti: «Desde la morada de su asiento miró sobre todos los moradores de la tierra» (Salmos 33:14). También a propósito de ti ha sido dicho: «porque ciertamente él es carne» (Génesis 6:3). Estuviste presente en la generación de la torre de Babel, y regresas en cada generación encarnando como una rueda que gira de muchas maneras, sin embargo, únicamente te revelaste en la generación en la que la Torah fue entregada a tus manos.

Cuando te marchaste del mundo, fuiste como el Sol que brilla en cada generación y generación. Incluso cuando el Sol se repliega por la noche, ilumina la Luna y seiscientas mil estrellas. Así sois vosotros, que brilláis en las seiscientas mil personas de cada generación y generación. Eso es lo que el Eclesiastés indicó en el versículo: «Generación va, y generación viene; mas la tierra siempre permanece» (Eclesiastés 1:4). Los sabios han explicado que una generación no está formada por menos de seiscientas mil personas. También explicaron que la generación que muere es la que viene. Esto cumple «¿Qué *es* lo que fue? Lo mismo que será. ¿Qué *es* lo que ha sido hecho? Lo mismo que se hará; y nada hay nuevo debajo del Sol». De aquí en adelante, completa abiertamente los diez puntos sobre la mesa de Shabat. El Pastor Fiel dijo: Lámpara Santa, bendita sea tu suerte dado que el Santo, bendito sea, te reveló lo que no le ha revelado a ningún profeta ni vidente.

El segundo punto es partir el pan en Shabat en dos hogazas de pan, en alusión a las dos tablas de la Torah que fueron dadas en Shabat por parejas. En el tercer día descendieron y se dijo dos veces *Tov*, bueno. En el Shabat, se entregó la Torah donde hay dos hembras, que corresponden a las dos veces *Tov*. Aunque se explicó que los demonios son asignados en parejas, se ha explicado que no está permitido comer dos huevos o dos nueces. Es una costumbre que data de los días de Moisés, tal como fue liberado del Sinaí, que aquellos enviados en misiones piadosas no encontrarán ningún mal.

Y alguien se preguntará por qué aprendimos que uno no debe comenzar nada el segundo día de la semana o terminar el miércoles, es decir, el segundo y el cuarto, que son parejas, lo cual se aplica también a los asuntos de las relaciones, aun cuando los que se envían a las misiones piadosas no sufran ningún mal. Es cuando está el *Erev Rav* (la multitud mezclada) y entonces no son enviados a misiones piadosas, porque no se han convertido por causa del cielo. Después de que se fueran del mundo, el Santo, bendito sea, ordenó «Alísate dos tablas de piedra como las primeras, y *yo* escribiré sobre esas tablas las palabras que *estaban* en las

Los dos panes de Shabat indican las dos letras *Iod* en *Iod Alef He Dalet Vav Nun He Iod*. Para Adonai, están solas, sin su marido. En Shabat, descienden de Arriba. Por lo tanto, todas las almas, *Neshamot*, *Rujot* y *Nefashot* se van y bajan en parejas en el Shabat, y ningún diablo o demonio tiene poder en el día del Shabat. Incluso Gehenom, el infierno, no tiene poder y no arde durante el Shabat. Por esta razón «No encenderéis fuego en todas vuestras moradas en el día del sábado» (Éxodo 35:3). Eso se refiere a un fuego extraño, pero el fuego del sacrificio es un fuego de santidad. No es necesario hablar largo y tendido sobre el tema de su distribución, pues ya se ha explicado anteriormente.

El tercero es comer tres comidas en Shabat, como explicaron los sabios rabinos de la Mishnah. Uno de ellos dijo: «Que mi suerte esté con aquellos que comen tres veces en Shabat» (*Véase* Talmud, tratado de *Shabat* 118b), tres que completan las siete bendiciones de la oración de la Amidá, elevándolas a un total de diez. El secreto del *Oneg*, placer, es «Y salía *un* río de Edén para regar el huerto, y de allí se repartía en cuatro cabezas» (Génesis 2:10). El que puede observarlos, pero no los observa, para él el *Oneg*, placer, se convierte en una *Nega*, plaga de lepra, palabra que se escribe con las mismas letras. Para que esto no ocurra el Santo, bendito sea, dice: «Pedidme prestado y yo pagaré», y «Entonces te deleitarás (*Titeanag*) en el Eterno» (Isaías 58:14).

El cuarto es iluminar la mesa con un candelabro (*Menorah*), como fue decretado por los antiguos sabios. La mesa debe estar hacia el norte y el candelabro hacia el sur, porque la mesa del Santo, bendito sea, necesita estar así.

El quinto es la copa de vino de Kiddush. La guematria de *Kos*, copa, es la misma que la de Elohim, ochenta y seis, *Vaijulú*, e incluye la novia santa. La copa, llena de vino, es la abundancia de la Torah, que necesita dar testimonio del acto de la Creación (*Vaijulú*).

El sexto es pronunciar palabras de la Torah en la mesa de Shabat, porque así es como los maestros de la Mishnah decretaron acerca de «Tres personas que comieron en la misma mesa y no pronunciaron en ella palabras de la Torah son como si hubieran comido de los sacrificios ofrecidos a los ídolos...» (*Véase* Pirké Avoth III-3). El secreto de estas palabras es que ha sido decretado que la mesa debe estar hacia el norte y que la Torah fue entregada por la derecha para unir la derecha, que es la Misericordia, con la izquierda, que es el Rigor. La Torah es el Tetragrama, y fue dada por la derecha, y la mesa es Adonai que pertenece a la izquierda, que está en el norte y uno necesita unirse a ellos. Y dado que esta mesa está a la izquierda, los maestros de la Mishnah han explicado que el sustento de (273b) una persona es tan difícil de obtener como la división del Mar Rojo (*Véase* Talmud, tratado de *Pesajim* 118a). **Por esta razón, hay que invitar** a la mesa de Shabat **a un *Talmid Jajam*** (alumno sabio), **para compartir con nosotros palabras de la Torah.**

El séptimo es alargar (quedarse mucho tiempo) **en la mesa para que los pobres** puedan venir. **A aquel que se quede mucho tiempo en la mesa se le extenderán los días y los años** (*Véase* Talmud, tratado de *Berajoth* 54b). **Por eso:** «Los tesoros de maldad no serán de provecho; mas **la justicia libra de la muerte**» (Proverbios 10:2). **Puesto que el pobre es como un hombre muerto** (*Véase* Talmud, tratado de *Nedarim* 64b), **a aquel que lo resucita** invitándolo en Shabat el Santo, bendito sea, también lo resucitará.

Además, es un secreto que todos los pobres proceden del lado de la letra *Dalet,* a propósito de **la cual ha sido dicho: «estaba *Daloti*** debilitado, **y me salvó». La pronunciación de la** letra *Dalet* **en** *Ejad,* **en el** *Shemá* **ha de ser prolongada. Éste es el sentido del versículo: «a fin que prolongue sus días en su reino**, él y sus hijos, en medio de Israel» «para que prolongue sus días en su reino» (Deuteronomio17:20). **Por esta razón, le corresponde a uno alargar** (quedarse mucho tiempo) **en la mesa, que es *Dalet* porque la mesa tiene cuatro patas** y la guematria de *Dalet* es cuatro. **En honor a esta** letra *Dalet,* **uno debería alargar** (quedarse mucho tiempo) **en la mesa de cara a los pobres.**

A propósito de esto dijeron nuestros sabios que el Santo, bendito sea, buscaba una virtud hermosa para Israel, y sólo encontró la virtud de la pobreza. Hay aquí una dificultad, ya que los antiguos sabios explicaron que el número de muertes diferentes, novecientas tres, **es equivalente a la guematria de la palabra *Totzaot*, tipos,** novecientos tres, **y que un bolsillo vacío,** la pobreza, **es el más duro. ¿Cómo podría decirse que no encontró mejor virtud para Israel que la pobreza?**

Es únicamente porque a propósito de cada pueblo y cada lengua ha sido dicho: «Entonces pasarán por *esta tierra* fatigados y hambrientos. **Y acontecerá que teniendo hambre, se enojarán y maldecirán a su rey y a su Dios. Y levantando el rostro en alto...**» (Isaías 8:21). **Sin embargo, los de Israel han hecho un pacto con el Santo,**

bendito sea, también con esta virtud y no niegan su existencia como hacen los idólatras. **Por esta razón, serán redimidos por esta virtud. Éste es el significado de: «Y tú salvas al pueblo pobre;** mas tus ojos *están* sobre los altivos, para abatirlos» (2 Samuel 22:28). *Ani*, pobre, **se deriva de** *Inui*, sufrimiento, **ya que incluso cuando uno posee riquezas pero padece de enfermedades y aflicciones** y sufre, **se le considera pobre.** Y también cuando **está angustiado y preocupado todos los días. Esto es sin duda cierto para alguien que es más pobre que él, lo que quiere decir que él tiene suficiente y debe deambular de un lugar a otro.**

Hay otro tipo de hombre pobre, es aquel **que perdió la cabeza como Job, a propósito de quien ha sido dicho: «Que Job no habla con sabiduría,** y sus palabras no *son* con entendimiento» (Job 34:35). **También lo es la** letra *Dalet*, **que es la Shekinah; cuando** *Alef* **y** *Jet* **se fueron de ella,** de *Ejad*, uno**, que es la columna del centro denominada Daat,** conocimiento. **Y no incurre en iniquidad al hablar. Además,** *Alef Jet* **es la Torah que está compuesta por los seiscientos trece preceptos. Éste es el significado de: «éste es mi nombre para siempre, y éste** *es* **mi memorial por todos los siglos».** (Éxodo 3:15). La guematria de *Shmi*, mi nombre, **más** *Iod He* **es trescientos sesenta y cinco, y** *Zijri*, mi memorial, **más** *Vav He* **es doscientos cuarenta y ocho. Por esta razón, como se ha explicado, uno es pobre sólo en la Torah y en los preceptos. Esto se debe a que las demás personas pobres sufren y la** letra *Dalet* **de Adonai también pobre cuando no está unida al Tetragrama.**

El octavo es el agua del tazón de fuente que fue instituido debido a la sal de Sodoma que ciega los ojos. ¿Por qué se dice que es **obligatorio? Según el sentido secreto, el veneno mortal descansa sobre las manos sucias, con las cuales se bendice, y sobre la copa sobre la cual se bendice sin haberla limpiado por lo que se considera contaminada. Así como una copa de la que la gente bebe es considerada impura para una bendición hasta que es limpiada enjuagándola por dentro y por fuera, las manos lo son aún más. Por lo tanto, el agua del** *Netilat Iadaim* **es obligatoria. El secreto de este asunto se halla en el versículo: «Santificaos,**

pues, y sed santos, porque yo soy santo… (Levítico 20:7), **que se refiere al lavado de manos antes de la comida. «Y sed santos» se refiere al agua del tazón de fuente. «Porque yo soy santo» se refiere al ungüento fragante que se usó para ungir las manos después de limpiar los dedos en el agua del tazón. Corresponden a «Santo, santo, santo». «Santificaos, pues…» para que se sepa que sois hijos del Santo, bendito sea.** Y éste es el sentido de: «Vosotros sois hijos del Eterno vuestro Dios» (Deuteronomio 14:1).

El noveno es la copa de bendición. **Como han explicado las lumbreras de la Mishnah, han sido dichas diez cosas acerca de esta copa de bendición, que son: decorar, envolver, lavar, enjuagar, vino sin mezclar, llenar la copa, recibirla con ambas manos y dejarla con la derecha, levantarla con la superficie una palma de la mano, mirarla y enviarla como un regalo a los miembros de la familia. Ahora sólo tenemos cuatro, que son lavar, enjuagar, vino sin mezclar y una taza llena. Algunos dicen que el vino debe tomarse vivo,** sin mezclar **de la barrica. Algunos dicen que el vino vivo,** sin mezclar **significa que la copa debe estar entera, porque su ruptura es su muerte.**

Una *Kos,* copa, **en el camino de la sabiduría, es Elohim,** ambas palabras con guematria ochenta y seis, **cuando está llena de** *Iod He,* dos letras que están presentes en la palabra Elohim. **Y están enteros, lo que significa que una** *Kos,* copa, **sin** *Vav* **es como** decir *Kes* (*Kaf Samej*) **en vez de** *Kise,* trono (*Kaf Samej Alef*), **con lo cual estaría defectuosa pues le faltaría la** *Alef.* **Por lo tanto, aquí no hay** *Vav* **y es defectuoso. La guematria de** *haKes* (*He Kaf Samej*), el trono, **es la misma que la de** *Kos,* copa, menos un

La copa es *He,* guematria cinco. Se necesitan diez cosas, que corresponden a *Iod,* guematria diez **y son:**

Decoración, que indica el secreto de la corona, es decir, la corona de Tiferet. Éste es el secreto de la decoración, de la cual los sabios de bendita memoria decían que la decoraba colocando eruditos a su alrededor, es decir, la corona del miembro de la Alianza.

Envoltura, como en: «Oración del pobre *en espíritu,* cuando estuviere atormentado…» (Salmos 102:1) **porque todas estas ben-**

273b - 274a

diciones y oraciones están envueltas juntas, lo que significa que se demoran en ser recibidas hasta que se pronuncia la oración de los pobres.

Lavar y enjuagar, que son como: «Y esparcirá sobre él de la sangre con su dedo siete veces, **y lo limpiará, y lo santificará** de las inmundicias de los hijos de Israel» (Levítico 16:19). **La limpieza es de la derecha, Hessed, y la santificación es de la izquierda, Guevurah. La copa de bendición: Maljut de la parte de Binah, que se llama Elohim, y es llamada una corona de la parte de Keter.**

Vivo, sin mezclar **desde el aspecto de Iesod que también es llamado «paz», según ha sido escrito: «ni el pacto de mi paz vacilará»** (Isaías 54:10).

Llenar la copa desde el aspecto de Tiferet, es decir, cuando recibe de Tiferet lo que está por encima del pecho, está entero y lleno.

Recibirla con ambas manos, *He He*, guematria cinco como los cinco dedos de la mano.

Dejarla con la mano **derecha, porque la *He* de Arriba, es Hessed, y la segunda *He* Guevurah.**

Levantarla de la superficie con una palma de la mano. Es el secreto de la letra *Iod*, porque la letra *He* es elevada por la letra *Iod*. Esto se interpreta como que cinco multiplicado por diez son cincuenta como las cincuenta puertas de Binah.

Mirarla con los ojos, que son el secreto de *Iod Alef He Dalet Vav Nun He Iod*, a saber, el Tetragrama que brilla en la pupila del ojo. Adonai brilla en los dos párpados, así como en las dos pupilas.

Enviarla como un regalo a los hombres de la casa (274a), **es Binah, sobre la cual ha sido escrito** en la liturgia de Shabat: **«que Moisés se regocije en el don de su porción».**

En décimo lugar, la bendición después de la comida. Los sabios explicaron que tres de ellos necesitan una copa. El significado secreto de esto es que son: «del amor de tu desposorio» (Jeremías 2:2), **son los patriarcas, a propósito de quienes ha sido escrito:** *Bakol Mikol Kol*, en todo, de todo, de todo. **No deberíamos**

extendernos sobre ello, pues es un asunto reservado, relativo a la Shekinah.

¿Cómo sabemos que Birkat haMazon, la bendición después de la comida **es prescrita por la Torah?** Porque está escrito: «Y comerás y te saciarás, y bendecirás al Eterno, tu Dios por la buena tierra que te habrá dado» (Deuteronomio 8:10). **Hemos estudiado en una Baraita que «bendecirás» se refiere a la bendición «el que sostiene».** «El Eterno, tu Dios» se refiere a la bendición para la comida, y «por la buena tierra» se refiere a la bendición «que construye Jerusalén». También dice: «Pase *yo* ahora, te ruego, y vea aquella tierra buena, *que* está al otro lado del Jordán, **aquel buen monte, y el Líbano**» (Deuteronomio 3:25). **Esto explica algunas, pero ¿dónde está indicada la anterior? Está indicada en las palabras: «que te habré dado», lo que significa que desde el momento en que os ha dado,** entonces **debéis bendecirle.**

Los sabios, de la memoria bendita, han interpretado que Moisés instituyó para los hijos de Israel la bendición «el que sostiene» cuando el maná descendió sobre ellos. Josué instituyó para ellos la bendición sobre la tierra cuando los introdujo en Tierra Santa. David y Salomón instituyeron la bendición para la construcción de Jerusalén. Además, hay una indicación de la bendición después de la comida en el pasaje que alude al maná, según ha sido está escrito: «Y dijo Moisés: el Eterno os dará a la tarde carne para comer, **y a la mañana pan hasta saciaros;** *porque* **el Eterno ha oído** vuestras murmuraciones con que habéis murmurado contra él; que nosotros, ¿qué *somos?* Vuestras murmuraciones no *son* contra nosotros, sino contra el Eterno» (Éxodo 16:12).

Dijo Rabbí Shimon: el secreto de estas siete letras *Zain* (o sea los tres palos de la letra *Shin* de tres palos y los cuatro palos de la letra *Shin* de cuatro palos) **que están inscritas en los Tefilín, alude a los siete lóbulos en el pulmón del hombre, por los cuales extrae aire y exhala con él una chispa ardiente de su boca. También alude a los siete días de la semana y a las semanas desde Pesaj hasta Shavuot. Además, indican las siete ramas de la Menorah,** el cande-

274a

labro, **sobre las cuales hay siete luces sagradas. También indican los siete planetas que brillan en el firmamento e indican los siete grados por los cuales se mantiene el mundo, que son el fundamento, la raíz y la esencia de todo. Los compañeros** cabalistas **dijeron** a propósito de esto **que aquel que quiera ponerse Tefilín en la cabeza tiene que examinar estas siete *Zain*, pues hay aquí una alusión a misterios ocultos.**

«Porque el Eterno vuestro Dios *es* Dios de dioses, y señor de señores, Dios grande, poderoso, y terrible, que no *hace* acepción *de* personas, ni toma cohecho» (Deuteronomio 10:17). **Hemos aprendido que «Y la figura de sus rostros *era* rostros de hombre**; y rostros de león a la parte derecha en los cuatro; y a la izquierda rostros de buey en los cuatro; asimismo había en los cuatro rostros de águila» (Ezequiel 1:10). **Estos no son como los Querubines. Son rostros grandes, mientras que los** de los **Querubines son rostros pequeños como los de los niños. Todas las imágenes están comprendidas en «rostros de hombre», porque son rostros grandes. En ellas se forman formas grabadas por el grabado del Nombre pronunciado explícitamente en las cuatro direcciones del mundo: este, oeste, norte y sur.**

Mijael hizo una marca en el lado sur y los tres rostros, el rostro de un león, el rostro de un buey y el rostro de un águila, miraron hacia el rostro de un hombre. Un hombre es hombre y mujer, y no se le llama hombre sin ambos. De ella se formaron todas las formas: «Los carros de Dios *son* dos millares de miles de ángeles, el Señor entre ellos, *como* en Sinaí, *así* en el santuario» (Salmos 68:17).

Contiene todas las formas, *Shor*, buey, ***Arieh*, león, *Nesher*,** águila, **y la letra *Nun Sofit* es *haAdam*, el hombre,** guematria cincuenta **como la letra *Nun*, que es la expansión del significado de macho y hembra que se incluyen juntos. Todos los miles y millares de miles salen de ellos que están en el secreto de *Shinan*,** miríadas, **y de estas formas, cada parte a su aspecto como corresponde. Todas ellas están integradas entre sí, de modo que una debe ser incluida en la otra. El buey, el águila, el león y el hombre son**

mantenidos por el secreto de los cuatro nombres grabados, que se levantan para mantener y observar.

El buey se levantó para liderar y observar el rostro de un hombre. Otro nombre está adornado e inscrito con dos colores. Es el nombre *El*. Luego regresa, y el trono lo graba y lo talla, y está marcado para ser mantenido por el secreto de este nombre.

El águila se levantó para liderar y observar el rostro de un hombre. Un nombre, que es *Gaddol*, grande se levanta, y es adornado e inscrito por dos caras y colores, para observar en la elevación de la corona. Luego regresa, y el trono lo graba y lo talla, y está marcado para que sea mantenido por el secreto de este nombre.

El león se levantó para liderar y observar el rostro de un hombre. Un nombre se levanta, y es adornado e inscrito por dos caras y colores, para ser fortalecido y conectado a Guevurah; es el nombre *Guibor*, poderoso. Luego regresa, y el trono lo graba y lo talla, y está marcado para que sea mantenido por el secreto de este nombre.

El rostro del **hombre observa a todas las *Jaiot*, seres vivientes,** y todas se levantan y lo observan. Todas ellas toman forma, por sus grabados, en esta forma en el secreto por medio de un nombre llamado *Norah*, terrible. Entonces se escribe sobre ellos que: «Y la figura de sus rostros *era* rostros de hombre». Todos ellos están incluidos en esta forma, y esta forma los abarca.

Debido a este significado secreto, el Santo, bendito sea, es llamado «Dios grande, poderoso y terrible» en el Siddur, **porque estos nombres son altas correcciones del Carro de Arriba, y están incluidos en las cuatro letras del Tetragrama, que es el Nombre que abarca todas las formas.** Estas formas están grabadas y talladas en el trono y el trono está grabado y bordado con ellas, una a la derecha, otra a la izquierda, otra a la parte delantera y otra a la parte trasera, asignadas a las cuatro direcciones del mundo.

Cuando el trono asciende, está marcado en estas cuatro formas. Estos cuatro nombres elevados llevan este trono, y el trono está compuesto de ellos hasta recibir y aceptar estos placeres y

274a

deleites. Luego, **desciende completamente cargado, como un árbol lleno de ramas en todas direcciones y cargado de frutos. Después de descender, las cuatro formas salen formadas, grabadas, iluminadas, brillantes y resplandecientes, y siembran semillas sobre el mundo.**

PARASHAT SHOFTIM

Deuteronomio 16:18 a 21:9

(274b) «**Jueces y alcaldes te pondrás en todas *las* puertas *de* tus *ciudades* que el Eterno tu Dios te dará en tus tribus**, los cuales juzgarán al pueblo con juicio de justicia» (Deuteronomio 16:18). **En este precepto, ordenó a propósito de los jueces y oficiales. Además, «Porque Dios es el juez**; a éste abate, y a aquel ensalza» (Salmos 75:7). **La guematria de *Ki*, porque, es cuarenta** si se tiene en cuenta que guematria *Shemi* de la letra **Iod es igual a veinte y *Kaf* es veinte** lo cual arroja un total de cuarenta. **Después de eso, «Porque Dios es el juez» hace la *He* y crea otra *Vav*.**

El siguiente precepto es castigar con la espada, el estrangulamiento, la lapidación y el fuego. ¿A quién castigas con la espada? Responde: **a Samael, según ha sido escrito: «Porque en los cielos se embriagará mi espada; he aquí que descenderá sobre Edom en juicio**, y sobre el pueblo de mi anatema» (Isaías 34:5).

La espada del Santo, bendito sea, es la letra *Iod,* **la punta de la espada. La *Vav* el cuerpo de la espada, mientras que las dos** letras *He* **son los dos filos de la espada: «La justicia, la justicia seguirás**, para que vivas y heredes la tierra que el Eterno tu Dios te da» (Deuteronomio 16:20). **Hay dos veredictos, uno de la corte de los Cielos y otro de la corte de la tierra. De esto se deduce que una persona**

274b

no puede hacer la más mínima cosa **aquí abajo a menos que se le dé permiso desde Arriba.**

La vaina de la espada es Adonai. Allí se encuentra el juicio. En el *Kiriat Shemá* se encuentra el significado secreto de *Iod He Vav He*, que es la espada del Santo, bendito sea, como se mencionó anteriormente. A propósito de ello, está escrito: «Ensalzamientos de Dios modularán en sus gargantas; y espadas de dos filos habrá en sus manos» (Salmos 149:6). **En los Tzadikim,** justos, que son **la vida del mundo, están incluidas todas las dieciocho bendiciones. En ellos, «Señor, abre mis labios; y** publicará mi boca tu alabanza» (Salmos 51:15). **En ella la espada entra en su vaina.** «Así colgaron a Amán en la horca que él había hecho aparejar para Mardoqueo; **y se apaciguó la ira del rey**» (Ester 7:10). **Los dos nombres se unen,** *Iod Alef He Dalet Vav Nun He Iod*.

Castigar con estrangulamiento. En *Zarka*, (∾) un signo de cantilación, **hay una línea con una** letra *Iod* **entrelazada a su alrededor; la línea es la** *Vav* **que se extiende desde la** *Iod*. **Con** ella es atrapado Samael: «el cual trajeron dos en una vara» (Números 13:23). ¿Cuál es la vara de ese malvado? Es el hombre, que es *Iod Vav Dalet He Alef Vav Alef Vav Alef Vav He Alef*, **guematria cuarenta y cinco. Junto con las cuatro letras** *Iod He Vav He* **llegamos a un total de cuarenta y nueve, como el número de las cuarenta y nueve letras en las seis palabras de la unificación de Arriba, y en las seis palabras de la unificación de abajo, que son** *Vav*, **guematria seis. Ese es el significado de «el cual trajeron dos en una vara», separado de ellos, sin la** letra *Alef* **entre las dos** letras *Vav*, **porque no hay** posibilidad de **unión en el Sitra Ajra, el Otro Lado. En cambio, «el cual trajeron dos en una vara», son Samael y su compañero, el mundo de los separados.**

A la cuerda con la que será estrangulado se unen *He He* **o sea los cinco dedos de la mano derecha y los cinco dedos de la mano izquierda. La** *Vav* **es la cuerda. La** *Iod* **es el estrangulamiento. El Nombre del Tetragrama es muerte para Samael y la serpiente, y es vida para Israel. Por esta razón ha sido escrito: «Ved ahora que yo, yo soy, y no** *hay* **dioses conmigo; yo hago morir,** y yo hago vivir; yo hiero, y yo curo; y no hay quien pueda librar de mi mano» (Deuteronomio 32:39) **a otros dioses con mi nombre y a todos los que no creen en mí, «y yo hago vivir» a los que creen en mí y guardan mis preceptos.**

Castigar a Samael con lapidación, o sea con una piedra, que es la letra *Iod*. **Se lanza con cinco dedos, que son la** *He*, **y con el brazo extendido, que es la** *Vav*, **y con el hombro, donde yace la** *He*. **Y el pensamiento, el** *Shem haMeforash*, el nombre explícito, **pronunciado** *Iod He Vav He*, **la lanza.**

Para castigar a Samael con la hoguera, de la leña con la cual encender el fuego. Bendito sea ese cuerpo que es madera. Sus miembros son pedazos de madera en los que arderá un fuego, que es el fuego de la Mitzvah, precepto, **en cada miembro, para quemar a Samael con un árbol que es Tiferet, y con todos los árboles que están unidos a él. Cuando el fuego de Arriba descienda sobre la leña del sacrificio, «y el extraño que se acercare, morirá»** (Números 1:51), **porque será quemado. Y éste es el sentido de: «Y el fuego encendido sobre el altar no se apagará»** (Levítico 6:12). **Dichoso aquel que está atado al Árbol de la Vida, con su cuerpo y sus extremidades, pues es** como **una vela. Cada rama es una** *Ner Mitzvah*, vela-precepto, **con sus doscientos cuarenta y ocho preceptos positivos**.

Cuando ambos, estén unidos se aplicará este versículo: «y vio que el zarzal ardía en fuego, y el zarzal no se consumía» (Éxodo 3:2). **Samael y la serpiente y todos sus ministros, que son** como **espinas, se quemarán, pero las ramas de la zarza y sus frutos y hojas no se quemarán. El Santo, bendito sea, se lo mostró** a Moisés.

La Lámpara Santa dijo: ciertamente Israel es madera seca en la Torah, porque están adheridos a un fuego profano. No merecen que se les haga un milagro. Tan pronto como desciendas sobre ellos con la Torah, el Árbol de la Vida descenderá sobre ellos por tu bien y la Mitzvah, la vela del Eterno, se aferrará a ellos y así vivirán. Pero las naciones paganas serán quemadas por esa vela. Esto es según dijo el profeta: «tú, pues, siervo mío Jacob, no temas... ni te atemorices, Israel... porque yo *seré* **contigo»** (Jeremías 30:10-11).

(275a) «No valdrá un testigo contra ninguno en cualquier delito... en el dicho de dos testigos, o en el dicho de tres testigos consistirá el negocio» (Deuteronomio19:15). **Es un precepto testificar en la corte para que nuestro vecino no pierda dinero, si sabe que va a ser un testimonio a su favor. Un testimonio requiere no menos de dos testigos.** Éste es el sentido de: «por la declaración de dos testigos o por la declaración de tres testigos se establecerá el asunto» (*Véase* Talmud, tratado de *Sanhedrín* 10b) **pero no por la declaración de un** único **testigo. Ésta es la razón por la cual los señores de la Mishnah han explicado, que aquel da testimonio sobre una persona es como si lo hicieran las paredes de su casa. Además, los miembros de su familia testifican sobre él. ¿Cuáles son las paredes de su casa? Son los muros de su corazón: «Entonces volvió Ezequías su rostro a la pared,** e hizo oración al Eterno» (Isaías 38:2). **Los señores de la Mishnah han explicado esto para enseñarnos que Ezequías estaba orando desde las paredes de su corazón.**

Los hombres de su casa son las doscientas cuarenta y ocho partes del cuerpo. Así es como los maestros de la Mishnah han explicado que los pecados de una persona malvada están grabados en sus huesos. Del mismo modo, los méritos de un hombre justo también **están grabados en sus huesos. Por esta razón** el rey David dijo: «dirán todos mis huesos» (Salmos 35:10). **Por eso nos enseñaron: «aquel da testimonio sobre una persona». Las vigas de su casa son los huesos del cráneo que se construyen sobre el cerebro que es el agua. A propósito de esto, ha sido escrito: «que establece sus aposentos entre las aguas...»** (Salmos 104:3).

¿Por qué los pecados **están en los huesos y no en la carne, los tendones o la piel? Es porque los huesos son blancos, y una escritura negra no es reconocible excepto sobre blanco. La cosa se parece a la Torah, que es blanca por dentro y negra por fuera. El blanco y negro son oscuridad y luz. Hay oscuridad que es azul, a propósito de la cual ha sido escrito: «Aun las tinieblas no encubren de ti,** y la noche resplandece como el día; las tinieblas *son* como la luz» (Salmos 139:12). **El azul es negro y es una hembra** con respecto al blanco. Además, el cuerpo será reintegrado con sus huesos en la resurrección. Por esta razón, los méritos y los perjuicios están grabados en los huesos y, si lo merece, el cuerpo se levantará con sus huesos. Si no lo merece, no se levantará y no tendrá una resurrección de entre los muertos. Además, en el hombre hay dos testigos: un ojo que ve y un oído que oye. El tribunal cuenta y juzga sus iniquidades. Además, incluso el Sol y la Luna testifican sobre la persona, según ha sido explicado: «Tocad la trompeta en la nueva Luna, en el tiempo señalado, en el día de nuestra fiesta solemne» (Salmos 81:4). ¿Qué es «tiempo señalado»? Ese es el día en que la Luna está cubierta. ¿Por qué está cubierta? Porque cuando llegue Rosh haShanah, Samael se acercará para exigir castigo contra sus hijos ante el Santo, bendito sea, y le pedirá que traiga a los testigos, y que traiga consigo al Sol. Cuando él está a punto de traer la Luna, ella está cubierta. ¿En qué lugar está cubierta? Ella asciende a ese lugar del que ha sido dicho: «No investigues lo que está oculto para ti» (*Véase* ben Sirah 3:21), para reconciliar al Santo, bendito sea, con sus hijos.

Esto es lo que dice el versículo: «Tocad la trompeta en la nueva Luna, en el tiempo señalado, en el día de nuestra fiesta solemne» (Salmos 81:4). **Es el área a la que ascendió la Shekinah. Al respecto, ha sido dicho: «No investigues lo que está oculto para ti»** (*Véase* ben Sirah 3:21). **Las transgresiones que están ocultas necesitan ser juzgadas allí entre él y su Creador. A propósito de las transgresiones cometidas en público, ha sido escrito: «El que encubre sus pecados, no prosperará**; mas el que los confiesa y se aparta, alcanzará misericordia» (Proverbios 28:13). **La Shekinah del lado de Keter es el mundo oculto y los señores de la Mishnah han explicado que el hombre necesita conectarse a ese lugar. En ese momento, llega un período de Misericordia y el Rigor pasa. Por esta razón, recomienda conectar para liberarlo del testimonio de Maljut. Sin embargo, no hay absolución para el malvado. Además, el Santo, bendito sea, y su Shekinah dan testimonio de la persona, según ha sido escrito: «*yo* pongo hoy por testigos al cielo y a la tierra…»** (Deuteronomio 4:26). **A propósito del cielo ha**

275a

sido escrito: «escucha tú, desde los cielos...» (1 Reyes 8:32). A propósito de la tierra ha sido escrito: «y la tierra es el estrado de mis pies» (Isaías 66:1). Además, los dos testigos son la columna del centro y el Tzadik, justo. Son *Ayin* y *Dalet* de Shemá y Ejad. Hay otro testigo de «Bendito es el Nombre de la gloria de Su Reino por los siglos de los siglos» (*Véase* Talmud, tratado de *Pesajim* 56a).

«Por dicho de dos testigos, o de tres testigos, morirá el que hubiere de morir; no morirá por el dicho de un solo testigo» (Deuteronomio 17:6). Se trata de Samael, que está esencialmente muerto: «el cual trajeron dos en una vara» (Números 13:23). «No morirá por el dicho de un solo testigo» (Deuteronomio 17:6), lo que significa que no tendrá parte en el Dios único. «Cuando se levantare testigo falso contra alguno... y los jueces inquirirán bien... haréis a él como él pensó hacer a su hermano...» (Deuteronomio 19:16 y 19). Este precepto consiste en interrogar a los testigos siete veces antes de condenar a alguien a muerte. Los siete interrogatorios son siete que corresponden a: «Aquellos siete *son* los ojos del Eterno extendidos por toda la tierra» (Zacarías 4:10). A propósito de ellos ha sido dicho: «*yo* procederé con vosotros en contra y con ira, y os castigaré *aún* siete veces por vuestros pecados» (Levítico 26:28).

El siguiente precepto es éste: hacer a un testigo condenado por falso testimonio lo mismo que él pensaba hacer a su hermano. Si los dos falsos testigos, Samael y la serpiente, vienen a dar falso testimonio contra Israel que confundieron entre *Vav* y *Zain*, que son las letras de *Zu*, éste. Éste es el sentido de: «Este (*Zu*) pueblo crié para mí; mis alabanzas contará» (Isaías 43:21).

La *Vav* sólo se unirá con la *Zain* quemando pan con *Jametz*, levadura, es decir, quemando lo que se sostiene entre la *Vav* y la *Zain*, aunque de acuerdo a las leyes de la Torah se puede comer hasta el final de la sexta hora del día, los sabios han decretado que se puede comer hasta el final de la cuarta hora, mantenerlo en suspenso durante la quinta hora, y quemarlo al principio de la sexta. Los señores de la Mishnah dedujeron del testimonio acerca de las horas de la disposición de la levadura que, de acuerdo con las leyes de la Torah, el tiempo para quemar es más allá de la sexta hora, en la séptima hora, al testimonio acerca del interrogatorio de los testigos acerca de alguien que ha matado a alguien, y todo está explicado en la Mishnah. Entonces se cumplirá «porque en lo que se ensoberbecieron...» (Éxodo 18:11). Éste es el significado de: «haréis a él como él pensó hacer a su hermano...» (Deuteronomio 19:19).

(275b) El siguiente precepto es aceptar el gobierno del gran Sanhedrín sobre ellos, que es Binah, el cual, desde el lado de Hessed, se llama Elohim, el cual es el gran Sanhedrín. Es grande en el juicio, y grande en encontrar el mérito, según hemos aprendido a propósito del precepto «sin duda pondrás por rey sobre ti» (Deuteronomio 17:15), «pondrás» en el cual «nombrarás» está por encima y «nombrarás» está por debajo. De la misma manera uno debe aceptar sobre sí mismo al gran Sanhedrín aunque aceptó sobre sí mismo al pequeño Sanhedrín. La pequeña corte consta de tres desde el aspecto de la parte baja de Shekinah y la gran corte consiste de aquellos en el gran Sanhedrín de setenta y dos miembros.

La Lámpara Santa dijo: el gran Sanhedrín constaba de setenta miembros, y tú eres el más grande de todos ellos, según ha sido escrito: «y será que todo negocio grave lo traerán a ti, y ellos juzgarán todo negocio pequeño...» (Éxodo 18:22), que se relaciona con el gran Sanhedrín y el pequeño Sanhedrín. El gran Sanhedrín es del lado de la Shekinah de Arriba y el pequeño Sanhedrín es del lado de la Shekinah de abajo. Moisés es el padrino del Rey, y Aarón es el padrino de la Matronita. Junto con ellos hay setenta y dos miembros en el Sanhedrín, es decir, que tienen la misma guematria que Hessed, guematria, setenta y dos. Por lo tanto, el gran Sanhedrín, pertenece a la derecha. El pequeño Sanhedrín es del lado de la izquierda, «E hizo Dios las dos luminarias grandes; la luminaria grande para que señorease en el día, y **la luminaria pequeña para que señorease en la noche**, y las estrellas» (Génesis 1:16).

Debido a esto, Tiferet, «la luminaria grande para que señorease en el día» dice al respecto: «de día mandará el Eterno su mise-

275b

ricordia y de noche su canción será conmigo, oración al Dios de mi vida». (Salmos 42:9). **«La luminaria pequeña para que señorease en la noche» significa que «de noche su canción será conmigo». Es el canto de los levitas, que es Iesod:** «Porque todo el tiempo que **el hijo de Isaí viviere sobre la tierra**, ni tú serás firme, ni tu reino. Envía pues ahora, y tráemelo, porque ha de morir». El rey David **ha compuesto diez tipos de canciones en los Salmos. El Tzadik,** justo **se encuentra a la izquierda y «la luminaria pequeña» es la Shekinah, que fue sacada de la izquierda. «Honrarás a tu padre...». Porque despierta una ciudad, y así sucesivamente.**

PARASHAT KI TITZA

Deuteronomio 21:10 a 25:19

RAIA MEHEMNA

«**Y le han de multar en cien ciclos de plata,** los cuales darán al padre de la joven, por cuanto esparció mala fama sobre una virgen de Israel; y la ha de tener por mujer, y no podrá despedirla en todos sus días» (Deuteronomio 22:19). **Nos ha sido ordenado castigar a aquel difame a alguien.** Éste es el significado de «**Y le han de multar en cien ciclos de plata, los cuales darán al padre de la joven, por cuanto esparció mala fama sobre una virgen de Israel**» El Pastor Fiel dijo: sabios, esto se aplica después de la boda, ya que él dice: «, he aquí, él le pone tachas de algunas cosas, diciendo: **no he hallado tu hija virgen;** pero, he aquí las *señales* de la virginidad de mi hija. Y extenderán la sábana delante de los ancianos de la ciudad» (Deuteronomio 22:17). **No todas las difamaciones son iguales, ya que los espías que difundieron una difamación en la tierra fueron castigados por ello con la muerte y no con méritos. Una mujer es como la tierra, es como la explicación de que Ester era la tierra. Pero alguien podría decir que Ester tenía mala fama ya que fue contaminada por Asuero; sin embargo, ella era digna**

275b - 276a

del *Ruaj haKoddesh*, espíritu de santidad, **que es Maljut, para revestirse de él según ha sido escrito: «Y aconteció que al tercer día se vistió Ester *su vestido* real...» (Ester 5:1). Pero el Santo, bendito sea, dijo: «Yo *soy* el Eterno. Éste es mi nombre; y a otro no daré mi gloria, ni mi alabanza a esculturas» (Isaías 42:8). El *Ruaj haKoddesh*, espíritu de santidad, es la Shekinah y es un nombre que fue revestido de Ester.**

Pero sabios, ¡ay de aquel que come *Teben Tebel*, la paja y la impureza, *Tebel* significa también «depravación sexual», **de la Torah. Alguien así no sabe nada de los secretos de la Torah, sino sólo** preceptos **ligeros y pesados; la luz es la paja de la Torah, y los preceptos pesados son el trigo, el Árbol del conocimiento del Bien y del Mal.**

El rey y la reina no acostumbran a montar un *Jamor*, burro, sino que montan a caballo (Habakuk 3:8). Porque a Maljut no se la trata a la ligera para que la Reina monte en un burro, y más aún al Rey, pues no es lugar sino para plebeyos y sirvientes, cuya cabalgadura es montar en un burro. Por eso dice del Mesías: «humilde y cabalgando sobre un asno» (Zacarías 9:9). (276a) Humilde son los órdenes de la Mishnah de *Eruvin*, *Nidah* y *Ievamot*, cuyas iniciales forman la palabra *Ani*, humilde. **Los demás órdenes de la Mishnah están comprendidos en estos. Y no es considerado un Rey hasta que cabalga en su caballo, que es la Asamblea de Israel. El Santo, bendito sea, fuera de su lugar no es un Rey. Cuando regrese a su lugar, «el Eterno será Rey» (Zacarías 14:9). También se dice de Israel que «todo Israel son hijos de reyes»** (*Véase Tikkunei haZohar* 51a y Talmud, tratado de *Shabat* 128a). **Como** ocurre con **el padre, los hijos no son príncipes hasta que regresan a la tierra de Israel. Alguien podría decir que el que cabalga sobre un asno es un plebeyo, y él responde, aunque es un plebeyo en relación con su señor, no traten a la ligera una bendición de un plebeyo, pues este plebeyo es el siervo Metatrón, y es él quien cabalga sobre este asno. El primer hombre, que no guardó la gloria que le fue dada, fue rebajado a comer junto con su asno y dijo: yo y mi burro comeremos de la misma fuente. Isa-**

car merecía este burro por ser llamado «Isacar, asno huesudo...» (Génesis 49:14).

Los sabios rabinos de la Mishnah afirman **que se dice a propósito de la Matronita:** «El Eterno afirmó en los cielos su trono; y su reino domina sobre todos» (Salmos 103:19). **Por esta razón, después de que Ester se vistiera con el traje real, gobernó sobre Asuero y su pueblo, y se dice de ellos, «y mataron de sus enemigos»** (Ester 9:16). **Si dices que Asuero se unió a ella, que el cielo no lo permita, a pesar de que estaban en la misma casa,** no fue así, **sino que era como José** a propósito **de quien ha sido dicho: «Y ella puso junto a sí la ropa de él**, hasta que vino su señor a su casa» (Génesis 39:16). La palabra *Bigdó*, ropa, **deriva de** «*Bogdim*, traidores **que han traicionado»** (Isaías 24:16).

Hay un gran *Seter*, misterio oculto **aquí, dado que Ester deriva de** *Astarah*, escondido, **según ha sido escrito: «Tú eres mi escondedero**; de la angustia me guardarás; *con* clamores de libertad me rodearás» (Salmos 32:7), **ya que la Shekinah la escondió de Asuero y le entregó en su lugar un demonio hembra mientras ella regresaba al brazo de Mardoqueo. Y Mardoqueo, que conocía el Shem haMeforash,** el nombre explícito, **y las setenta lenguas, hizo todo esto con sabiduría. Y ésta es la razón por la cual los señores de la Mishnah declararon que, a pesar de todo, un hombre debe hablar con su esposa antes de unirse a ella, porque ella podría haber sido sustituida por un demonio femenino. Esto es cierto para una mujer que viene del lado del Árbol del conocimiento del Bien y del Mal, pero si es** del lado **de la Shekinah permanece sin cambios. Éste es el significado de: «Porque yo** *soy* **el Eterno, no me he mudado;** y así vosotros, hijos de Jacob, no habéis sido consumidos» (Malaquías 3:6). **Anoji,** Yo, **es la Shekinah, que no tiene miedo de los todos los** *Sitrim Ajaranim*, **los otros lados. Y éste es el significado de: «Como nada** *son* **todos los gentiles»** (Isaías 40:17).

Dondequiera que esté la Shekinah, hay muchas Segulot, tesoros **especiales. Por esta razón, como la Shekinah estaba revestida en ella, Ester era digna de que le hicieran cosas especiales como a Sarah, a quien el Santo, bendito sea, guardaba, y como la Shekinah estaba con ella, la guardaba del Faraón. El Santo, bendito sea, incluso hizo que sus ropas y joyas tuvieran cualidades especiales debido a la Shekinah que estaba con ella. Por esta razón, cuando el Faraón vino a su sandalia, eufemismo sexual, lo golpeó con ella, y lo mismo sucedió con todas sus joyas. Cada joya que tocaba le golpeaba hasta que se la devolvió a su marido. Y si esto es cierto para sus joyas, es mucho más cierto con cualquiera que haya tocado su cuerpo, incluso su dedo, con el propósito de unirse a ella, «y el extraño que se acercare, morirá» (Números 1:51), ya que el Santo, bendito sea, no le dio permiso para acercarse a ella. Y éste es el significado de: «Yo *soy* el Eterno. Éste es mi nombre; y a otro no daré mi gloria, ni mi alabanza a esculturas» (Isaías 42:8).

Por esa razón, no todas las difamaciones son iguales. Los espías que difamaron a la tierra de Israel murieron. Aquellos que hablan mal de la Shekinah son ciertamente golpeados en sus almas, porque aquellos que hablaron mal de la tierra fueron golpeados corporalmente y se suicidaron. Pero cualquiera que difame a la Shekinah, su alma está afectada. Esto se aplica a aquel que conoce este secreto y cuyos ojos están abiertos. Pero una persona cuyos ojos están cerrados no es castigada con tanta severidad.

En cuanto a lo que los sabios de la Mishnah dijeron, que a una esposa que ha sido violada le está permitido permanecer con su esposo, el permiso y la prohibición en la Mishnah hablan únicamente de asuntos humanos y de una mujer que es del lado del Árbol del conocimiento del Bien y del Mal. Pero el caso de una mujer que es del lado del Árbol de la Vida, no es como el anterior, ya que el que es del Árbol de la Vida es una persona justa con quien las cosas están bien. De él se dice: «Ninguna iniquidad alcanzará al justo; mas los impíos serán llenos de mal» (Proverbios 12:21), ni a su justa esposa. Esto lo aprendemos de Sarah en la casa del Faraón, ya que él no tenía permiso para acercarse a ella.

Está el caso del que es Tzadik, justo, pero a quien las cosas van mal, es decir, el que es del Árbol del conocimiento del Bien y del Mal, porque hay mal presente en él: «Ciertamente no hay hombre justo en la tierra, que haga *el* bien y nunca peque» (Eclesiastés 7:20).

En cuanto a un hombre malvado a quien las cosas van bien, es que la Mala Inclinación superó a su Buena Inclinación. Y dijeron que le va bien, porque el bien está bajo su poder. Y puesto que en él el mal domina al bien, es un hombre malvado, ya que el que es más fuerte recibe el nombre. Un hombre malvado a quien le va mal es otro *El*, que es Samael. Es *Sam haMot*, el veneno de muerte, que es adoración de ídolos, del cual: «Matará al malo la maldad; y los que aborrecen al justo serán asolados» (Salmos 34:21). Por esa razón una violada es considerada así sólo si su alma tiene una mezcla del bien y del mal.

Cuando la Torah fue entregada, sus tablas, que fueron comparadas con la virginidad, fueron quebradas. Y el Santo, bendito sea, la entregó de nuevo a Israel para que la guardara. Y la Torah oral se llama Halajah y fue dada a Moisés en el Sinaí. Y el novio de la Torah rompió su virginidad. Cualquiera que hable mal de ella y diga que la Torah no es como una virgen, ya que sus tablas fueron quebradas, el Santo, bendito sea, le hablará a él, ya que es el padre de la niña, esa *Bat*, hija que está en la palabra *Bereshit* y que es la hija del Rey. Entonces el Santo, bendito sea, dijo: «Y extenderán la sábana delante de los ancianos de la ciudad» (Deuteronomio 22:17), y se desplegará el pergamino del rollo de la Torah y verán que está escrito en él: «Alísate dos tablas de piedra como las primeras, y *yo* escribiré sobre (276b) esas tablas las palabras que *estaban* en las tablas primeras que quebraste» (Éxodo 34:1). Inmediatamente Elías se levantó con todos los directores de la Ieshivah y lo bendijeron. Dijo: Sinaí, Sinaí, hubiera valido la pena que escucháramos tus palabras y guardáramos silencio, pero con el permiso del Santo, bendito sea Él, y de su Shekinah, deseo decir algo, en tu honor. Le dijo: «Habla». Abrió y dijo: Pastor Fiel, el Santo, bendito sea, entregó esta novia tuya a Abraham para que te la entregue. Y desde que la recibió, es llamada «su hija». Esto es lo que significa el dicho de que Abraham tenía una hija que se llamaba *Bakol*, en todo. Por ella observó toda la Torah hasta el *Eruv Tavshilin*, preparación de comida antes de una festividad. Éste es el significado de: «y guardó mi observancia» (Génesis 26:5). Y la crió,

276b

como está escrito: «Y crió a Hadassa» (Ester 2:7). Y el Santo, bendito sea, lo bendijo por ella, como está escrito: «y el Eterno había bendecido a Abraham en todo» (Génesis 24:1). La crió con toda buena virtud y fue caritativo con ella. Él la elevó a la grandeza, con la cualidad de Hessed. Su casa estaba, gracias a su Hessed, muy abierta a hacer el bien a toda la gente del mundo. Y dado que él era bueno con ella, cuando los hijos de Abraham fueron exiliados a Egipto a causa de sus muchas transgresiones, el Santo, bendito sea, dijo: Pastor Fiel, ve y sé bueno con el que hizo la bondad por ti, ya que yo le di a tu novia, que es malcriada, para que la críe con buenas *Midot*, cualidades. Y la engrandeció con trece *Midot* de Misericordia implícitas en las tres palabras, *Vav He Vav, Alef Nun Iod, Vav He Vav*, que son *Vav*, ya que los setenta y dos nombres están comprendidos en ellas. Setenta y dos es la guematria de Hessed, con la cual Abraham venció a las setenta y dos naciones. A través de su novia, él tenía una *Segulah*, poder mágico, **especial a través de los setenta y dos nombres y venció a cada nación y a cada lengua. Por eso «¿El que *los* guió por la diestra de Moisés con el brazo de su gloria,** el que rompió las aguas, haciéndose así nombre perpetuo?» y «rompió las aguas», rompiéndolas en doce trozos, guematria *Vav Vav*. (Isaías 63:12). **Y por mérito de** *Alef* **convirtió el mar en tierra firme. En ellas se ahogaron los egipcios, que no creían en la** *Vav***, que es uno,** ya que la guematria de *Vav Alef Vav* es trece, como la de *Ejad,* uno. **En los tiempos venideros se cumplirá en Israel, la simiente de Abraham: «Yo les mostraré maravillas como el día que saliste de Egipto»** (Miqueas 7:15). **En ti se cumplirá: «El que** *los* **guió por la diestra de Moisés con el brazo de su gloria; el que rompió las aguas» de la Torah, para hacerse un** *Shem Olam*, **nombre perpetuo. Allí alcanzarás a tu novia.**

Desde que esta hija fue entregada a Israel, es tu Halajah del lado izquierdo, Halajah para Moisés del Sinaí. Porque en el lado derecho, su Halajah es la letra *He*, del nombre Abraham, *Iod* del nombre Isaac. Y todo es *He Iod* de Elohim. Y tú eres *Vav*, que es la ortografía completa de y su perfección. Una copa llena. Porque

Parashat Ki Titza

al principio ella fue el trono de *Iod He*. Al final es una copa llena de la bendición del Tetragrama.

Y como fue entregada a Israel a través de ti, es tu Halajah de la columna del centro, y nos corresponde a nosotros revelar por qué les fue entregada. Porque seguramente aprendimos por qué le fue dada a Abraham y fuisteis bondadosos con sus hijos, así como él fue bondadoso con vosotros. Y el Santo, bendito sea, se la dio a Isaac, a él y a su descendencia para que la guardara del Árbol del Conocimiento del Bien y del Mal. Y le hicieron algunos límites y le cortaron algunas vestiduras, vestiduras de oro, con algunas leyes. Y solían estar en desacuerdo y hacer preguntas a propósito de estas leyes, para dar explicaciones, para adornarla con muchas decoraciones para el Shabat y las festividades, para redimirla en la última redención, como dice de ella: «¿Qué *es* lo que fue? Lo mismo que será» (Eclesiastés 1:9).

(Falta texto en el original)

Desde que lo trajeron a ti e hicieron cosas buenas por ti, has sufrido a causa de ellos muchas angustias, de modo que el Mesías hijo de José, de quien ha sido dicho: «y a la izquierda rostros de buey» (Ezequiel 1:10), que es descendiente de José, de quien ha sido dicho: «Él es hermoso como el primogénito de su toro» (Deuteronomio 33:17) **no será matado**. Esto se debe a que él y sus descendientes no serán profanados entre las naciones paganas a causa del pecado de Jeroboam, que adoraba ídolos, por lo cual él y su descendencia serían profanados entre las naciones adoradoras de ídolos. Porque Jeroboam, hijo de Nabat, es descendiente de José, y ha sido dicho: «Mas él herido *fue* por nuestras rebeliones, molido por nuestros pecados. El castigo de nuestra paz *fue* sobre él; y por su llaga hubo cura para nosotros» (Isaías 53:5).

Y dado que Israel está incluido en la derecha y en la izquierda, donde tus letras *He* y *Iod* están en un estado de culminación, te corresponde unirte a ella entre ellos. Y como ha sido dicho: «y le han de multar en cien *ciclos* de plata, los cuales darán al padre de la joven, **por cuanto esparció mala fama sobre *una* virgen de Israel;**

y la ha de tener por mujer, y no podrá despedirla en todos sus días» (Deuteronomio 22:19), **en el exilio no podrá «despedirla en todos sus días».**

¿Dónde está el mal nombre que le diste? Después de que fuera entregado a Israel, cualquiera que saca un mal nombre en Israel es como si sacara un mal nombre. Y el mal nombre estaba en lo que le dijiste al Santo, bendito sea: «Entonces Moisés oró a la faz del Eterno su Dios, y dijo: **¡Oh Eterno! ¿Por qué se encenderá tu furor en tu pueblo,** que tú sacaste de la tierra de Egipto con gran fortaleza, y con mano fuerte?» (Éxodo 32:11), **y el Santo, bendito sea, dijo: ya que hablaste mal de Israel cuando fabricaron el becerro de oro,** «entonces el Eterno dijo a Moisés: **anda, desciende, porque tu pueblo** que sacaste de *la* tierra de Egipto **se ha corrompido**» (Éxodo 32:7), **que son** el *Erev Rav* (la multitud mezclada) **a la que convertiste y que hicieron el becerro de oro. Y por lo tanto, «por cuanto esparció mala fama sobre** *una* **virgen de Israel», «la ha de tener por mujer».**

El Pastor Fiel se levantó y lo besó en el rostro y en los ojos, y lo bendijo. Le dijo: bendito seas tú por la boca del Santo, bendito sea y su Shekinah, por cada una de sus Midot y sus diez Sefirot y todos sus nombres y todos los directores de las Ieshivot y todos los ángeles. Y todos ellos respondieron y dijeron Amén. Y el Santo, bendito sea y Su Shekinah reconocieron su bendición. Elías, levántate, abre tu boca conmigo respecto a los preceptos, porque eres mi ayudante en todo (277a), **porque de ti ha sido dicho: «Pinjas, hijo de Eleazar, hijo de Aarón sacerdote»** (Números 25:11). **Ciertamente es hijo de Aarón, mi sobrino, como está escrito: «En todo tiempo ama el amigo; mas el hermano para la angustia es nacido»** (Proverbios 17:17).

«Cuando alguno hallare una joven virgen, que no fuere desposada, y la tomare, y se echare con ella, y fueren hallados...» (Deuteronomio 22:28). **Este precepto consiste en castigar al seductor con cincuenta siclos de plata. Éste es el significado de «Cuando alguno hallare una joven virgen, que no fuere desposada» son** los de **Israel, que, desde el punto de vista de la Shekinah se lla-**

man «hija». «Entonces el hombre que se echó con ella dará al padre de la joven cincuenta *ciclos* de plata, y ella será su mujer, por cuanto la afligió; no la podrá despedir en todos sus días» (Deuteronomio 22:28). Los rabinos y todas las lumbreras de la Ieshivah dijeron, el «hombre» es Israel desde el punto de vista del Santo, bendito sea, «y la tomare» es el nudo de los Tefilín, «y se echare con ella» es el Tzitzit. «Que no fuere desposada» es decir, una hija única, que es el alma (*Neshamah*). «Y se echare con ella» es decir, con *Hashkivenu*, la oración de acostarse. «Dará al padre de la joven cincuenta siclos de plata», es decir **veinticinco, veinticinco, letras de unificación** (*Iejud*).

Levántate, Pastor Fiel, pues ciertamente cualquiera que estudie la Halajah *lo Lishmah*, literalmente «no por su nombre» o sea no en beneficio de Dios, **y la entienda, seguramente será tomada de él**, le serán arrebatados los méritos (*Véase Pirkei Avot* 6:1). Sin embargo, se ha explicado que el hombre siempre debe estudiar la Torah aunque sea *lo Lishmah*, de modo que con el tiempo **se convierta en** *Lishmah*. Y esta Halajah es del aspecto del muchacho bueno que se separó del Árbol del conocimiento del Bien y del Mal, que comprende lo prohibido y lo permitido, lo impuro y lo puro, lo apto y lo no apto. Y el joven es llamado «una muchacha», por quien se cumplirá, «para que ocupe los fines de la tierra, y **que sean sacudidos de ella los impíos**» (Job 38:13), **que son los prohibidos, los impuros e incapaces, Samael y sus legiones**.

Según otra explicación, «Cuando alguno hallare una joven virgen, que no fuere desposada, y la tomare, y se echare con ella, y fueren hallados...» (Deuteronomio 22:28) **se refiere a Israel, según ha sido escrito**: «Cuando Israel *era* muchacho, *yo* lo amé, y de Egipto llamé a mi hijo» (Oseas 11:1). **Muchacho desde el lado de Metatrón. El hombre no es otro que el Santo, bendito sea, según ha sido escrito**: «El Eterno, hombre de guerra...» (Éxodo 15:3). «Cuando alguno hallare una joven virgen», es decir, **la virgen de Israel, de la cual dice**: «Cayó la virgen de Israel, no más podrá levantarse; dejada fue sobre su tierra, no hay quien la levante» (Amós 5:2). «**Por tanto he aquí, yo la induciré, y la llevaré al**

277a

desierto, y hablaré a su corazón» (Oseas 2:14). **Entonces les abrió cincuenta puertas de libertad, que son las cincuenta puertas de Misericordia del lado de su padre Abraham. Y éste es el significado de «entonces el hombre que se echó con ella dará al padre de la joven cincuenta** *ciclos* **de plata» (Deuteronomio 22:29) ya que la plata es del grado de Hessed, el grado de Abraham. Porque durante la salida de Egipto se les abrieron las cincuenta puertas de la libertad desde el lado del Juicio, que es Adonai, donde** «Mas también a la gente a quien servirán, **juzgo yo»,** (Génesis 15:14), **porque primero yo juzgo y luego ellos saldrán. Pero a propósito de la última redención se dice que** «Por *un* pequeño momento te dejé; mas te recogeré con grandes Misericordias» (Isaías 54:7), **que es el grado de Abraham. Y la grandeza es el grado de Abraham, ya que Binah es la mano grande, y hay cincuenta siclos de plata allí. Más tarde, no podrá exiliarla ya que ella será su esposa. Esto es como las palabras: «te desposaré conmigo en fe»** (Oseas 2:20), **y otro versículo: «Porque tu marido** *será* **tu Hacedor; el Eterno de los ejércitos** *es* **su nombre**; y tu Redentor, el Santo de Israel, Dios de toda la tierra será llamado» (Isaías 54:5). **«Nunca más te llamarán desamparada...»** (Isaías 62:4). **Porque a pesar de que la Shekinah está en el exilio, el Santo, bendito sea, no se aparta de ella.**

El siguiente precepto es que uno se case con la mujer a la que violó. Porque ciertamente hay dos tipos de mujeres violadas, una que es violada porque él la ama, pero ella no lo ama, y otra es violada porque ella lo ama, pero teme unirse a él sin casarse y sin ser bendecida, o porque no lo quiere si es un ignorante de la Torah. **De éste ha sido dicho: «y la ha de tener por mujer...»** (Deuteronomio 22:19).

En los secretos de la Torah tenemos que alegorizar con una alegoría. Hay un alma que es la Matronita, y hay un alma que es una esclava como en «Y cuando alguno vendiere su hija por sierva, no saldrá como suelen salir los siervos» (Éxodo 21:7). **Y hay un alma que es una doncella común, y así es el hombre. Hay un hombre que es un siervo del alma. A veces el alma pasa por medio de** la encarnación «y no halló la paloma donde reposar la planta de su pie» (Génesis 8:9). **Y la encarnación del mal la persigue para entrar en ese cuerpo, que es una doncella para la Mala Inclinación. Es un demonio judío y el alma es** la letra *Iod*, **una esclava hebrea, en la cual este** *Shed*, demonio **se convierte en Shaddai, porque guardó el alma y se arrepintió a través de ella, y con ella bendijo al Santo, bendito sea, diariamente con «Bendito», y con ello santifica al Santo, bendito sea Él, con «Santo, santo, santo», y con ello declara la unidad del Santo, bendito sea Él, por el Kiriat Shemá.**

Lo que solía ser un demonio se convierte en el ángel Metatrón y se convierte en Shaddai, porque la guematria de Metatrón es la misma que la de Shaddai. Inmediatamente se cumple en ella en lo que se refiere al Alma, «y la ha de tener por mujer, y no podrá despedirla en todos sus días» (Deuteronomio 22:19). **Pero si no se arrepiente, es esclavizada por las iniquidades que cometió y se cumplirá en ella,** «Si su amo le hubiere dado mujer, y ella le hubiere dado a luz hijos o hijas, **la mujer y sus hijos serán de su amo**, y él saldrá Solo» (Éxodo 21:4). **Y dice a propósito del demonio «y él saldrá solo». Ese demonio es como la vara de Moisés que se convierte de vara en serpiente y de serpiente en vara. Así que este demonio se convierte de demonio en ángel y de ángel en demonio, según las obras del hombre.**

A propósito de estos demonios, las lumbreras de la Mishnah explicaron que algunos son como los ángeles ministros. Se trata de **los estudiantes de la Torah que saben lo que fue y lo que será. Ellos tienen su forma en la tierra, siendo filósofos y astrólogos de Israel, que saben lo que fue y lo que será** por medio de **los signos del Sol y la Luna y sus eclipses y cada estrella y constelación; de esta manera saben los fenómenos del mundo.**

Algunos de ellos son (277b) como bestias que crecen y se multiplican cual animales, y su forma aquí abajo es de *Amei haEretz*, gente ignorante, **que, como explicaron los señores de la Mishnah, son alimañas cuyas hijas son abominables. De sus hijas ha sido dicho: «Maldito el que tuviere parte con cualquiera bestia»** (Deuteronomio 27:21). **Odian a aquellos que estudian la Torah, los sabios señores de la Mishnah, que son** como **verdaderos ángeles ministros. Por eso los sabios de la Mishnah explicaron a propósito del hombre que si él es como «porque ángel es del Eterno de los ejércitos»** (Malaquías 2:7), **uno debería buscar la Torah de su boca. Y si no es así, uno no debe buscar la Torah de su boca. Hay otros que tienen conocimiento de los misterios de la Torah, lumbreras de** *Midot,* **cualidades, que reciben almas del aspecto de la santa Maljut, que incluye a las diez Sefirot. Aquel que la reciba y la alcance, merece diez Sefirot sin división, diez, no nueve, dado que si únicamente hubieran heredado** la sefirah de **Maljut, las nueve Sefirot** restantes **se habrían separado de ella. Pero como allí no hay división el autor del** *Sefer Ietzirah,* El Libro de la Formación, **dijo «diez y no nueve»** (*Véase El Libro de la Formación, Mishnah* 4).

Y alguien podría decir que se eleva por encima de los diez. El *Shem Meforash,* nombre explícito, **Iod Vav Dalet, He Alef, Vav Alef, Vav Alef Vav, He Alef, es la décima sefirah, y las diez se unen con ella, y no se eleva por encima de las diez. De ahí que leamos en el** *Sefer Ietzirah,* El Libro de la Formación, **dijo «diez y no once»** (*Véase El Libro de la Formación, Mishnah* 4). **Pero el que une a** *Iod,* guematria diez, **que es la señal del pacto, con la esclava, o a la Matronita que incluye a** *Iod* **con el demonio de adoración de ídolos que es Samael, es castigado en el** *Gehenom,* infierno.

El que hereda a la hija del rey, Maljut, sólo la merece si también **es hijo del rey, llamado «Israel es mi hijo, mi primogénito»** (Éxodo 4:22). **Porque desde este punto de vista, a Israel se le llama hijos del Santo, bendito sea Él, según ha sido dicho: «Hijos sois del Eterno vuestro Dios**: no os sajaréis, ni pondréis calva sobre vuestros ojos por muerto» (Deuteronomio 14:1). **Y es Maljut de Atzilut.**

Hay para la cábala una Maljut de Briah, que es Maljut para los ángeles en Briah. Ella es una criada de Maljut y su ayudante. Tiene la forma de su pareja, compuesta por diez. Por culpa de las iniquidades de Israel, podría ser profanada entre las naciones del mundo. Pero a propósito **de Maljut de Atzilut del Santo, ben-**

dito sea, dice: «Yo *soy* el Eterno. Éste es mi nombre; y a otro no daré mi gloria, ni mi alabanza a esculturas» (Isaías 42:8). Porque no se la entrega a aquel que profana el Shabat y las festividades, sino a aquel que es hijo del Rey y guarda la Torah y los preceptos con amor y temor de su amo, no por recibir una recompensa, sino como un niño que está obligado a cumplir las órdenes de su padre, de las cuales ha sido dicho: «Honra a tu padre y a tu madre, para que tus días sean alargados sobre la tierra que el Eterno tu Dios te da» (Éxodo 20:12). **Tu padre es el Santo, bendito sea, y tu madre es la Shekinah. Sin embargo, cualquiera que profane a la doncella del rey, se le considera como si hubiera violado a su reina.**

¡Oh sabios!, no todos los demonios son iguales, y no todos los siervos de la Shekinah son iguales, ya que está escrito a propósito de ella «El Eterno afirmó en los cielos su trono; **y su reino domina sobre todos**» (Salmos 103:19). **Ella tiene algunas muchachas hebreas y sirvientas hebreas. Ella tiene sirvientes y sirvientas extranjeros, así que no habrá otro Maljut en el mundo cuando ella gobierne. Estas sirvientas extranjeras son del lado del veneno de la muerte. Son el aspecto femenino de Samael, donde la sirvienta se convirtió en la Matronita. Samael y su hembra, que es otra «El», deidad, fueron siervos del Santo, bendito sea, pero más tarde se convirtieron en deidades. Y el Santo, bendito sea, los sacará del mundo y los limpiará.**

Y si alguien dijera que la gente los convirtió en deidades y que no era su propio deseo, ¿por qué entonces fueron castigados? Cuando la generación del diluvio y la generación de la torre de Babel supieron de ellos, quemaron sacrificios ante ellos y se inclinaron ante ellos. Por el hecho de quemar ofrendas para ellos e inclinarse ante ellos, descenderían y harían su voluntad y hablarían a través de las formas que fabricaron. Así se convirtieron en deidades e ídolos. Por esta razón, el Santo, bendito sea, tenía la intención de borrar del mundo las imágenes que adoraban y de las que recibían espíritus e imágenes.

Cuando el *Erev Rav* (la multitud mezclada) vive en el mundo, descienden a esas imágenes para materializarse en ellas por lo que **el Santo, bendito sea, los sacará del mundo. Éste es el significado de las palabras:** «Y será en aquel día, dice el Eterno de los ejércitos, que talaré de la tierra los nombres de las imágenes, y nunca más vendrán en memoria; y también **haré talar de la tierra** *a* **los profetas, y** *al* **espíritu de inmundicia**» (Zacarías 13:2). **Si dices que durante el último exilio no hay adoración de ídolos porque la gente no tiene constancia de ellos, el** *Erev Rav* (la multitud mezclada) **que conoce la ira del Santo, bendito sea, y su Shekinah e Israel, están entre ellos. Y tienen éxito contra el** *Erev Rav* (la multitud mezclada) **para cumplir las palabras «y que da el pago en su cara al que le aborrece, destruyéndolo...», «y paga a los que le aborrecen en su rostro, para destruirlos**» (Deuteronomio 7:10).

Todos los Tanaitas y Amoraitas se levantaron y bendijeron al Pastor Fiel, y le dijeron: Sinaí, Sinaí, quien podía hablar antes que tú. Porque tienes la forma de tu Maestro. Cuando habló en el monte Sinaí, todos los seres vivientes entre los ángeles y todos los seres vivientes del trono, los más altos y los más bajos estaban en silencio. Y no hubo otro discurso que el suyo. Ya que eres su hijo de su forma, todos los directores de la Ieshivah necesitan escuchar cosas de ti. No silencies tus palabras.

«Cuando tomare alguno mujer nueva, no saldrá a la guerra, ni en ninguna cosa se le ocupará; libre estará en su casa por un año, **para alegrar a su mujer que tomó**» (Deuteronomio 24:5). **Este precepto es para que el novio se alegre en su esposa durante un año, según ha sido escrito «libre estará en su casa por un año», ya que estos doce meses son suyos. Porque el año es** como **una novia, y la novia está presente sólo con doce meses, según ha sido escrito: «Hizo asimismo un mar de fundición...**» (1 Reyes 7:23) «Y estaba *asentado* sobre doce bueyes» (1 Reyes 7:25). **Y dado que la novia sólo se perfecciona con doce, el novio necesita animarla a ella y a su casa, a ella y a su equipo, como está Arriba. Así está escrito a propósito de Jacob «y tomó de las piedras de aquel lugar**» (Génesis 28:11). **Hay doce piedras en ese lugar, y aquel que anime a la novia, anima a sus doncellas** (278a). **Hay doce doncellas. Todo esto pertenece al misterio del año. Por eso el novio tiene que ale-**

grarse en su mujer durante un año. Sin embargo, hemos explicado que esta alegría no es de él, sino de ella, según ha sido escrito «*se regocija* el *esposo* por la *esposa*» (Isaías 62:5). **No dice que se regocijará en su esposa, sino que se regocijará por** su esposa, **lo que significa que se regocijará con la novia. Del mismo modo, la novia no tiene alegría excepto en el cuerpo y sus joyas. ¿Quién se alegra con ellos? Los** *Tzadikim,* justos **lo hacen. Por eso, «estará libre de su casa», libre de trabajar en los asuntos mundanos, para que tenga el deseo de alegrarse con ella. Estará libre de todo, libre de impuestos** generales, **de impuestos sobre la cosecha y de impuestos electorales. Estará libre de ir al ejército a la guerra, así que habrá alegría Arriba y abajo. Bendita sea la nación santa, cuyo amo se alegra en ellos. Bienaventurados ellos en este mundo y bienaventurados ellos en el mundo venidero.**

«**En su día le darás su jornal**, y el Sol no se pondrá sobre él; pues es pobre, y con él sustenta su vida; para que no clame contra ti al Eterno, y sea en ti pecado» (Deuteronomio 24:15). **El Pastor Fiel abrió** el versículo **y dijo, el siguiente precepto es dar su salario a tiempo a un siervo asalariado. Éste es el significado de «En su día le darás su jornal, y el Sol no se pondrá sobre él». Escuchad, directores de las Ieshivot por todas partes, Metatrón es la contratación del siervo asalariado, un mensajero de los dieciocho mundos para recibir las dieciocho bendiciones de la oración de Amidá cada día, tres veces al día. Por esta razón, «En su día le darás su jornal» se refiere al servicio de Shajarit; «y el Sol no se pondrá sobre él» se refiere al servicio de Minjá, porque si el día ha pasado, la ofrenda ya no es válida. «Pues es pobre»** ya que **seguramente es pobre en el exilio y no tiene nada más que lo que se le da en la oración. Por eso su oración es «Oración del pobre** *en espíritu*, **cuando estuviere atormentado»** (Salmos 102:1), **es decir, la envoltura del Tzitzit y la mano de los Tefilín. «Y con él sustenta su vida»** (Deuteronomio 24:15) **se refiere al servicio de Arvit, a las partes del sacrificio y a las partes grasas que quedan de las ofrendas del día. Son como las uvas de la viña y «Cuando segareis la mies de vuestra tierra, no acabarás de segar el rincón de tu campo,** ni espigarás tu *tierra* se-

278a

gada» (Levítico 19:9), **de lo que aprendimos que entregar las cosas en forma de caridad dificulta el castigo divino.** «Y no rebuscarás tu viña, ni recogerás los granos caídos de tu viña; **para el pobre y para el extranjero los dejarás»** (Levítico 19:10). **La columna del centro, cuando está fuera de su lugar es llamada «un extranjero». Por esa razón, dijo: siendo mi grado el de la columna del centro, me consideré un extranjero en el primer exilio. Éste es el significado de «Peregrino soy en tierra ajena»** (Éxodo 2:22), **porque él se encuentra en el exilio.**

Los señores de la Mishnah le preguntaron: Pastor Fiel, sin embargo, Israel cumplió este precepto respecto a las esquinas del campo y la limpieza de la cosecha en la tierra de Israel. Él les dijo, esto es para invocar la Misericordia de aquellos que han sido expulsados de su lugar. Porque al hombre que está fuera de su lugar se le llama extranjero, y más aún a las almas que se van desnudas de ese mundo y vienen a este mundo. A propósito de ellas dice el versículo: «Como el ave se va de su nido, así es el **hombre** que **se va de su lugar»** (Proverbios 27:8) **que es el alma de la que no se mueve la Shekinah, «así es el hombre», a propósito de quien ha sido dicho: «El Eterno es un hombre de guerra»** (Éxodo 15:3), **«se va de su lugar» vagando y vagando** lejos de su lugar, que es el mundo venidero, es decir, Binah, y anda en pos de ella en este mundo, hasta que los días en que el alma necesita salir de su lugar sean completados. La guarda hasta que la devuelve a su lugar, y jura que no regresará a su lugar antes de devolverla a la suya. Cualquiera que hace Teshuvah, se arrepiente, **es como si devolviera al Santo, bendito sea, y su Shekinah a su lugar. Éste es el secreto de la redención como ha sido dicho «Si hoy oyereis su voz»** (Salmos 95:7).

Las señores de la Mishnah de la Ieshivah de Arriba y de la Ieshivah de abajo dijeron: Pastor Fiel, somos mensajeros del Señor del universo para ti. Bendita sea tu porción ya que eres penitente e igual a los seiscientos mil de Israel, y devolviste al Santo, bendito sea y a su Shekinah a su lugar Arriba y abajo. Gracias

a ti, Israel será redimido y regresará a su lugar. Los dos **Mesías no tienen poder para redimir a Israel excepto contigo. Por vosotros ellos son retenidos.** Y acaba diciendo estas cosas preciosas a propósito de las cuales ha sido dicho: «Deseables *son* más que el oro, y más que mucho oro afinado; y dulces más que miel, y que licor de panales» (Salmos 19:10).

Les dijo: los directores de Ieshivah se dirigen a ese siervo asalariado, que es el siervo, que viene a recibir tres oraciones, vuestros maestros de la Mishnah decretaron que el hombre recitara las primeras tres bendiciones de la oración como un siervo que arregla alabanzas delante de su señor, y durante las bendiciones intermedias como un siervo que recibe un salario de su señor, y durante las últimas bendiciones como un siervo que recibe un salario de su señor y camina por su camino. Por esta razón, el siervo de Abraham y Rebeca fue comparado con esto, y cuando el Santo, bendito sea, envíe a su siervo Metatrón para recibir la oración le dirá: «Por ventura la mujer no querrá venir en pos de mí a esta tierra» (Génesis 24:5), es decir, tal vez la oración no quiera seguirme a mí. El Santo, bendito sea, responderá: «Y si la mujer no quisiere venir en pos de ti, **serás libre de este mi juramento**» (Génesis 24:8). **Jojmah es Aba**, el padre, **y desciende al Tzadik,** el justo, **para mantener a la Shekinah en el exilio. Y de allí la sirvienta es enviada tras ella. El mensajero le dijo: dame una señal con la cual pueda reconocer la oración donde está la hija. El Santo, bendito sea, dijo: «Sea, pues,** *que* **la doncella a quien** *yo* **dijere: baja ahora tu cántaro, para que yo beba; y ella respondiere: bebe** (278b), y también daré de beber a tus camellos, *que* ésta *sea la que* aparejaste a tu siervo Isaac; y en esto conoceré que habrás hecho Misericordia con mi señor» (Génesis 24:14). **Si no lo hace, pero él encuentra todas las partes del cuerpo llenas de iniquidades y no hay ninguna parte del cuerpo entero donde more la Torah, que tiene la forma de la columna del centro, y ningún precepto de la forma de Rebeca, que era un lirio entre espinas, que son gente completamente malvada, ordenó a su siervo Metatrón «Guárdate que no vuelvas a mi hijo allá»** (Génesis 24:6), **pues es el espíri-**

278b

tu de santidad, porque el precepto es Nefesh y la Torah es Ruaj. Por esa razón, los señores de la Mishnah explicaron que actuar es más valioso que hablar (*Véase Pirké Avoth* I-17). En otro lugar dijeron que aquel cuyo temor al pecado precede a su sabiduría, su sabiduría prevalece... (*Véase Pirké Avoth* III-9). El temor al pecado es la madre de Arriba, la *Teshuvah,* arrepentimiento. Jojmah es el padre de Arriba. Y cuando uno precede a la pequeña *He,* que son los preceptos, entonces la Torah, que es la *Vav,* descansa sobre él. Y cuando coloca el miedo, que es la *He* de Arriba, delante de Jojmah, Jojmah descansa sobre él, que es *Iod,* y se le llama hijo, como en «Hijos sois del Eterno vuestro Dios: no os sajaréis, ni pondréis calva sobre vuestros ojos por muerto».

Éste es, «mi Nombre para siempre, y éste *es* mi memorial por todos los siglos». *Shemi,* mi nombre, es *Iod He, Zijri,* mi memorial, es *Vav He.* (Éxodo 3:15). *Shemi,* sumado a *Iod He,* y *Zijri* sumado a *Vav He* todos juntos, es decir, los 613 preceptos dados a los santos hijos para que tengan una parte en su nombre. Éste es el significado de «Porque la parte del Eterno *es* su pueblo; Jacob el cordel de su heredad» (Deuteronomio 32:9).

Cuando alguien coloca a la Torah antes que los preceptos, o la sabiduría antes que el temor, el Nombre se convierte para él en el aspecto femenino, en el atributo del juicio así: *He Vav He Iod.* Todo se convierte en juicio para un hombre así y su sustento de la Torah es tan difícil de adquirir como la división del mar rojo. La redención será similar. Si tiene mérito, saldrá con Misericordia, según ha sido escrito «antes que estuviese de parto, dio a luz; antes que le viniesen dolores, dio a luz hijo» (Isaías 66:7), y ellos saldrán con Misericordia. Es bueno que el sufrimiento y el juicio precedan a la Misericordia, por lo que los señores de la Mishnah dijeron «según el sufrimiento, la recompensa» (*Véase* Pirké Avoth V-23).

Cuando el Nefesh, espíritu, sale, está sufriendo antes de salir, pero después de salir está en un estado de Rajamim, Misericordia. Éste es el significado de «Con llanto vendrán, y entre súplicas los guiaré; los haré andar junto a arroyos de aguas, por camino derecho en el cual no tropezarán; porque soy un padre para Israel, y Efraím es mi primogénito» (Jeremías 31:9). **Por eso** «¡Ah, cuán grande *es* aquel día! Tanto, que no hay otro semejante a él; y **tiempo de angustia para Jacob; mas de ella será librado**» (Jeremías 31:7), **y ellos saldrán con Misericordia. Así como el Santo, bendito sea, envió la paloma, pero ella no encontró lugar para descansar, así también él envió a buscarte a ti primero, Pastor Fiel.**

A propósito de ellos ha sido escrito: «Y miró a todas partes, y viendo que no parecía *haber* nadie, mató al egipcio, y lo escondió en la arena» (Éxodo 2:12), **lo que significa que todos eran culpables y no había entre ellos ningún hombre que tuviera el mérito de salir del exilio. Por eso no quisiste ir allí, sino que dijiste: «¡Ruego Señor! Envía por mano del que has de enviar**» (Éxodo 4:13). **Sin embargo,** ahora **eres como en aquel momento. En ti se cumplirá junto con Israel: «Yo les mostraré maravillas como el día que saliste de Egipto**» (Miqueas 7:15). **En el último destierro enviará con vosotros a dos Mesías que corresponden a las dos alas de la paloma porque estáis en el cuarto destierro como un cuerpo sin alas. Además, al principio Israel era como un cuerpo, y tú y Aarón como las dos alas de la paloma, con las cuales Israel salió volando.**

No hay ninguna *Pikudah***, precepto que no lleve a las diez Sefirot incluidas en ella.** A propósito **del arca:** «Una ventana harás al arca, y la acabarás a un codo de elevación por la parte de arriba; y pondrás la puerta del arca a su lado; **y le harás piso bajo, segundo y tercero**» (Génesis 6:16), **para incluir en ellos a los sacerdotes, los Levitas y los de Israel. El arca, la Shekinah, está con ellos. La Torah del Eterno es la cuarta parte de un** *hin***, la cuarta letra** del Tetragrama. **Se triplica con** *Iod He Vav***, para completarlo como** *Iod He Vav He***. Diez grados están incluidos en él y son** *Iod Vav Dalet, He Alef, Vav Alef Vav, He Alef Alef, He Alef,* **de las cuales se cumplirá en Israel «Mas vosotros que os allegasteis al Eterno vuestro Dios,** todos *estáis* vivos hoy» (Deuteronomio 4:4), **y «Hijos sois del Eterno vuestro Dios...»** (Deuteronomio 14:1). **Por este nombre tiene dominio sobre la imagen del hombre y sobre todos y cada uno de sus miembros.**

278b

El siguiente precepto es discutir las leyes relativas a las langostas, pues ha sido dicho que los peces y las langostas no necesitan ser sacrificados, sino que es su recolección lo que permite comerlos. Son comparables a los señores de la Mishnah. No necesitan ser sacrificados, sino que ha sido dicho a propósito de ellos: «Y cuando acabó Jacob de dar preceptos a sus hijos, encogió sus pies en la cama, y expiró; y fue congregado con sus padres» (Génesis 49:33). Así como los peces del mar viven en el mar, así también los *Talmidei Jajamim*, alumnos sabios, y las lumbreras de la Mishnah viven en la Torah, y si son separados de la Torah, mueren inmediatamente. Se pueden comparar a los cocodrilos de la Mishnah en la que crecen los cocodrilos marinos. Y si los que viven en tierra firme caen en el agua y no pueden nadar, mueren. Pero los «hombres», que son los señores de la cábala, están por encima de todo. A propósito de ellos ha sido dicho: «señoread en los peces del mar, y en las aves de los cielos» (Génesis 1:28), que son los sabios de la Mishnah, los cocodrilos. El gran cocodrilo es la serpiente que huye (Isaías 27:1), que corresponde a la barra de en medio de las tablas (Éxodo 26:28).

En el tiempo en el que los cocodrilos, las lumbreras de la Mishnah, tienen un desacuerdo entre ellos y se hacen preguntas difíciles, se tragan a su compañero. Esto se refiere a un estudiante más joven que no ha alcanzado la posición de enseñar pero que enseña, lo que se castiga con la muerte. Pero si están en igualdad de condiciones y tienen un desacuerdo y una pregunta difícil, al final se dice: *Vahev beSufah* (Números 21:14), lo cual ha sido explicado y es un juego de palabras por amor al final, *Suf,* o *Waheb,* que está en el mar de los Juncos.

Mientras tanto, un gran pez vino a él y le dijo: Pastor Fiel, «Fuerte es tu habitación, pon en la peña tu nido» (Números 24:21). *Tania* te ayuda porque los peces tienen su nido en la roca. *Eitan*, fuerte, es *Tania* escrito al revés; *Eitanim* es *Tanaim*, Tanaítas, escrito en un orden diferente. Ten cuidado con ellos, porque eres lento en el habla y en la lengua. Y aquel que quiera atacar a los peces de mar en la roca, que son los sabios de Mishnah, los Ta-

Parashat Ki Titza

naítas, necesita ser fuerte y de una lengua aguda y pulida capaz de perforar y llegar hasta el gran abismo que allí yace.

«Aunque la visión (279a) es aún para *un* tiempo señalado, mas al fin hablará, y no mentirá; aunque se tardare, espéralo, que sin duda vendrá; espéralo» (Habacuc 2:3). Se ha explicado que este versículo atraviesa y desciende al gran abismo. ¿Quién es el que descenderá al gran abismo para encontrar aquel tiempo del fin sino tú, a propósito de quien ha sido dicho: «Tu justicia como los montes de Dios, tus juicios abismo grande» (Salmos 36:6)? Muchas lumbreras de la Mishnah querían llegar a la profundidad de la Halajá, para encontrar allí el tiempo de la venida de la redención, y bajaron allí pero no subieron. Aunque su lengua era «como martillo *que* quebranta la piedra» (Jeremías 23:29), su martillo era demasiado débil y no podía perforar esa roca. Cualquiera que perfore esa roca sin permiso, una serpiente vendrá a morderlo; otros lo llevarán hasta que llegue al gran abismo, pero no saldrá de allí. Y en el tiempo en el que el hoyo está abierto, el que cae allí no vuelve a subir. Y el Mesías hijo de David cayó allí junto con el Mesías hijo de José, uno de los cuales es «humilde y cabalgando sobre un asno» (Zacarías 9:9) y el otro es «hermoso como el primogénito de su toro» (Deuteronomio 33:17), que es el Mesías hijo de José. Éste es el significado de «Y si alguno abriere *alguna* cisterna, o cavare cisterna, y no la cubriere, y cayere allí buey o asno», (Éxodo 21:33). Por eso el Mesías es llamado «el que cayere» y ella cayó con ellos, y a propósito de ella dice: «La virgen de Israel ha caído; no volverá a resucitar» (Amós 5:2). Y tú eres «el dueño de la cisterna pagará el dinero, restituyendo a su dueño, y lo que fue muerto será suyo» (Éxodo 21:34). El muerto se refiere al Mesías, el hijo de José, que será asesinado.

(Falta el comienzo en el original) descendió por su bien. Porque seguramente había cuatro exilios, tres de los cuales corresponden a las tres cáscaras de la nuez. La primera es *Tohu*, sin forma y es una línea verde, es decir, la cáscara verde de la nuez. La segunda es Bohu, vacío, que son piedras viscosas, rocas fuertes, a

279a

propósito de las cuales las lumbreras de la Mishnah legislaron algunos decretos, y se aferran a ellas porque de ellas saldrá agua de la Torah. La tercera Klipah, cáscara es la gruesa cáscara de la nuez, que es el tercer exilio, que fue breve. Es oscuridad. El cuarto exilio es un gran abismo, que es el espacio que hay dentro de la nuez. Esto es «oscuridad sobre la superficie del abismo» (Génesis 1:2). Se llama un pozo donde ha caído un toro. Por esta razón está escrito a propósito de José, «hermoso como el primogénito de su toro» (Deuteronomio 33:17), de quien ha sido dicho: «y le tomaron, y le echaron en la cisterna; mas la cisterna *estaba* vacía, no *había* en ella agua» (Génesis 37:24), que es la mala mujer «mas la cisterna estaba vacía» es el hombre que está vacío, sin Torah, llamada agua. Pero hay serpientes y escorpiones en ella. Ese es el cuarto exilio, que está vacío, que es una generación de gente mala, llena de serpientes y escorpiones que son sinvergüenzas como serpientes y escorpiones, *Akrabim*, ya que desarraigan, *Akru* las palabras de los sabios y dictan sentencias falsas. A propósito de ellos ha sido dicho «Sus enemigos han sido hechos cabeza» (Lamentaciones 1:5).

«Y miró a todas partes, y viendo que no parecía *haber* nadie, mató al egipcio, y lo escondió en la arena» (Éxodo 2:12) de Israel entre los hombres malvados de esa generación, el *Erev Rav* (la multitud mezclada). Y esto ocurrirá al final del exilio. Y a causa de este final, la venida del exilio, abrirá todos los caminos hasta el gran abismo. Pastor Fiel, has bajado allí. *Tehom*, abismo, es *ha-Mavet*, la muerte, escrito al revés, y la muerte no es otra cosa que pobreza. Se ha aclarado Arriba por parte de los Tanaítas y los Amoraítas, y todos ellos descenderán al fondo para socorreros. Y te apoyas en la declaración de tu sabio más que todos ellos, ya que eres el Leviatán del mar de la Torah. Porque el señor de todos los peces se llama Leviatán, llamado así por la Torah de la que dice: «porque aumento de gracia serán a tu cabeza, y protección a tu cuello» (Proverbios 1:9). Por ti, «Oh Eterno, al hombre y al animal conservas» (Salmos 36:7). A propósito del hombre, ha sido dicho «cuando alguno muriere en la tienda», (Números 19:14), y las lumbreras de la Mishnah han declarado que la Torah es mantenida sólo por aquel que esté dispuesto a morir por ella, y la muerte no es otra cosa que la pobreza. «Bestias» se refiere a los ignorantes, que como caballos y mulas siguen de cerca a las lumbreras de la Mishnah.

Mientras tanto, he aquí que llegó la Lámpara Santa. El Pastor Fiel abrió la conversación y dijo: lumbreras de la Mishnah, ¿quién es el Leviatán? La Lámpara Santa le contestó, es aquel cuyo grado es la columna del centro y un hombre justo de quien se dice que consideramos su cuerpo y miembro del pacto como uno. Y él crece en ese mar, que es la madre de Arriba, que es un mar donde el Santo, bendito sea, está unificado en veinticinco y veinticinco letras cuyo valor numérico es el de *Iam*, mar, guematria cincuenta. El Pastor Fiel dijo, seguramente este Leviatán está en la playa y el mundo está sobre sus aletas, «Cuando pasare el torbellino, el malo no será; mas el justo, fundado para siempre» (Proverbios 10:25). La Lámpara Santa dijo: dichosa sea tu porción, Pastor Fiel.

(Falta el principio en el original) **Bat Kol**, eco, hija del sonido, **está en el exilio hasta que vienes por ella, ya que eres su sonido dado que cada mujer es hija de su marido, según ha sido escrito, «Mardoqueo la había tomado por hija suya»** (Ester 2:7). **Ella está prometida a ti mientras no hayas estado bajo la *Jupah*, el palio nupcial, con ella.** Se dice que «dio voces la moza desposada, y no hubo quien la salvara» (Deuteronomio 22:27). **Así también la Shekinah, la madre de Arriba, clama por sus hijos, pero no hay nadie para salvarlos y llevárselos hasta que la columna del centro, que es el salvador, venga por ella.** A propósito de **ella ha sido dicho** «he aquí, tu Rey vendrá a ti, Justo y Salvador» (Zacarías 9:9). **Él es el salvador Arriba y tú abajo. Y como tienes su forma se dice de ti: «Y tú estate aquí conmigo,** para que te diga todos los preceptos...» (Deuteronomio 5:31). **Todo Israel regresó a sus tiendas, pero vosotros no lo haréis hasta la redención final. ¿Quién causó eso? El *Erev Rav*** (la multitud mezclada), **a causa del cual «y arrojó las ta-

blas de sus manos, y las quebró al pie del monte...» (Éxodo 32:20). **Y entonces cayó y no fue redimida del *Erev Rav*** (la multitud mezclada), **de la cual ha sido dicho: «Y también subió con ellos grande multitud de diversa suerte de gentiles»** (Éxodo 12:38). **Sin embargo, no se separan de Israel y la esclava de su amante hasta la redención final. Tú eres el hijo del rey; siguiendo tu ejemplo hicimos deducciones** a propósito **de la columna central** (279b). **Tu gozo será como su gozo cuando venga a redimir a la Shekinah, «como un novio que sale de su tálamo»** (Salmos 19:5). **Porque sus vestidos en el exilio son oscuros, y cuando los lleva puestos dice: «No miréis en que soy morena...»** (Cantar de los cantares 1:6). **Son las *Klipot*, cortezas, el destructor, la ira y la rabia. Su malvada hembra es una sierva malvada. Es Shabtai,** Saturno **de quien dice, «la sierva cuando heredare a su señora»** (Proverbios 30:23), **que es la reina Shabat. Destrucción, ira y rabia rodean a los tres patriarcas. Además, la hija del rey solía ser *Iod* encima de *He Vav He* que están incluidos en los patriarcas, primero *He* en Abraham y después *He* en Isaac; *Vav* en Jacob. *Iod* estaba encima de ellos. Decía entonces: «Cayó la corona de nuestra cabeza»** (Lamentaciones 5:16). **Los sabios usaban la alegoría de un rey que tenía una corona en la cabeza y un hermoso árbol delante de él. Cuando se enteró de las malas noticias, se quitó la corona de la cabeza, la *Iod* en la parte superior de *Iod He Vav He*, *Iod* estaba en la parte superior, volvió a *He Vav He Iod*, y *Iod* está abajo. Por eso** el rey David dijo: «La piedra *que* desecharon los edificadores, ha venido a ser cabeza del ángulo. De parte del Eterno es esto, es maravilla en nuestros ojos» (Salmos 118:22-23).

Levántate, Pastor Fiel, toma en tu mano esta piedra, a propósito **de la cual ha sido dicho: «sobre *esta* única piedra *hay* siete ojos»** (Zacarías 3:9), **para romper las *Klipot*, cáscaras de la nuez. Para muchos pastores, los líderes de la generación fueron reunidos por esa piedra, que es tu roca, para sacar agua de ella, ya que tu novia es la fuente de Jojmah en este río que fluye con la Torah en infinitos secretos ocultos. Y ha sido dicho: «Mas ¿dónde se hallará la sabiduría? ¿Y dónde está el lugar de la prudencia?»**

(Job 28:12). **Y todo su poder es efectivo para sacar la *Klipah*, cáscara, que está afuera.** Cuando llegan a la segunda *Klipah*, cáscara, que es fuerte, les resulta difícil y la golpean toda la vida con sus lenguas que son tan fuertes como los martillos, pero no tienen permiso para sacar agua de ella, excepto por las gotas que salieron a través de ti, cuando dijiste a propósito de ella «e hirió la peña con su vara dos veces» (Números 20:11). **Al segundo golpe, estas gotas salieron.** Todo esto **son las alusiones de la sabiduría y de la Cábala, que están en Jaguigah y otras Mishnaiot** del Talmud. **Nadie puede sacar de esta piedra la sabiduría que está dentro de ella, que es infinita, excepto tú, de quien ha sido dicho «es una Halajah dada a Moisés en el Sinaí».**

El Pastor Fiel abrió y dijo: anciano, anciano, hay una roca y hay una roca; hay una piedra y hay una piedra. Hay una piedra del nombre de *Iod He Vav He*, que se eleva y se convierte en una corona. A propósito de ella ha sido dicho: «Mas la piedra que hirió a la imagen, fue hecha un gran monte, que llenó toda la tierra» (Daniel 2:35). **Y hay una piedra que es una piedra pintada** (Levítico 26:1), **donde no fluyen ni las aguas de Jojmah ni la palabra. Pero de la piedra que es la roca de Moisés ha sido dicho: «y hablad a la peña en ojos de ellos; y ella dará su agua»** (Números 20:8). **Es una *Bat Kol*, eco divino, y a ella únicamente se aplican el habla y la reconciliación. Pero** a propósito de **la esclava que es otra roca llamada Mishnah, que es la hembra del muchacho siervo, ha sido dicho: «El siervo no *se* castigará con palabras**; porque entiende, mas no hace caso» (Proverbios 29:19), **sino que es herido y varios decretos son quebrantados de él y son recogidos, los cuales son llamados *Likutot*, compilaciones. Se llaman *Likutot*, compilaciones porque se recogen sin efusión de sabiduría y cábala. Pero mi roca es la hija del rey a propósito de la cual ha sido dicho: «y hablad a la peña en ojos de ellos; y ella dará su agua»** (Números 20:8), **o sea con palabras y reconciliación como corresponde a la hija de un rey. Pero como la golpeé, me enamoré de ella y nos sentenciaron a muerte. Porque el que rechaza a la Ma-**

tronita es castigado con la muerte, y más aún con el que golpea a la hija del Rey. Por eso fui castigado a no entrar en la tierra de Israel, sino que estoy enterrado en una tierra extraña y ella está enojada conmigo. Y dice: «descendió a él con un palo» (2 Samuel 23:21). Ésta es una de mis tribus, porque descenderé allí para estar con Israel en el exilio. Todo es aludido y explicado en otro lugar por los sabios de la Mishnah.

(Falta el principio en el original)
...ya que el Templo y el nombre del Mesías son nombrados con el nombre de *Iod He Vav He*, las cuatro caras del hombre que pertenecen a la tribu de Leví, desde que salieron de las criaturas vivientes del resto de las tribus y entraron en la porción del rostro del hombre, al ser sus cuatro rostros. Y Moisés es el hombre de la semejanza de Adán de Arriba. «¿Quién subió al cielo, y descendió? ¿Quién encerró los vientos en sus puños? ¿Quién ató las aguas en un paño? ¿Quién afirmó todos los términos de la tierra? ¿Cuál es su nombre, y el nombre de su hijo, si sabes?» (Proverbios 30:4). Por esta razón, los sacerdotes y los levitas son alimentados por el rey y comen en su mesa, y al resto de los ejércitos del rey cada uno les da comida en su morada. El Pastor Fiel es como el hijo del rey, que está más cerca del rey que los que comen en su mesa, porque nadie está más cerca del rey entre todo su pueblo que su hijo.

La Lámpara Santa se levantó y le dijo al orador, anciano, anciano, a través de tus palabras podemos reconocer quién eres. Tú eres Adam haRishon, el primer hombre; se habló de ti «cuál es su nombre», «y cuál es el nombre de su hijo» se refiere al Pastor Fiel. Y debido a que formulaste *Jiddushim*, nuevas interpretaciones de la Torah, os alegráis ya que «El hijo sabio alegra al padre» (Proverbios 10:1).

Pastor fiel, en esta *parashah* se recuerda tu reunión en ese mundo, como está escrito (280a): «Sube a este monte *Abarim*, y verás la tierra que he dado a los hijos de Israel. Y después de que la hayas visto, tú también serás reunido con tus pueblos, como fue reunido tu hermano Aarón» (Números 27:12-13). **Y en esta parashah os corresponde volver al mundo y vivir y entrar en la tierra de Israel y uniros a vuestra novia,** a propósito **de quien ha sido dicho: «he aquí yo establezco mi pacto de paz con él»** (Números 25:12), **el cual le fue dado. Por esta razón el Santo, bendito sea, no le dijo: «desciende», sino «sube» porque desde allí entrarás en la tierra de Israel. Y en cuanto a lo que se ha dicho** a propósito de ti, «Y lo enterró en el valle, en tierra de Moab, enfrente de Bet-peor; **y ninguno sabe su sepulcro hasta hoy»** (Deuteronomio 34:6), **¡ay de aquellos de corazón cerrado y ojos cerrados que no conocen tu tumba y que buscaron misericordia ante el Santo, bendito sea, para no ser llevados a un entierro en el que fueran considerados muertos! Éste es el significado de «mi siervo Moisés ha muerto»** (Josué 1:2). **Y estos ignorantes solían decir que Moisés tenía miedo de la muerte como los demás** hombres, **de dejar este mundo** para ir **al siguiente. ¡Y ni siquiera saben cómo tuvo lugar tu entierro y tu muerte!**

Porque así explicaron las lumbreras de la Mishnah, que los que mueren fuera de la tierra de Israel no están viviendo. No dicen que no vivirán, porque si hubieran dicho esto negarían la resurrección de los muertos. Pero hay un gran secreto aquí, porque su entierro, el de Moisés, **fue en una forma que no le convenía, es decir, «en tierra de sequedad y transida sin aguas»** (Salmos 63:2), **y el agua no es otra cosa que la Torah, que significa que la maldad es un lugar donde «No** *hay* **parecer en él, ni hermosura.** Le veremos, mas sin atractivo para que le deseemos» (Isaías 53:2). **Y cualquiera que lo viera en esa forma, «le veremos, mas sin atractivo para que le deseemos». De ahí la profecía de Isaías «He aquí, que mi siervo será prosperado**, será engrandecido, y ensalzado, y será muy sublimado».

Y debido a este entierro, él buscó Misericordia para no morir allí, fuera de la tierra de Israel porque estaba «en tierra de sequedad y transida sin aguas» (Salmos 63:2), **que es la Torah. Así ha sido dicho: «Sube a este monte** *Abarim*...» (Números 27:12-13). **Desde su humildad le mostró su altivez, es decir, aunque estás**

enterrado en un lugar que no te conviene, sin tus vestiduras, que son piel y carne, moviéndote y desplazándote de tu lugar, vagando y exiliado, y sin embargo Pinjas, con quien hiciste misericordia, dice de ti: «He aquí yo establezco mi pacto de paz con él» (Números 25:12), **será benevolente contigo, y en su porción resucitarás. En ella está tu novia y allí te reunirás con ella como un novio se une a su novia.**

Porque si no hubieras sido enterrado fuera de Tierra Santa, fuera de tu novia, Israel no habría salido del exilio. A propósito de **ti ha sido dicho: «Mas él herido** *fue* **por nuestras rebeliones, molido por nuestros pecados»** (Isaías 53:5), **no siendo sagrado por la iniquidad y la transgresión de Israel, como dice de ti: «Y lo enterró en el valle**, en tierra de Moab...» (Deuteronomio 34:6). **Y de tu sepultura: «Todo valle sea alzado,** y todo monte y collado bájese; y lo torcido se enderece; y lo áspero se allane» (Isaías 40:4), **es decir, todo lo que es humilde será ensalzado gracias a ti,** o sea Israel, **el cual es más humilde y más bajo que cualquier nación y lengua, «y todo monte y collado bájese» son los malvados y los insolentes.**

Éste es el significado de «y *Jaburto***, por su llaga hubo cura para nosotros»** (Isaías 53:5), **es decir, con el** *Jibur***,** la conexión, **que hizo con nosotros en el exilio «hubo cura». Porque sois como el Sol que brilla, pues aunque el Sol se pone por la noche, brilla sobre la Luna y sobre todas las estrellas y constelaciones. Así que, ¿brillas sobre todos los sabios de todo tipo de Halajah y Cábala que son regados en secreto de ti como un manantial que riega los árboles debajo de sus raíces sin saberlo hasta que su agua se rompe al aire libre? Esto es lo que se quiere decir con «Rebosan por de fuera tus fuentes»** (Proverbios 5:16).

Porque vosotros también sois como el Sol que viaja durante el invierno bajo los arroyos. En el tiempo de la redención, serás como el Sol que viaja durante el verano sobre los manantiales, frescos pero con Misericordia. Porque cuando estás debajo de ellos están calientes con el Juicio. El Pastor Fiel se acercó y bendijo a la Lámpara Santa, diciendo: «ya el Sol se había puesto»

(Génesis 28:11), «el Sol se apagó» cuando se oscureció su luz. Que el Nombre brille sobre ti.

La Lámpara Santa también decía «si tuviereis profeta del Eterno» (Números 12:6). Por eso, cuando te fue revelada la madre de Arriba dijiste: «Iré *yo* ahora, y veré esta grande visión, por qué causa el zarzal no se quema» (Éxodo 3:3). Porque como es Misericordia, a propósito de ella ha sido dicho: «el zarzal no se quema», dado que el fuego es Rigor.

Hay cinco luces, Sefirot, denominadas rayos de Sol hasta Hod. Y desde allí hasta Hod solían brillar sobre ti, Pastor Fiel. Esto dio Hod, esplendor a Moisés, para que se sepa que todos te dieron a ti, ya que incluso Hod te fue dado. Ésta es la razón por la cual el rostro de Moisés es como el rostro del Sol. Y estas cinco equivalen a las cincuenta puertas de Binah.

Y estas cinco que mencionamos, que son las cinco veces que se menciona la palabra «luz» en el primer día de la creación y corresponden a los cinco dedos de la mano derecha, se le aparecieron en la zarza, ya que estaba destinado a sacar a los descendientes de Abraham del exilio, que es el grado de la derecha. Allí Binah es Misericordia completa de la gran mano. Pero desde el punto de vista de Guevurah la mano fuerte, de cinco veces que se menciona el firmamento en el segundo día y que corresponden a los cinco dedos de la mano izquierda. Pero de tu grado «pero los hijos de Israel ya habían salido con gran poder» (Éxodo 14:8) el cuerpo, los dos brazos y las dos piernas, que corresponden a los cinco dedos de la mano. Cinco, cinco, cinco. Cinco, es decir, cinco dedos de la mano derecha, cinco dedos de la mano izquierda y los dos brazos, (280b) dos piernas y el cuerpo, que son cinco: equivalen a *Iod He*, quince. El Pastor Fiel le dijo: bendita seas, madre de Arriba. Pero estos *Iod He* forman para mí la última *He* para la vara de Elohim, que es *Vav*. Dijo, seguramente lo es.

Le dijo a la Lámpara Santa, vengo a apoyar tus palabras ya que como una visión está a la derecha, si calculas la guematria de *BeMeareh*, en una visión, a propósito de la cual ha sido dicho «le apareceré en visión, en sueños hablaré con él» (Números 12:6),

280b

obtendrás doscientos cuarenta y ocho, que es la guematria de la palabra **Abraham**. La Lámpara Santa le dijo, al principio se apareció en la visión de la cual dice: «le apareceré en visión». Luego ha sido dicho «Me apartaré ahora y contemplaré esta gran visión (Éxodo 3:3)», «Iré por qué causa el zarzal no se quema» (Éxodo 3:3) donde la zarza es mencionada cinco veces. Ahora esta visión se te revela de nuevo con los doscientos cuarenta y ocho preceptos positivos en los cinco libros de la Torah. El Pastor Fiel se levantó, lo besó y lo bendijo.

Le dijo, Lámpara Santa, esta visión a veces va precedida por la letra *He*, *haMareh*, la visión y a veces por la letra *Bet*, *beMareh*, en una visión; a veces por la letra *Mem*, *miMareh* como en «a cual se veía (*miMareh*) desde sus lomos para arriba» (Ezequiel 1:27), a veces con la letra *Kaf*, *keMareh*, como en «una Y el parecer de la gloria de «semejanza que parecía de hombre sentado sobre él» (Ezequiel 1:26); a veces por la letra *Vav* «Y el parecer (*veMareh*) de la gloria del Eterno» (Éxodo 24:17), y la letra *Lamed*, «después de la vista». Sin embargo, no necesitaba una letra adicional, excepto la letra *Bet* de *beMareh*. Pero seguramente este espejo comprende diez Sefirot, y cada letra indica su Sefirah, a saber, *keMareh* con *Kaf* indica Keter, pues es su letra inicial, y así sucesivamente; el resto de las letras muestra cada una su propia Sefirah. Y no hay necesidad de hablar aquí largo y tendido; una alusión es suficiente para los sabios.

Cuántas apariciones tiene, cuántas imágenes y visiones, todas conocidas a través del ojo del intelecto del corazón, a propósito del que se dice «un corazón sabio» y «un corazón comprensivo», así como las palabras «y yo aumenté las visiones, y por mano de los profetas puse semejanzas» (Oseas 12:11). Las imágenes son sólo por medio del intelecto del corazón, y son diferentes de las imágenes que proporciona el ojo. Éste es el significado de «¿Y a qué, me haréis semejante, para que me comparéis? (Isaías 40:25), y «¿A qué, pues, haréis semejante a Dios, o qué imagen le compondréis?» (Isaías 40:18). Hay visiones como las de los que observan las estrellas. Pero una aparición profética es como una aparición nocturna. Las imágenes y las apariciones son como deducir una cosa a partir de otra; comparando una cosa con otra, pero una visión que está en el ojo de la mente es como una luz que brilla en la pupila del ojo ya que la pupila es negra, según ha sido escrito «**Morena soy**, oh hijas de Jerusalén, mas codiciable» (Cantar de los cantares 1:5), «**mas codiciable**» con la luz blanca que brilla en el ojo. Esta pupila de los ojos se llama «porque **el precepto es candela**, y la Torah luz» (Proverbios 6:23), **y la luz que resplandece dentro de ella desde el interior es «y la Torah luz»** (Proverbios 6:23).

La Lámpara Santa dijo, eso es lo que dije, que ahora el Santo, bendito sea y su Shekinah os fueron revelados por medio de la Torah. O sea: «le apareceré en visión» (Números 12:6). **La visión es la madre de Arriba. «Hazme conocer» a través del Daat,** conocimiento, **el cual es el hijo de *Iod He*, es decir, *He Vav He*. «Le apareceré en visión, en sueños hablaré con él»** (Números 12:6), **se refiere a la última *He*.** El sueño es con los ojos cerrados, por lo que se le llama el espejo que no brilla. La profecía es una visión con los ojos abiertos, ya que los tres colores de los ojos corresponden a los tres patriarcas en los que brilla la única hija, la pupila. Los dos lados de los ojos son Netzaj y Hod, y la visión de la profecía se ve sólo a través de ellos. Cuando están abiertos es una visión despierta y cuando están cerrados es una visión en un sueño.

El Pastor Fiel le dijo: bendito sea el Santo, bendito sea. Levántate y completa los preceptos para que la visión de Arriba brille con ellos hacia el Santo, bendito sea Él. El Lampara Santa le dijo: *Iod* es la pupila del ojo, a propósito de la cual ha sido dicho: «**porque el precepto es candela**, y la Torah luz» (Proverbios 6:23), **pues el precepto es una lámpara que se refiere a Maljut, y la luz *He Vav* que brilla sobre él. Cinco, que son los tres colores en el ojo y los dos lados del ojo. Y cinco «luz» brillan desde adentro,** la letra *He* de Arriba, que es la luz de la visión.

«**Cuarenta *veces* lo hará herir, no más;** no sea que, si lo hiriere con muchos azotes a más de éstos, se envilezca tu hermano delante de tus ojos» (Deuteronomio 25:3). **Este precepto es golpear al malvado, que es Samael, a quien el Santo, bendito sea, le dará cin-

280b

cuenta azotes por erigirse en una deidad. **Que la unificación que Israel medita dos veces al día** (en el *Shemá*) **en las veinticinco más veinticinco letras, venga y golpee a aquel que se erija en una deidad, y que no sea más que un sucio sirviente. Y en cuanto a los que pecaron, el Santo, bendito sea, decretó golpearlos con** *Iod Vav Dalet, He Alef, Vav Alef Vav*, **guematria cuarenta menos uno. Con este nombre el Santo, bendito sea, dio diez azotes a Adán, diez a Eva, diez a la serpiente y nueve a la tierra, que suman treinta y nueve azotes, pues todos pecaron contra la letra** *He*. **Así pues, «por cuanto esto hiciste»** (Génesis 2:14).

«**Cuando hermanos estuvieren juntos, y muriere alguno de ellos, y no tuviere hijo,** la mujer del muerto no se casará fuera con hombre extraño; **su cuñado entrará a ella, y la tomará por su mujer**, y hará con ella parentesco» (Deuteronomio 25:5). **Este precepto consiste en casarse con la viuda de un hermano, ya que la viuda de un hermano es** *Dalet* **y junto con** *Alef Jet* **es** *Ejad*, **uno. Y si, Dios no lo quiera, no desea de todo corazón llevar a** *Alef Jet* **a** *Dalet*, **la esposa y compañera del hermano, crea una separación y trae a Samael, otro** *El*, **en medio.** A propósito de **él ha sido dicho «sucedía que cuando entraba a la mujer de su hermano corrompía en tierra…»** (Génesis 38:9). **Entonces la punta de la letra** *Dalet* **de** *Ejad* **se va y se convierte.** La letra *Dalet* se convierte en *Resh* y en vez de *Ejad* tenemos a *Ajer*, «otro», en alusión a Samael, otro *El*. **Por esta razón, «sucedía que cuando entraba a la mujer de su hermano corrompía en tierra, por no dar simiente a su hermano»** (Génesis 38:9). **Derramar la semilla en vano retiene muchas bendiciones de uno, y** conduce de la unión a la separación. Por esta razón «**Y Er, el primogénito de Judá, fue malo a los ojos del Eterno, y lo mató el Eterno**» (Génesis 38:7). *Er*, leído al revés, es *Ra*, «mal».

Unir a *Alef Jet* con *Dalet* se hace por medio del Tzadik, **justo, y Boaz, ya que superó su** Mala Inclinación **para poder consumar un matrimonio por la realización de un precepto, se considera un justo. Por esta razón es Booz, el cual se deletrea como** *Bo Az*, **la fuerza en él**, **es decir, tiene una fuerte Inclinación**. «**He aquí, todas estas cosas hace Dios dos y tres veces con el hombre**» (Job 33:29).

Éste es *Iod He Vav* (281a) que incluye tres letras del Justo, para cumplir la ley del levirato con la última *He*.

A propósito **de Binah, hijo de *Iod He*,** ha sido dicho: «Había ya de largo tiempo esta costumbre en Israel en la redención o contrato, que para la confirmación de cualquier negocio, el uno se quitaba el zapato y lo daba a su compañero»; y éste era el testimonio en Israel» (Rut 4:7). **Esto alude al cambio de nombre, que es** *Mem Tzadi Pe Tzadi*. *Ehieh* **es el lugar de su gloria para adorarlo.** *Iod He Vav* **es *Ehieh*, que es un cambio de lugar. Un cambio en la acción: en Adonai, *Alef* es *Ehieh*, *Iod* es *Iod He Vav He*, y ambos mutan en Adonai.**

«Y éste era el testimonio en Israel» (Rut 4:7). **El testimonio es la madre de Arriba: «Ata el testimonio, sella la Torah entre mis discípulos»** (Isaías 8:16), pues **es el sello del mundo, es decir, el sello del cielo y de la tierra. El intercambio se refiere a la Shekinah de abajo. ¿Dónde se escondió? En su muchacho, Metatrón, y él la cambió. Allí es la Mishnah. Y del hombre,** a propósito de **quien dice: «a semejanza de hombre hermoso, para que esté sentado en casa»** (Isaías 44:13) **y «demudarás su rostro, y lo enviarás»** (Job 14:20). **Ésta es la razón por la cual los señores de la Mishnah han explicado que «la forma en que se me deletrea no es la forma en que se me pronuncia en este mundo; sino que se deletrea *Iod He Vav He* y se pronuncia Adonai»** (*Véase* Talmud, tratado de *Sanhedrín* 90a). **Sin embargo, está escrito: «Porque yo, el Eterno no me he mudado...»** (Malaquías 3:6). **No cambia de ortografía, sino de pronunciación, ya que no cambia en su lugar, sino en la lectura, y cuando está fuera de su lugar, cambia. «Guárdate delante de él, y oye su voz; no le seas rebelde**; porque él no perdonará vuestra rebelión; **porque mi Nombre** está **en él»** (Éxodo 23:21), **porque el nombre de su sierva es Adonai, como el nombre de la Matronita. Y el Santo, bendito sea, es cambiado en él porque es un muchacho. En él está el misterio de «y volverá a los días de su juventud»** (Job 33:25). **Pero cuando está con el Santo, bendito sea, la Shekinah no cambia, ni el Santo, bendito sea, cambia cuando**

281a

está con ella. Éste es el significado de «Porque yo, el Eterno no me he mudado...» (Malaquías 3:6). »Yo» se refiere a **la Shekinah;** el Eterno es la columna del centro. «El uno se quitaba el zapato» (Rut 4:7), **se refiere a Sandalfon, que es** como **una sandalia del Santo, bendito sea, y un zapato de la Shekinah. Pero Tiferet que incluye seis Sefirot es un cuerpo con el nombre** *Iod He Vav He*, **y Maljut es un cuerpo con el nombre** *Iod He Vav He.*

«Se acercará entonces su cuñada a él delante de los ancianos, y le descalzará el zapato de su pie, y le escupirá en el rostro, y hablará y dirá: así será hecho al varón que no edificare la casa de su hermano» (Deuteronomio 25:9). **Descalzar es un precepto. La** *Jalitzah,* ceremonia del levirato donde se descalza un zapato **es la separación del espíritu de ese cuerpo al cual necesita conectarse como hermano y lo libera de la atadura del hermano. Ese espíritu de** entre **los muertos que está separado de su hermano se va y deambula hasta que es redimido. Esto es lo que se quiere decir con que «o su tío, o el hijo de su tío lo rescatará, o el cercano de su carne,** de su linaje, lo rescatará; o si sus medios alcanzaren, él *mismo* se redimirá» (Levítico 25:49). **Pero si no lo encuentra, «si sus medios alcanzaren» el muerto es como un huésped que va de lugar en lugar o como un siervo que camina con una cadena alrededor de su cuello hasta que logra la redención de sus iniquidades** por parte **de su maestro. ¡Ay del que no haya dejado un hijo que lo redima!**

Elías y los sabios directores de las Ieshivot: aquí se enseña que un preso no puede salir solo **de la cárcel** (*Véase* Talmud, tratado de *Berajoth* 5b). **Porque cuando no tiene un hijo está atado por el nudo de los Tefilín de la mano y por los Tefilín de la cabeza que lo redimirán a través del lado del hijo de** *Iod He.* **El Santo, bendito sea, es** como **un hermano atado y atado por ese nudo, que no tiene permiso para redimirse, siendo** la letra *Dalet,* **que es la** *Atzmo,* esencia, **de** *Alef* **y** *Jet, Etzem meEtzami,* **hueso de mis huesos** (Génesis 2:23) **en el cráneo donde se ponen los Tefilín de la cabeza Tefilín y lo llamó «carne de mi carne»** (Génesis 2:23) **desde el lado del corazón.**

No en vano el Santo, bendito sea, dijo que «quienquiera que se ocupe de la Torah y de la caridad y rece con la congregación, lo considero como si me hubiera redimido a mí y a mis hijos de entre las naciones del mundo» (*Véase* Talmud, tratado de *Berajoth* 8a). Sin embargo, hay **mucha gente ocupada en la Torah y en la caridad y reza con la congregación, y el Santo, bendito sea y su Shekinah no son redimidos. Hay que estudiar la Torah para unir a la Shekinah con el Santo, bendito sea** y no por otros intereses. En cuanto a la caridad, hemos explicado que un Jasid es un hombre que actúa con Hessed, bondad, **con su Hacedor, lo que significa que todos los preceptos que cumple son para redimir a la Shekinah de su exilio,** y no por otros intereses. **Por eso actúa con piedad para con el Santo, bendito sea.**

Quienquiera que sea *Guemilut Hessed*, **caritativo con la Shekinah lo es con el Santo, bendito sea, ya que cuando Israel pecó y el Santo, bendito sea, quiso afligirlos, la madre reposaba encima de ellos. Esto fue así hasta que cayeron en malos caminos. El Santo, bendito sea entonces, exilió a los hijos del Rey junto con la Matronita y juró que no regresaría a su lugar hasta que la Matronita regresara al suyo. Así que un hombre que es** *Guemilut Hessed*, caritativo **con la Shekinah y se arrepiente, y en toda Su Torah y preceptos** se ocupa únicamente de la redención de la Shekinah, **actúa con piedad hacia su creador y es como si los hubiera redimido a Él, a su Shekinah y a sus hijos.**

Dijeron Elías y todos los directores de las Ieshivot, Pastor Fiel, tú eres ese hombre, tú eres el hijo del rey y de la reina, cuyo culto al Santo, bienaventurado sea, no es el de uno que es piadoso con su creador, sino el de un hijo que está obligado a ceñirse a sí mismo y a su fuerza para redimir a su padre y a su madre y arriesgar su vida por ellos. Porque todo aquel que no es hijo del rey, pero actúa con bondad para con el rey y la Matronita, es considerado así, ya que actúa con bondad con su creador. El Pastor Fiel se levantó y se postró ante el Santo, bendito sea. Lloró y dijo, que le plazca mirarme como a un hijo, que mis acciones hacia el Santo, bendito sea y su Shekinah sean consideradas por ellos como las de un hijo que se esfuerza por hacerlas por su padre y su madre, a quienes ama más de lo que se ama a sí mismo, a su propio *Nefesh, Ruaj* y *Neshamah,* los tres niveles del alma. Todo lo que tiene no lo considera nada (281b) que tenga que ver con los deseos de su padre y de su madre y lo redime a través de ellos. Y aunque sabe que todo es su dominio, el Misericordioso desea el corazón del hombre. En aquel tiempo el Santo, bendito sea, vino a él, lo besó y le dijo: Pastor Fiel, tú eres en verdad mi hijo y el hijo de la Shekinah. Sabios y ángeles, besad al hijo. Todos se levantaron y lo besaron y lo aceptaron como rabino y rey sobre ellos.

«Será, *pues,* cuando el Eterno tu Dios te hubiere dado reposo de tus enemigos alrededor, en la tierra que el Eterno tu Dios te da por heredar para que la poseas, *que* raerás la memoria de Amalek de debajo del cielo; no te olvides» (Deuteronomio 25:19). Porque el Santo, bendito sea, ha jurado no volver a su trono antes de vengarse de él. El Pastor Fiel abrió el versículo y dijo: seguramente por eso estaban viajando en el desierto y junto al mar, y no entraron en la tierra de Israel hasta que él se vengara de Amalek.

¿Quién es Amalek, Arriba? Vemos que las almas de Bilam y Balak proceden de allí y por eso tenían más enemistad hacia Israel que hacia cualquier nación o lengua. Por esto está marcado en sus nombres, *Am* en Bilam y *Lek* en Balak. Los amalecitas son macho y hembra y a propósito de ellos ha sido dicho: «No ha mirado iniquidad en Jacob, ni ha visto rebelión en Israel» (Números 23:21). Israel tiene cuatro rostros, Jacob, Israel, Raquel y Leah; Israel y Leah y Jacob con Raquel corresponden a «Y la figura de sus rostros *era* rostros de hombre; y rostros de león a la parte derecha en los cuatro; y a la izquierda rostros de buey en los cuatro; asimismo había en los cuatro rostros de águila» (Ezequiel 1:10). De manera similar hay cuatro rostros de Amalek, que son adivinación, encantamiento, iniquidad y perversidad. Las letras *Alef Mem* de *Amal,* iniquidad, están presentes en Amalek y en Amán, que era descendiente de Amalek: «Su *Amal,* iniquidad, se volverá sobre su cabeza, y su agravio caerá sobre su propia coronilla» (Salmos 7:16). Y todos los jefes de Esaú vinieron de Amalek. Amalek,

Arriba, es Samael quien tiene cuatro de sus rostros que son iniquidad, encanto, perversidad y engaño. Tientan al hombre para que peque contra el Santo, bendito sea. *Kesem*, adivinación es la letra *Kof* de Amalek, el *Sam*, veneno de Samael, el encantamiento es el dios de Samael (falta texto en el original).

A Abraham le fue dicho: «Vete de tu tierra y de tu naturaleza, y de la casa de tu padre, a la tierra que *yo* te mostraré» (Génesis 12:1), es decir, de tu nacimiento, de las casas de la Luna, de Saturno, o de Marte, pues se dice de Marte, de Saturno y de la Luna que no hay que comenzar las cosas los lunes y miércoles, porque Marte tiene en sí mismo el enrojecimiento del Sol, en alusión al *Gehenom*, infierno, la madre de Esaú, que nació en el segundo día. La Luna es buena y mala, buena cuando está llena y mala cuando decrece.

Y ya que comprende el bien y el mal, Israel calcula de acuerdo a ella y los hijos de Ismael calculan de acuerdo a ella. Cuando hay eclipse de Luna llena es una mala señal para Israel, y cuando hay eclipse en Luna menguante es una mala señal para los ismaelitas. A propósito de ella, «por tanto, he aquí que yo volveré a hacer *obra* admirable *entre* este pueblo con *un* milagro espantoso; porque la sabiduría de sus sabios se perderá, y la prudencia de sus prudentes se desvanecerá» (Isaías 29:14), es decir, la sabiduría de los ismaelitas, «y la prudencia de sus prudentes se desvanecerá» porque no saben de la creación sino de sus costumbres, según los cambios en el mundo y sus cálculos. La Luna fue creada en el cuarto día y cuando está menguando, cuando hay pobreza, fue creada Lilit, que es Saturno, que es el hambre y la sed y el eclipse de las luminarias. Ha sido dicho a propósito de ella: «Sean luminarias en el extendimiento de los cielos para apartar el día y la noche; y sean por señales, y por tiempos *determinados*, y por días y años» (Génesis 1:14) escrito sin la letra *Vav*, y «La maldición del Eterno está en la casa del impío» (Proverbios 3:33), «mas el pecador quedará preso en ella» (Eclesiastés 7:26) y el Tzadik, justos «escapará de ella».

Hay otra estrella, que es un pequeño punto que se encuentra sobre la Luna, que es una luminaria. Éste es el punto Jolam, la

281b

hija de un rey, la reina Shabat. Y su dominio es en el séptimo día, del cual ha sido dicho: «… ni tu buey, ni tu asno, ni ningún animal tuyo, ni tu peregrino que *está* dentro de tus puertas; **para que descanse tu siervo y tu sierva como tú**» (Deuteronomio 5:14). **Porque el orden de su creación no es como el orden del cálculo. Por esta razón el Sol y Marte, que son rojos y del** *Gehenom*, infierno, **fueron creados en el segundo día y la Luna y Saturno fueron creados en el cuarto día,** con hambre y oscuridad. **Por esta razón no empezamos el lunes o el miércoles, ya que** *Gehenom*, infierno, **fue creado en el segundo día y el eclipse de las luminarias en el cuarto día. A propósito de la estrella ha sido dicho: «De Jacob saldrá una estrella»** (Números 24:17). **Su grado está en el tercer día y a propósito de él ha sido dicho: «Y aconteció al tercer día cuando vino la mañana»** (Éxodo 19:16), **en el cual el Santo, bendito sea, descendió para dar la Torah a Israel, su hija única, para que estuviera con él como la reina Shabat. Porque el tercer día incluye las tres ramas de los patriarcas y la única hija, cuyo dominio es en la víspera del Shabat, se convierte en Shabat en él. Ésta es la razón por la cual las lumbreras de la Mishnah están en desacuerdo con respecto a la entrega de la Torah, que es la hija única. Uno dijo que la Torah fue dada en el tercer día y otro dijo que fue dada en el séptimo día, ya que ella es hija única apegada a la columna del centro, el tercero de los patriarcas, está apegado a los Justos, y la única hija es la séptima para él. Y cuando ella es una corona sobre su cabeza, es considerada la séptima con respecto a él, ya que él es el sexto, y su planeta es Tzadek,** Júpiter. **Y la única hija, la Reina Shabat, es llamada Tzedek,** justicia **y por lo tanto la Torah está ligada entre el tercero y el séptimo. Y ella es** *Kaf Vav* **de** *Kokav*, estrella. *Kaf Vav*, guematria veintiséis, como el Tetragrama, **«Porque Sol y escudo nos es el Eterno»** (Salmos 84:11). La Shekinah es Maljut de la santidad *Beja, Beth Kaf*, **«Por ti» bendecirá Israel»** (Génesis 48:20). **Y ella es el secreto del** *Kaf Beth*, guematría veintidós como **las letras de la Torah. Una estrella incluye tres grados.** *Kaf* **es Keter,** *Beth* **es Binah, la cual es** el Tetragrama, **incluye ambos, y es Jojmah. La estrella incluye todo, el grado de la columna del centro, que es la Shekinah. Ella es Levanah, la Luna es decir, Libún, clarificación de la Halajah, que es la Misericordia desde el lado de Hessed. Ella también es llamada el Sol, clara como el Sol, desde el lado de Guevurah, siendo el rostro de Moisés como el rostro del Sol. Una Luna menguante es una Luna oscura, sierva de Maljut que es *Gehenom*, infierno y un Sol malvado. Su sierva es Saturno, que es el eclipse de las luminarias y la profanación del Shabat. Ella es una sierva que le da la espalda a su amante todos los días (282a) y la vence a causa de las iniquidades de Israel, sus hijos. Éste es el significado de «por la sierva cuando heredare a su señora» (Proverbios 30:23). La sierva gobierna principalmente en el segundo día, en el que se creó *Gehenom*, infierno, y en el cuarto día en el que las luminarias se volvieron defectuosas. De ellos venía a gobernar todos los días. Y la hija del Rey está atada con cuerdas. O sea, se encuentra en la cárcel en su exilio. Ella es un nido de Samael entre las estrellas y el Santo, bendito sea, jura, «Si te encaramares como águila, y si entre las estrellas pusieres tu nido, de ahí te derribaré, dijo el Eterno» (Abdías 1:4). Y la Shekinah es Nogah, Venus: «del fuego salían relámpagos» (Ezequiel 1:13). De ahí que a la sinagoga se le llame «fuego brillante». El fuego de Maadim, Marte deriva de *Odem*, rojez: «El orden: un rubí (*Odem*), una esmeralda, y una crisólita, *será* el primer orden» (Éxodo 28:17). Nogah, Venus es un fuego blanco, y ambos son la cara del Sol, la cara de la Luna. Netzaj y Hod reciben la blancura de Hessed y la rojez de Guevura; Aarón y David vinieron de allí; uno recibió la Misericordia y el otro el juicio. David venía de la izquierda: «el cual *era* rojo» (1 Samuel 16:12). Aarón es un hombre de Hessed, y los dos verdaderos profetas son de ellos. El rostro de Moisés solía brillar con la profecía de Binah, que es el Sol de Arriba, de donde vino su profecía.

En ellos, Esaú el malvado, el siervo, es llamado Edom, y su hembra es llamada Maadim, Marte, que es derramamiento de sangre en Israel. Ella hizo que se cumpliera en la Reina, «me puso asolada, *y* que siempre tenga dolor» (Lamentaciones 1:13). Hod se

282a

convirtió en *Davah*, sufrir, las mismas letras invertidas ya que corresponden a Netzaj y Hod, Jachin y Boaz sobre los cuales se apoya la casa, ya que una sinagoga, lleva el nombre de ellos «un fuego brillante», como dijimos. Y una sierva malvada es el entierro, y en él está encarcelado su amante Saturno, que es frío y seco, enterrado en el polvo, y es la muerte de la pobreza en la Torah, por lo que se ha dicho que un hombre pobre es considerado como muerto (*Véase* Talmud, tratado de *Nedarim* 64b). **Ella es la tumba del pobre, que está cubierta de siete tipos de historias. Porque ella incluye siete planetas, como la reina Shabat incluye siete. Y los siete planetas del aspecto de la señora son los siete años de abundancia y los del aspecto de la sierva son los siete años de hambre,** de los cuales el profeta dijo: «He aquí vienen días, dijo el Eterno Dios, en los cuales enviaré hambre a la tierra, **no hambre de pan, ni sed de agua, sino de oír *la* palabra del Eterno»** (Amós 8:11).

Su hembra es un jardín. La sierva es basura sucia del lado el *Erev Rav* (la multitud mezclada). **Los desechos se mezclan en el jardín para cultivar semillas del aspecto del Árbol del conocimiento del Bien y del Mal. Desde el punto de vista de la idolatría se llama Saturno, Lilit, basura sucia, porque es un excremento mezclado con diferentes tipos de suciedad y alimañas, a las que se arrojan perros muertos. Los hijos de Esaú e Ismael están enterrados en ella. Es una tumba para la idolatría, donde los incircuncisos son enterrados, pues son perros muertos, alimañas, mal olor y suciedad, y se ensuciaron a través de ella, que es la adhesión al** el *Erev Rav* (la multitud mezclada) **que se mezcla en Israel, y que está unido a los huesos y a la carne que son los hijos de Esaú e Ismael, que son hueso muerto y carne impura, carne desgarrada por las bestias en el campo,** a propósito **de la cual ha sido dicho: «a los perros los echaréis»** (Éxodo 22:30).

Así como hay doce constelaciones del lado bueno, también hay doce constelaciones del lado malo. Esto es lo que se quiere decir con «doce príncipes por sus familias» (Génesis 25:16), **ya que «Dios ha hecho lo uno y lo otro»** (Eclesiastés 7:14). **Y los mal-**

vados son los hijos de los padres de la impureza, siendo hechos impuros por los muertos y por las alimañas, quienes causan que uno sea inmundo por su espacio, su interior, su espalda, y aun por sus partes más íntimas, por las cuales el sacerdote se vuelve inmundo. Por eso, «ni entrará a alguna persona muerta, ni por su padre, o por su madre se contaminará» (Levítico 21:11), **pues el hombre malvado es considerado muerto** (*Véase* Talmud, tratado de *Berajoth* 18b). **Y dijo la Lámpara Santa** «ni por su padre, o por su madre se contaminará».

He encontrado aquí remedio a lo que dice: «Y puso con los impíos su sepultura» (Isaías 53:9). Puesto que éste es el lugar de entierro del padre y de la madre que están en el exilio con Israel, el versículo se cumplió en mí, «ni entrará a alguna persona muerta, ni por su padre, o por su madre se contaminará» (Levítico 21:11). Elías, no tardes en descender, ya que aunque seas sacerdote, pueden ser contaminados por su padre, o por su madre. Porque el Santo, bendito sea, y su Shekinah están en el exilio en una tumba, y yo estoy enterrado entre ellos. Un juramento sobre ti, por el nombre del Eterno vivo y duradero, no tardes en descender. Santos ángeles alados, un juramento sobre vosotros, tomad este juramento y levantad a la Reina sobre vuestras alas con su gloria al Santo, bendito sea.

Los ángeles celestiales, enviados por el Santo, bendito sea desde el lado derecho, sus ángeles mensajeros desde el lado izquierdo y los ángeles de Aba e Ima, el padre y la madre **la esconderán Arriba y abajo y la cubrirán con la letra** *Vav*, **con sus seis alas,** a propósito **de las cuales ha sido dicho: «Y encima de él estaban serafines; cada uno tenía seis alas**; con dos cubrían sus rostros, y con dos cubrían sus pies, y con dos volaban» (Isaías 6:2) **de su juramento, que es** la letra *He*, **la cuarta** del Tetragrama, **«y con dos cubrían sus pies y con dos volaban».**

Y tú, Elías, que te has levantado por la causa de las causas, que te has cargado de toda bondad, baja a ella y sé un querubín debajo de ella, para llenarla de bondad. Y los ángeles de Aba e Ima, padre y madre, que son *Iod He*, la cubrirán durante tu descenso y la harán volar con seis alas *Alef Beth Guimel*, *Iod Tav Tzadi* y las treinta y seis derivadas (282b) cuyo valor numérico es treinta y seis. Ciertamente, «encima de él, *Lamed Vav*, estaban serafines». La guematria de *Lamed Vav* es treinta y seis. Y su *He* desciende escondida y cubierta por ellos. Y los ángeles que vienen de los Tzadikim, justos, la vida de los mundos, la apoyan sobre ti como las criaturas vivientes que sostienen el trono. Porque aunque *He* de Atzilut, del nombre *Iod He Vav He*, el cual apoya todo, no debe volar Arriba y abajo, excepto con ella. Así como las partes del cuerpo no pueden moverse excepto con el alma, así también lo hacen sus partes y expanden sobre ti para apoyarte con ellas. Porque así es *He*, como el mar. Si tiene vasijas que llenar, se llenan de ella y se esparce dentro de ellas como arroyos que se extienden desde el mar hacia la tierra. Si no tiene vasijas, es sólo *He*, sola, sin la expansión de los arroyos.

Así son las vasijas de la Shekinah, que por encima son santos ángeles y por debajo son Israel. Si hay entre ellos personas de buenas cualidades, bondadosas, piadosas y poderosas, instruidas en la Torah, en los Profetas y en las Escrituras, justas, personas de Maljut, de las que dice «y que tuviesen fuerzas para estar en el palacio del rey», (Daniel 1:4), es decir, durante la oración de la Amidá en el palacio del rey, que es Adonai, cuyo rey es *Iod He Vav He*. Si son sabios e inteligentes, líderes de Israel, no líderes del *Erev Rav* (la multitud mezclada), de la cual ha sido dicho: «sus aborrecedores fueron prosperados» (Lamentaciones 1:5), entonces ella, se extiende sobre ellos con sus diez Sefirot. En ese momento la causa de las causas desciende sobre ella con *Iod Vav Dalet*, *He Alef*, *Vav Alef Vav*, *He Alef*, para establecer la Shekinah en ellos. Cuando «Y miró a todas partes, y viendo que no parecía *haber* nadie, mató al egipcio, y lo escondió en la arena» (Éxodo 2:12), dijo «Hazme saber, o *tú* a quien ama mi alma, dónde apacientas, dónde sesteas *tu rebaño* al medio día; pues, ¿por qué había yo de estar como vagueando tras los rebaños de tus compañeros?», (Cantar de los cantares 1:7), es decir, envolviéndose y no expandiéndose sobre ellos? Y el Santo, bendito sea, clama por ella, diciendo: «¡Cómo está sentada sola la ciudad *antes* populosa!» (Lamentaciones 1:1).

Mientras hablaba, la Lámpara Santa se levantó y dijo: señor del universo, aquí está el Pastor Fiel, a propósito de quien ha sido dicho: «Y aquel varón Moisés era muy manso, más que todos los hombres que había sobre la tierra» (Números 12:3). Hasta ese momento «vio que no había ningún hombre» (Éxodo 2:12). Pero aquí el hombre Moisés que equivale a seiscientos mil de Israel, y en él «Desde la morada de su asiento miró sobre todos los moradores de la tierra» (Salmos 33:14), en relación con el último destierro: «Y el Eterno traspuso en él el pecado de todos nosotros» « (Isaías 53:6). Comprende los diez atributos por los que dijiste: «No *la* destruiré, por diez» (Génesis 18:32). Baja sobre él para supervisar el mundo y cumplir tus palabras pues eres verdadero y todas tus palabras son verdaderas.

Porque él actuó *Gamal Hessed*, con bondad con la Shekinah y ató a su sierva a Guevurah, así que la sierva será atada frente a su *Guevirta*, hembra con el nudo de los Tefilín. Y se esforzó por ella con la Torah de la verdad: «La Torah de verdad estuvo en su boca, e iniquidad nunca fue hallada en sus labios; en paz y en justicia anduvo conmigo, y de la iniquidad hizo apartar a muchos» (Malaquías 2:6). Y se esforzó en el estudio en los Profetas y en los Escritos: en los Profetas en diferentes tipos de comodidades y en los Escritos, los cuales son Maljut, en diez tipos de Salmos, en los Tzadikim, Justos, en las dieciocho bendiciones en la oración, pues Maljut es la décima sefirah y la letra *Tzadi* la decimoctava letra del alfabeto. Pero las lumbreras de la Mishnah no conocen al Pastor Fiel. Elías, un juramento sobre ti en el nombre de *Iod He Vav He* y en el *Shem haMeforash*, el nombre explícito, revélalo a todos los líderes de las lumbreras de la Mishnah para que lo reconozcan y no sea más herido, «Mas él herido *fue* por nuestras rebeliones» (Isaías 53:5). No tenéis que recibir permiso, porque soy un mensajero del señor del universo y sé que si lo hacéis, el Santo, bendito sea, os lo agradecerá y vuestros descendientes serán exaltados por ello Arriba y abajo. No te demores en hacerlo, ni una semana, ni un mes, ni un año, sino que hazlo inmediatamente.

Pastor Fiel, cuando en la noche de Pesaj **tiene poder sobre los vasos de Pesaj, todos deben ser guardados, alejados del Jametz y de cualquier tipo de levadura. Toda comida y bebida debe ser vigilada y el que la guarde de Jametz y de la levadura, su cuerpo es guardado de la Mala Inclinación abajo, y su alma Arriba, y dice de ella:** «Porque tú no *eres un* Dios que ame la maldad: **el malo no habitará junto a ti**» (Salmos 5:5), **porque su cuerpo se hace santo, y su alma, la santa de los santos. Y dice** a propósito **de la Mala Inclinación:** «Ningún extraño comerá santificación; el huésped del sacerdote, ni el jornalero, no comerá santificación» (Levítico 22:10), «Y cuando el tabernáculo partiere, los levitas lo desarmarán; y cuando el tabernáculo parare, los levitas lo armarán; **y el extraño que se acercare, morirá**» (Números 1:51). **Pesaj es la semilla de la derecha, que es Abraham, a saber, plata refinada. Cualquiera que mezcle plomo en ella es falso. Del mismo modo, cualquiera que mezcle Jametz o levadura en la Matzah es como si falseara la moneda del Rey. Así que aquel que mezcla cualquier mezcla en su gota de semen, es como si fuera falso para el sello del Rey, porque son interdependientes. Rosh Hashanah es la semilla de la izquierda, que es Isaac, las leyes penales. Allí estaba el sacrificio de Isaac, a quien ató Abraham. El nudo de la mano de los Tefilín se asemeja a la atadura de Isaac. Bienaventurado el hijo que está atado a su padre, conectado con él para hacer lo mismo que hace con la Torah y los preceptos, y bienaventurado el siervo que está atado bajo su amo para cumplir sus órdenes, pues está en el lugar del hijo de un rey. Metatrón, tú eres justo y justos son tus hijos, quienes están atados y ligados por los Tefilín bajo la autoridad de tu señor. Por eso, aunque seas siervo de tu señor, eres rey sobre todos los ministros de los demás pueblos, rey sobre todos los ángeles, rey al que temen todos los demonios y sus legiones. ¿Quién provocó eso? Que seas** como un taburete para los pies de tu amo.

Sirves a tu señor como el Shaddai de la Mezuzah de fuera, que guarda la puerta de la casa. *Iod He Vav He*, que es tu maestro, está en su interior.

Es así que cuando el Santo, bendito sea, desciende para gobernar sobre el Árbol del conocimiento del Bien y del Mal, siendo el bien Metatrón y el mal Samael, que es un diablo, el rey de los demonios. (283a) Metatrón es un ángel, el rey de los ángeles, pero desde el punto de vista del Árbol de la Vida el nombre de Shaddai es Iesod. Ésta es la razón por la cual abajo hay dos, un siervo y su Maestro, *Vav* y *He* y no están unificados en uno. Y Arriba Tiferet y Iesod son uno, ya que consideramos el cuerpo y el miembro del pacto como uno, la columna del centro y los Tzadikim, Justos.

Así como los Tefilín de la cabeza son Binah por encima de Tiferet, que es el Árbol de la Vida en Atzilut, y Maljut es el Tefilín la mano, por lo que es abajo en el Árbol de la Vida en Briah. Desde el lado del trono de Arriba, está en los Tefilín de la cabeza de Metatrón, y los Tefilín de su mano son el trono de abajo. A propósito de esto ha dicho el profeta: «El trono de gloria, altura desde el principio, *es* el lugar de nuestra santificación» (Jeremías 17:12). Pero desde el punto de vista del Árbol del conocimiento del Bien y del Mal, la Mala Inclinación está atada bajo la Buena Inclinación por el nudo de los Tefilín como un siervo bajo su amo por el sonido de la Torah, el sonido de la oración y el sonido del Shofar, ya que un sonido es como una lanza en relación con él. Así es el sonido del Shofar, que es el sonido de la columna del centro, que incluye fuego, agua y aire, que son los tres patriarcas que tienen *He Iod Vav* en ellos, *He* en Abraham y *Iod* en Isaac. Dondequiera que *He* gobierne sobre *Iod*, es el Juicio. Éste es *He Iod* de Elohim y es por eso por lo que «Subió Dios con júbilo, el Eterno con voz de trompeta» (Salmos 47:6). *Vav* de «y el dios de Jacob», es el viento del Shofar. La Shekinah es la nave de los tres y la *He* de la palabra *HaShofar*. Hay diez sonidos del Shofar, que son *Tekiah Shvarim Teruah Tekiah, Tekiah Shevarim Tekiah, Tekiah Teruah Tekiah*, en los cuales están revestidos *He Alef, Iod Vav Dalet, Vav*

283a

Alef Vav, He Alef. **Todas estas letras, hacia los otros lados y hacia el mal son como cadenas y lanzas y espadas. Un golpe es una cadena y los dos golpes son logrados por diez sonidos del Shofar, y son uno...** (falta texto en el original).

A propósito de ella ha sido dicho: «Cuando topares en el camino *algún* nido de ave en cualquier árbol, o sobre la tierra, *con* pollos o huevos, **y estuviere la madre echada sobre los pollos** o sobre los huevos, no tomes la madre con los hijos» (Deuteronomio 22:6). **Israel le canta con muchos gorjeos de oraciones, pero no quiere descender a ellos. Israel entonces toma a la madre con ellos, que es la Shekinah, y la ata con el nudo de los Tefilín. Y cuando llegan al Kiriat Shemá, sus hijos llaman a las seis palabras de la declaración de unidad, que son:** «Escucha, o Israel, el Eterno, nuestro Dios; el Eterno es uno» (Deuteronomio 6:4). **Entonces descienden a su madre y se atan a ella. Éste es el significado de «a las cuales haréis convocación general»** (Levítico 23:2). **Éste es su deber de matrimonio.**

De la misma manera llamamos a la Matzá, la cual es convocada para los siete días de Pesaj, también convocamos para los siete días de Sukot a las siete especies, que son el Lulav, el Etrog, las tres ramas de mirto y las dos ramas de sauce. En Shavuot llamamos a la lectura de **la Torah. Y Rosh Hashanah es el día del Juicio. Cada uno según su especie.**

A quienquiera que haya llamado a cada grado con su propia especie, en él se cumplirá «*Az*, entonces **llamarás, y el Eterno responderá**» (Isaías 58:9). *Az* son los siete días de Sukot junto con Shmini Atzeret; *Az* es la Matzá y los siete días de Pesaj; *Az*, una Sukah junto con las siete especies, que son tres ramas de mirto, dos ramas de sauce, Lulav y Etrog. Cuando se incluyen en los cuatro tipos son once, el valor numérico de *He Vav*. Hay que recitar sobre ellos Halel con Aleluyah en él, es decir, *Iah* (*Iod He*) para completar el nombre *Iod He Vav He*. Ha de ser elevado por las cuatro especies hasta *Majashbah*, pensamiento. **Éste es el significado de:** «Subiré a la palma, asiré sus ramos» (Cantar de los cantares 7:8).

Eeleh, subiré, **es un *Simán*,** signo en el sentido de acróstico **de Etrog,** cidro, **Aravah,** sauce **Lulav,** palma **y Hadas,** mirto y *Majashbah*, pensamiento **es el *Shem haMeforash*,** el nombre explícito **y alcanza** el número catorce como las catorce articulaciones de la mano derecha con la cual se debe tomar el Lulav. La entrega de la Torah es siete dentro de siete que equivalen al número de catorce. En Rosh Hashanah tenemos catorce: el sonido del Shofar y con los diez sonidos del Shofar, como ya hemos explicado.

En Pesaj, la Shekinah es la gran mano del aspecto de Hessed. En Rosh Hashanah es la mano poderosa del aspecto de Guevurah. En el momento de la entrega de la Torah, es una mano alta desde lado de la columna del centro. Tres veces catorce equivalen a cuarenta y dos, y junto con los tres patriarcas, de quienes derivan, equivalen a cuarenta y cinco, la guematria de *Iod Vav Dalet, He Alef, Vav Alef Vav, He Alef Alef,* el Tetragrama desarrollado.

Bendito sea el Eterno, Amén Amén, que el Eterno reine por los siglos de los siglos, Amén y Amén.

PARASHAT VAIELEJ

Deuteronomio 31:1 A 31:30

«Y fue Moisés, y habló estas palabras a todo Israel» (Deuteronomio 31:1).

Rabbí Izquia abrió el versículo: «¿El que *los* guió por la diestra de Moisés con el brazo de su gloria; el que rompió las aguas, haciéndose así nombre perpetuo?» (Isaías 63:12). ¡Dichoso es Israel en quien se complace el Santo, bendito sea! Puesto que los favoreció, los llamó primogénitos santos, y hermanos. Él, (283b) por así decirlo, bajó a morar con ellos. Éste es el significado de: «Y me hagan santuario, para que habite en medio de ellos» (Éxodo 25:8). Y quiso establecerlos en la semejanza de Arriba, e hizo descansar sobre ellos las siete nubes de gloria, y su Shekinah va delante de ellos, según ha sido escrito: «y el Eterno iba delante de ellos de día» (Éxodo 13:21).

Entre ellos fueron tres hermanos santos: Moisés, Aarón y Miriam. El Santo, bendito sea, les dio dones de Arriba gracias sus méritos. A lo largo de los días de Aarón las nubes de gloria no se apartaron de Israel. Hemos establecido que Aarón es el brazo derecho de Israel, según ha sido escrito: «Y oyendo el cananeo, **el rey de Arad**, el cual habitaba al mediodía, **que venía Israel por el** camino de los centinelas, peleó con Israel, y tomó de él prisioneros» (Números 21:1). La cosa se parece a **un hombre que camina sin un brazo, apoyándose en todas partes. Entonces, «peleó con Israel, y tomó de él prisioneros». Esto sucedió porque no tenían el brazo derecho. Ven y ve, Aarón era el brazo derecho del cuerpo «El que** *los* **guió por la diestra de Moisés con el brazo de su gloria» (Isaías 63:12). ¿Qué significa «fue» en «Y Moisés fue»? ¿A dónde se fue? «Fue» significa que se fue como un cuerpo sin brazos, como en, «y se fueron sin fuerzas delante del perseguidor» (Lamentaciones 1:6), porque Aarón, el brazo derecho, murió, y el cuerpo quiso irse por causa de él.**

Todos los días de Moisés, Israel comió pan del cielo. Cuando Josué vino, está escrito: «Y el maná cesó al día siguiente...» (Josué 5:12) **«desde que comenzaron a comer del fruto de la tierra»** (Josué 5:12). **¿Cuál es la diferencia? Es que el maná es de Arriba, el cielo, mientras que** el fruto de la tierra es **de abajo. Mientras Moisés estuvo vivo, el cuerpo del Sol gobernó y brilló sobre el mundo. Una vez que Moisés partió, el cuerpo del Sol se fue, y el cuerpo de la Luna salió.**

Ha sido escrito: «Si tus fazes no han de ir delante, no nos saques de aquí. ¿Y en qué se conocerá...» (Éxodo 33:15-16). **Hemos aprendido que cuando el Santo, bendito sea, dijo a Moisés: «He aquí mi ángel andará delante de ti»** (Éxodo 23:20), **Moisés dijo: «El Sol nunca más te servirá de luz para el día, ni el resplandor de la Luna te alumbrará» (Isaías 60:19). No quiero el cuerpo de la Luna si tu presencia no va conmigo. No quiero ni el cuerpo del Sol ni el de la Luna. Entonces el cuerpo del Sol brilló, y Moisés se convirtió en el cuerpo del Sol ante Israel. Cuando Moisés fue reunido, el Sol fue reunido y la Luna brilló, que es Josué administrando a la luz de la Luna. ¡Ay de esa vergüenza! «Y les dijo: de edad de ciento veinte años soy hoy día**; no puedo más salir ni entrar; a más de esto el Eterno me ha dicho: no pasarás este Jordán» (Deuteronomio 31:2). **Es como dijo Rabbí Eleazar que el Sol brilló sobre Israel durante cuarenta años y se reunió al final de cuarenta años y luego la Luna brilló. Rabbí Shimon dijo: «En el barbe-**

cho de los pobres *hay* mucho pan; **mas se pierde por falta de juicio»** (Proverbios 13:23), **y los compañeros ya lo han explicado. Vamos a exponer este versículo. Pero en relación a lo que los compañeros han dicho, en el mundo todo es necesario para el bien del hombre, que se irá antes de sus días.**

Ven y ve: hemos aprendido que todos los espíritus que emergen de Arriba, salen masculinos y femeninos, y luego **se separan. A veces el alma femenina emergerá en el mundo antes de que haya llegado su pareja. Siempre que no es el momento del hombre para unirse a su mujer y vino otro y se casó con ella, entonces cuando llega el momento de unirse con ella, la justicia es despertada en el mundo para castigar por las iniquidades del mundo. Reúne a aquel hombre que se casó con ella y el otro viene y se casa con ella. Ésta es la razón por la cual es difícil** como la partición del mar Rojo **para el Santo, bendito sea,** hacer matrimonios (*Véase Bereshit Rabbah* 68:4).

Esto es cierto si el hombre cometió pecados. Y aunque no pecara tanto como para ser sentenciado a muerte, muere antes de que su tiempo llegue y no se hace de acuerdo al juicio. A propósito de él ha sido escrito «mas se pierde por falta de juicio» (Proverbios 13:23). **Los juicios de justicia por sus pecados, porque el tiempo del otro ha llegado para casarse con ella, porque ella es suya. Rabbí Eleazar le dijo, ¿y por qué? Que el Santo, bendito sea, los separe unos de otros y que venga el que sea su compañero y se case con ella. Le dijo: es por el bien del hombre, y hace bien por él, para que no vea a su mujer bajo la autoridad de otra persona. Ven y ve, si él** (284a) **no es de obras apropiadas, entonces, aunque la mujer sea suya el otro no es rechazado.**

Ven y ve: aunque el reinado era de David, el Rey Saúl tomó el reinado porque el tiempo de David para eso aún no había llegado. Cuando llegó el tiempo de David para heredar lo suyo, la justicia despertó y reunió a Saúl en sus pecados, y fue apartado de delante de David. Y David vino y tomó lo que era suyo. ¿Por

284a

qué el Santo, bendito sea, no le quitó la realeza a Saúl para dársela a David, para que no tuviera que morir? El Santo, bendito sea, hizo Hessed, bondad con él reuniendo su alma mientras aún reinaba, para que no viera a su siervo gobernando sobre él y tomando lo que había sido suyo. Por eso el hombre tiene que pedir Misericordia al Santo, bendito sea, cuando se casa, para que no sea dejado de lado ante otro. Está escrito: «y me dijo el Eterno: basta, no me hables más de este negocio» (Deuteronomio 3:26). Ya explicamos que el Santo, bendito sea, le dijo a Moisés: Moisés, tú quieres que el mundo cambie. ¿Alguna vez has visto en tus días que el Sol sirviera a la Luna? ¿Alguna vez has visto en tus días que la Luna gobernará mientras el Sol está presente? Pero, «He aquí tus días son ya cumplidos para que mueras; llama a Josué, y esperad en el tabernáculo del testimonio, y le mandaré» (Deuteronomio 31:14). Que el Sol se repliegue y que la Luna reine. Además, si entras en la tierra, la Luna se replegará para ti y no podrá gobernar. Seguramente el dominio de la Luna ha llegado pero no puede gobernar mientras estés en el mundo.

«Llama a Josué, y esperad en el tabernáculo del testimonio, y le mandaré» (Deuteronomio 31:14). Y sus palabras: «He aquí tú vas a dormir con tus padres, y este pueblo se levantará» (Deuteronomio 31:16). Nunca encontramos al Santo, bendito sea, dando órdenes a Josué sino a Moisés, como dijo a Moisés, según ha sido escrito: «Y me abandonará y romperá mi pacto... mi furor se encenderá contra él en el mismo día» (Deuteronomio 31:16-17), «Por tanto, escribíos este cántico, y enséñalo a los hijos de Israel; ponlo en boca de ellos, para que este cántico me sea por testigo contra los hijos de Israel» (Deuteronomio 31:19). En ese caso, ¿qué quiere decir «me sea por testigo» viendo que lo cargó con nada? El versículo dice: «He aquí tú vas a dormir con tus padres». El Santo, bendito sea, dijo a Moisés: Aunque duermas con tus padres, siempre brillarás en la Luna, como el Sol que, aunque se pone, se pone sólo para brillar en la Luna. Porque entonces, después de que se pone, brilla en la Luna. Por lo tanto, «vas a dormir» para brillar. Esto es lo que quiere decir, «me sea por testigo». Así pues,

Josué fue instruido para que brillara. Por eso el versículo «He aquí tú vas a dormir con tus padres» es decir, para resplandecer sobre Josué. Y esto es, «y manda a Josué» (Deuteronomio 3:28); el propósito de todo es iluminarlo.

«Y llamó Moisés a Josué, y le dijo a vista de todo Israel: esfuérzate y anímate; **porque tú entrarás con este pueblo** a la tierra que juró el Eterno a sus padres que les había de dar, y tú se la harás heredar (Deuteronomio 31:7) **y después** «Y mandó a Josué hijo de Nun, y dijo: esfuérzate y anímate, **que tú meterás los hijos de Israel** en la tierra que les juré, y yo seré contigo» (Deuteronomio 31:23). **¿Cuál es la diferencia? Uno debe anunciarle que entrará en la tierra y morará en ella y otro debe anunciarle acerca del dominio sobre Israel. Así pues, se le dijeron dos cosas: se le habló de su propia morada en la tierra de Israel y del dominio sobre Israel.**

Rabbí Shimon abrió con: «De lo postrero de la tierra oímos salmos: gloria al justo. Y *yo* dije: ¡Mi flaqueza, mi flaqueza, ay de mí! Prevaricadores han prevaricado; y han prevaricado con prevaricación de desleales» (Isaías 24:16). **¡Ay de los hombres, que no se preocupan y no se ocupan de la gloria de su Maestro, ni ven la santidad de Arriba, para ser santificados en este mundo a fin de ser santos en el mundo venidero! «De lo postrero de la tierra» se refiere a la cubierta de Arriba. «Oímos salmos» como en «», «¿Dónde está Dios mi hacedor, que da canciones en la noche?»** (Job 35:10), **es decir, los cánticos y alabanzas de la Asamblea de Israel ante el Santo, bendito sea. «En la noche» significa cuando ella está lista y presente para alabar al Santo, bendito sea, y se complace en los justos en el jardín del Edén. ¿Cuándo? A partir de la medianoche. Luego, «Oímos salmos», es decir, alabanzas. «*Zimrot*, Salmos» significa «no sembrarás tu tierra, ni podarás** (*Tizra*) **tu viña** (Levítico 25:4), **y «como con calor que quema debajo de nube es acallado el cántico de los tiranos»** (Isaías 25:5)**, lo que se refiere a sacar a todos los tiranos de sus lugares. Porque cuando llega la noche, muchos litigantes tiranos están presentes en el mundo,** caminando y vagando por el mundo para hacer acusaciones. A partir de la medianoche, se despierta un espíritu que los saca a todos de sus lugares y los quita para que no tengan poder. «Oímos salmos» se refiere a las alabanzas de la Asamblea de Israel por la noche. ¿Y para qué todo esto? Es gloria al justo para unirse en una sola unión con el Santo, bendito sea (284b), y ser santificado con él en la misma santidad. «Y *yo* dije: ¡Mi flaqueza, mi flaqueza, ay de mí! Prevaricadores han prevaricado; y han prevaricado con prevaricación de desleales» (Isaías 24:16). **Se trata de un misterio de Arriba, de un misterio sagrado.** ¡Ay de mí para mi generación y para el mundo! «Prevaricadores han prevaricado» ya que todos son falsos para con él, son falsos consigo mismos y con él, y los hijos que engendran serán falsos a causa de su falsedad y están mancillados Arriba y abajo.

Cuando Isaías vio esto, reunió a todos los que temen el pecado y les enseñó la manera santa de ser santificados con la santidad del rey a fin de que sus hijos fueran santos. Una vez que fueron santificados, los hijos que engendraron fueron nombrados en su honor. Éste es el significado de «He aquí, yo y los hijos que me dio el Eterno, somos por señales y prodigios en Israel» (Isaías 8:18), lo que significa que están separados de las demás naciones.

Otra explicación: «De lo postrero de la tierra oímos salmos...» (Isaías 24:16). **En el momento en que Israel entró en la tierra con el arca santa del pacto delante de ellos, Israel oyó de un lado en la tierra alabanzas y alegría y la voz de los cantantes nobles que cantan en la tierra. Entonces, «gloria al justo», como las alabanzas que en aquel tiempo fueron dirigidas a Moisés. Dondequiera que el arca habitaba en la tierra, oían una voz que decía «Ésta, pues, es la Torah que Moisés propuso delante de los hijos de Israel» (Deuteronomio 4:44). Pero, «¡Ay de mí! Prevaricadores han prevaricado» (Isaías 24:16). ya que Israel traicionará al Santo, bendito sea, y será sacado de la tierra una vez. Puesto que la mentira se ha apoderado de ellos** y está en medio de ellos, serán arrancados por segunda vez hasta que sus iniquidades sean reparadas en otra tierra.

«Tomad este libro de la Torah, y ponedlo en un canto del arca del pacto del Eterno, vuestro Dios, y esté allí por testigo contra ti» (Deuteronomio 31:26). Estas palabras ya han sido explicadas. «Tu Dios», «vuestro Dios». Como dijo Rabbí Abba en el nombre de Rabbí Iehudah, ¿cuál es el significado de «porque el lugar en que tú estás, tierra santa *es*» (Éxodo 3:5)? Es ciertamente tierra santa, es decir, la tierra de los vivos. «En que tú estás» seguramente está sobre ella, es decir, al principio y más tarde. Nos enteramos de que Rabbí Iosi dijo, está escrito «por testigo contra ti» (Deuteronomio 31:26), un testigo que seguramente dará testimonio.

Hay tres que testifican, y son estos: el pozo de Isaac, el azar y la piedra que colocó Josué (*Véase* Josué 24:27). Y más que todo «Oímos salmos». Rabbí Itzjak dijo: en ese caso hay cuatro. Él le dijo: ciertamente, pero no se menciona ningún testimonio en relación con el azar. ¿De dónde sabemos del pozo de Isaac? Del versículo que dice: «para que me sean testimonio» (Génesis 21:30). El azar, de lo que está escrito: «conforme a la suerte será repartida su heredad» (Números 26:56), y solía decir: «esto es para Judá», y «esto es para Benjamín», y así sucesivamente. En lo que se refiere a la piedra de Josué, ha sido escrito: «esta piedra será, pues, testigo contra vosotros, para que por ventura no mintáis contra vuestro Dios» (Josué 24:27). Y «para que me sean testimonio», y «entonces este cántico responderá en su cara por testigo» (Deuteronomio 31:21). Sin duda testificó contra Israel.

Hemos aprendido que Rabbí Eleazar dijo a propósito de lo que está escrito: «habló Moisés en oídos de toda la congregación de Israel las palabras de este cántico hasta acabarlo» (Deuteronomio 31:30). Hemos de observar aquí el significado de «las palabras de». Debería haber dicho «el cántico». ¿Y qué es, «hasta acabarlo»? Hemos aprendido esto de acuerdo al secreto de la Mishnah. Todas las palabras que dijo Moisés fueron grabadas con el nombre del Santo, bendito sea, y todas estas palabras iban y venían, subiendo y bajando grabadas allí. Cada palabra vendría ante Moisés para ser grabada por él, y se pondría de pie delante él. Éste es el significado de, «hasta acabarlo».

Dijo Rabbí Abba: «las palabras de este cántico». No debería haber dicho esto. ¿A qué se refiere? Es el cántico al Santo, bendito sea, recitado, como en «Canción de canciones, la cual es de Salomón» (Cantar de los cantares 1:1), que es el Rey al que pertenece la paz. Y esto ya ha sido explicado. «Salmo de Canción para el día del Shabat» (Salmos 92:1), precisamente para el día de Shabat una canción que dijo el Santo, bendito sea. Sin embargo, esto ha de ser examinado cuidadosamente. Allí dice *Shir*, canto mientras que allí dice *Shirah*, poema. *Shir* es masculino y *Shirah* es femenino. Aprendimos que todos los profetas, en relación a Moisés, son como un mono a los ojos de los hombres. Ellos dijeron *Shir* mientras Moisés recitaba *Shirah*, y ellos son *Shirah*. (285a) El secreto de estas palabras es que Moisés no lo dijo para sí mismo sino por el bien de Israel.

Dijo Rabbí Shimon: esto no es así. Sabemos que Moisés era de un nivel mucho más elevado que todos ellos. Moisés se levantó de abajo hacia arriba y ellos descendieron de arriba hacia abajo. Se levantó de abajo hacia arriba, cuando aprendimos que aumentamos en santidad, no en disminución. Moisés se levantó de abajo hacia arriba recitando una *Shirah*, poema, que es la alabanza de la Matronita, con la que alaba al Rey. Y Moisés mismo se unió al Rey. Pero descendieron de arriba hacia abajo, mientras recitaban un *Shir*, canto, que es la alabanza con la que el Rey alaba a la Matronita. Se unieron a la Matronita, así que su *Shir*, canto, era de arriba hacia abajo. Se dio a conocer que esta alabanza a Moisés está por encima de todos ellos. Éste es el significado de «Entonces cantó Moisés y los hijos de Israel esta *Shira*, poema al Eterno» (Éxodo 15:1), es decir, la *Shirah*, poema de la Matronita. ¿A quién? Por el Eterno. Así está escrito: «Y Moisés escribió este poema aquel día, y lo enseñó a los hijos de Israel» «Moisés escribió este poema el mismo día» (Deuteronomio 31:22), y «entonces este poema responderá en su cara por testigo» (Deuteronomio 31:21).

«Este poema responderá en su cara por testigo» (Deuteronomio 31:21). Debería haber dicho, «estas palabras testificarán». El secreto de estas palabras es como explicamos que está escrito «y la tierra se levantará contra él» (Job 20:27). Y Moisés observó todo, y así dijo una *Shira*, poema, para dar a las palabras un asimiento en ese lugar. Está escrito, «responderá en su cara por testigo» (Deuteronomio 31:21). ¿Por qué? Porque, está escrito, «porque yo conozco su ingenio» (Deuteronomio 31:21) y «Porque *yo* sé que después de mi muerte, ciertamente os corromperéis y os apartaréis del camino que os he mandado...» (Deuteronomio 31:29). Cuando hagas eso, inmediatamente, «responderá en su cara por testigo» (Deuteronomio 31:21).

Ven y ve, está escrito: «Los cielos revelarán su iniquidad» (Job 20:27) y no más. Pero, «la tierra se levantará contra él». Por esto el juicio es ejecutado sobre quienquiera que sea ejecutado.

Está escrito: «Y habló David al Eterno las palabras de esta *Shirah*, poema, el día que el Eterno le había librado de la mano de todos sus enemigos, y de la mano de Saúl» (2 Samuel 22:1). Es para alabanza de David porque él recitó la *Shirah* de abajo hacia arriba y alcanzó ese grado. Él dijo esta *Shirah*, poema, sólo al final de sus días cuando fue excesivamente perfeccionado por esta *Shirah*, poema, como aprendimos: «No creas en ti mismo hasta el día en que mueras» (*Véase* Mishnah, *Masejet Avoth* 2:4). Y aquí, ¿por qué merecía David decir una *Shirah*, poema, de abajo hacia arriba al final de sus días? Es porque entonces estaba en reposo en todos los sentidos, como está escrito, el día que el Eterno le había librado de la mano de todos sus enemigos, y de la mano de Saúl» (2 Samuel 22:1).

Rabbí Shimon dijo: *Shirah*, poema, es el más valioso. ¿Qué es? Es de acuerdo a lo que aprendimos en el secreto de la Mishnah que ha de estar en el habla y en la acción. Aquí también es de abajo hacia arriba y de arriba hacia abajo. Entonces uno debe meditar en el corazón y atar todo en un único vínculo. ¿De dónde sabemos eso? De Moisés. Al principio habló de abajo hacia arriba, diciendo (285b): «Porque el nombre del Eterno invocaré» (Deuteronomio 32:3). ¿Qué es *Ikrá*, invocaré? Es como en «*Vaikrá*, llamó el Eterno a Moisés» (Levítico 1:1), que es la Shekinah. Entonces dijo: «Porque el nombre del Eterno invocaré; engrandeced a nuestro Dios» (Deuteronomio 32:3), que es el rey de Arriba. Luego descendió los grados de arriba hacia abajo, según ha sido escrito «Del fuerte, cuya obra *es* perfecta, porque todos sus caminos *son* rectitud», (Deuteronomio 32:4). Entonces él ató el vínculo de la fe y dijo él que lo ata todo. Por esa razón el hombre necesita ordenar la alabanza de su señor de la misma manera. Al principio de abajo hacia Arriba, para elevar la gloria de su señor al lugar donde el agua de la profundidad del pozo fluye y emerge. Entonces dibujar de Arriba hacia abajo a todos y cada uno de los grados hasta el último grado para así atraer bendiciones a todo de Arriba hacia abajo. Entonces necesitamos atar el lazo en todo, el lazo de la fe. Un hombre así glorifica a su señor, para unificar el Santo Nombre. Por esta razón está escrito que «porque *yo* honraré a los que me honran, y los que me tuvieren en poco, serán viles» (1 Samuel 2:30); a los que me honran en este mundo, yo los honraré en el mundo venidero. «Y los que me tuvieren en poco, serán viles» (1 Samuel 2:30) se refiere a aquel que no sabe unificar el Santo Nombre y atar el lazo de la fe y atraer las bendiciones allí donde deben estar y glorificar el nombre de su señor. Aquel que no sabe glorificar el nombre de su señor, mejor le hubiera sido no haber sido creado.

Dijo Rabbí Iehudah «Y los que me tuvieren en poco, serán viles» (1 Samuel 2:30) se refiere a aquel que no sabe glorificar a su señor y no se concentra cuando dice Amén. Porque aprendimos que el que responde Amén es más valioso que el que bendice. Lo hemos evaluado ante el Rabbí Shimon quien dijo que Amén recibe bendiciones de la primavera del Rey a la Reina. En las letras grabadas por Rabbí Eleazar de *Alef* a *Mem* y de *Mem* a la *Nun* final. Cuando las bendiciones alcanzan a la *Nun* final, las bendiciones salen de allí a los seres superiores e inferiores y se expanden a través de todo. Cuando sale el sonido, beben de las bendiciones que un siervo del Rey Santo ha traído. Cuando Israel se guarda a sí mismo para responder Amén y meditar en su corazón según sea necesario, ¡cuántas aperturas de bendiciones se abren arriba! ¡cuánta bondad está presente en los mundos!, ¡cuánta alegría abunda en todo! ¿Cuál es la recompensa de Israel por haber provocado esto? Su recompensa está en este mundo y en el mundo venidero. En este mundo, cuando están acosados por enemigos y dicen su oración ante su señor, el sonido proclama por todo el mundo: «Abrid las puertas, y entrará la gente justa, guardadora de verdades» (Isaías 26:2). **No digas** *Emunim*, «verdades», **sino** *Amenim*, Amén en plural. **«Abrid las puertas», así como Israel abrió las puertas de las bendiciones, así ahora «abrid las puertas» y dejad que la oración sea aceptada, la que se refiere a aquellos que los afligen.**

Esto en este mundo. ¿Cuál es su recompensa en el mundo venidero? Es cuando un hombre abandona este mundo, donde observa respondiendo Amén. Por «observa» se entiende que observa la bendición que se dice y espera al hombre que la dice para responder después Amén según sea necesario. Entonces su alma se levanta y proclama ante él, «abrid las puertas» ante él, como solía abrir las puertas todos los días, cuando observaba *Amenim*, Amén en plural.

Dijo Rabbí Iosi que dijo Rabbí Iehudah: ¿Qué es Amén? Rabbí Abba dijo, todo ha sido explicado. Amén es llamado el manantial del río que fluye, y es llamado Amén, según ha sido escrito «con él estaba yo ordenándolo (*Amón*) todo; y fui su delicia todos los días, teniendo solaz delante de él en todo tiempo» (Proverbios 8:30). **No pronuncies** *Amón* **sino** *Amén*. **El sustento de todos, o sea aquel río que emerge y fluye,** y que **se llama Amén. Como hemos aprendido,** «desde la eternidad hasta la eternidad» (Salmos 106:48), **significa desde el mundo de Arriba hasta el mundo de abajo. Aquí también, «Amén, y Amén» es Amén de Arriba y Amén de abajo. Amén significa sustento para todos. Ya hemos explicado Amén según sus letras.**

285b

Rabbí Shimon dijo: *Alef* es la profundidad del pozo, de donde todas las bendiciones fluyen y salen y existen. Éste es el significado de lo que aprendimos de la letra *Mem* abierta y la letra *Mem* final cerrada como establecimos «la multitud del señorío» (Isaías 9:7). La letra *Nun* sencilla comprende a las dos *Nun*. La letra *Nun* final extendida comprende la letra *Vav*. Por esa razón todo se llama *Nun Vav* final. Lo hemos aprendido según el secreto de la Mishnah: la letra *Vav* es masculina, la letra *Nun* final extendida es tanto masculina como femenina, la letra *Nun* doblada está comprendida en la letra *Nun* final extendida. En el libro de Rav Amnuna el anciano, la letra *Mem* es la inicial de *Melej*, rey, es decir, Amén. Amén son las iniciales de *El Melech Neeman* que lo comprende todo. Es bueno y ya lo hemos aprendido.

Hemos aprendido que cualquiera que escuchó una bendición, la hizo pero no se concentró sobre el Amén, a propósito de él ha sido dicho: Y los que me tuvieren en poco, serán viles» (1 Samuel 2:30) y «a vosotros, oh sacerdotes, que despreciáis mi nombre» (Malaquías 1:6). ¿Cuál es su castigo? Así como él no hizo una apertura para las bendiciones de Arriba, ninguna bendición se abrirá para él. Además, cuando salga de este mundo, una proclamación resonará ante él, diciendo «Cierra las puertas ante tal y cual, para que no pueda entrar». No lo aceptes. ¡Ay de él, ay de su alma!

Hemos aprendido que todos los malvados del *Gehenom*, infierno suben a través de ciertos compartimentos y que hay muchas aberturas para *Gehenom*, infierno. Todas las aberturas corresponden a las aberturas del Jardín del Edén. Cuando los malvados son sacados después de recibir sus castigos, abren las puertas y los sacan fuera. Todas las puertas tienen nombres que corresponden a los del Jardín del Edén, y todas y cada una de las puertas del Jardín del Edén son llamadas con un nombre correspondiente a una puerta de *Gehenom*, infierno. Las puertas en el Jardín del Edén son conocidas, puerta por puerta.

El último compartimento de *Gehenom*, infierno, es el más bajo. Ese compartimento es un compartimento sobre un compartimento, y se llama *Efatah*, tierra de oscuridad (Job 10:22). ¿Qué es la oscuridad? Es como en «Será cuadrado y doble, de un palmo de largo y un palmo de ancho» (Éxodo 28:16). **Aquí también, *Efatah*, tierra de oscuridad, significa doble. A éste se le llama la parte inferior del Sheol.** El Sheol es un compartimento que está encima **y el inferior es el compartimento inferior. Por lo tanto, se le llama la tierra más baja de la penumbra, y Avadón. Así está escrito: «Sheol y Avadón»** (Proverbios 27:20). **No todos los compartimentos son dobles, y no todos son sombríos, a excepción de éste.**

Hemos aprendido que cualquiera que desciende a Avadón (286a), **que se llama el abismo, nunca se levanta. Es llamado un hombre que fue destruido y perdido en todos los mundos.** Y aprendimos que a ese lugar van a parar los hombres que despreciaban decir Amén. Un hombre así es castigado en *Gehenom*, infierno, **por los muchos Amén que se le perdieron, que él no consideró, y es llevado al compartimiento más bajo, que no tiene abertura, y está perdido y nunca se levanta de allí.** Así está escrito: «La nube se acaba, y se va; así el que desciende al sepulcro, que nunca más subirá» (Job 7:9). Sin embargo, está escrito: «Del vientre del infierno clamé, y mi voz oíste» (Jonás 2:2). También está escrito: «él hace descender al sepulcro, y hace subir» (1 Samuel 2:6). **Y esto es Sheol, y ahí está el abismo. Explicamos que esto se refiere a alguien que se arrepintió y allí a alguien que no lo hizo.**

Dijo Rabbí Iosi lo que está escrito «Porque dos males ha hecho mi pueblo: me dejaron a mí, fuente de agua viva, por cavar para sí cisternas, cisternas rotas que no detienen aguas» (Jeremías 2:13), **«me dejaron a mí, fuente de agua viva» es por no querer santificar el Nombre del Santo, bendito sea, con Amén. ¿Cuál es su castigo? Es como está escrito «por cavar para sí cisternas, cisternas rotas», yendo al *Gehenom***, infierno, **un nivel tras otro hasta llegar a Avadón que se llama el abismo. Si santifica el Nombre del Santo, bendito sea Él, meditando correctamente en

286a

Amén, se eleva, nivel tras nivel, para deleitarse en el mundo venidero, que siempre fluye y no cesa. Éste es el significado de «Amad al Eterno todos vosotros sus misericordiosos; **a los fieles guarda el Eterno, y paga abundantemente al que obra con soberbia**» (Salmos 31:23).

Hemos aprendido que la *Shirah*, poema, **atrae bendiciones desde Arriba hacia abajo, hasta que hay bendiciones en todo el mundo.** Dijo Rabbí Eleazar: Israel recitará un poema de abajo hacia Arriba y de Arriba hacia abajo para atar el lazo de la fe, según ha sido escrito: «Entonces cantó Israel esta *Shirah*, poema: sube, oh pozo; a él cantad» (Números 21:17). **Habla en tiempo futuro y no en el pasado. Y así es todo de la misma manera. Esta *Shirah*, poema, es de abajo hacia Arriba:** «sube, oh pozo; a él cantad». «Sube, oh pozo», es decir, levántate a tu lugar para reunirse con tu marido. Esto es de abajo hacia Arriba. Después de Arriba hacia abajo, «Pozo, el cual cavaron los príncipes; lo cavaron los príncipes del pueblo, con el cetro y con sus bordones. Del desierto *vinieron* a Matana» (Números 21:18). «**Lo cavaron los príncipes...**», como Aba e Ima que la engendraron. «Lo cavaron los príncipes del pueblo» son los patriarcas, llamados los príncipes del pueblo. **Ellos lo cavaron para que el Rey se uniera a ella con bendiciones. ¿Cómo? A través de la unión** marital. «Con su cetro» es Iesod, «con sus bordones» son Netzaj y Hod. De Arriba hacia abajo. «Del desierto *vinieron* a Matana». «Y de Matana sube a Nahaliel», y «de Nahaliel a Bamot». Éste es el vínculo completo, el vínculo de la fe, el vínculo que incluye el sustento para todo.

Dijo Rabbí Iosi: Israel recitará un poema completo, un poema que incluye todas las otras canciones. Éste es el significado de «Alabad al Eterno, invocad su nombre; haced notorias sus obras en los pueblos» (Salmos 105:1). A propósito de aquel tiempo ha sido escrito: «Y el Eterno será Rey sobre toda la tierra. **En aquel día el Eterno será uno, y su nombre uno**» (Zacarías 14:9), y, «Entonces nuestra boca se llenará de risa, y nuestra lengua de alabanza; entonces dirán entre los gentiles: grandes cosas ha hecho el Eterno con éstos» «Entonces nuestra boca se llenó de risas, y nuestra lengua de cantos. Entonces dijeron ente las naciones: el Eterno ha hecho grandes cosas por ellos» (Salmos 126:2).

Bendito sea el Eterno por los siglos de los siglos, Amén y Amén.

Reine el Eterno por los siglos de los siglos, Amén y Amén.

PARASHAT HAZINU

Deuteronomio 32:1 a 52

«Escuchad, cielos, y hablaré; y oiga la tierra los dichos de mi boca» (Deuteronomio 32:1). **Rabbí Iehudah abrió: «Abrí yo a mi amado; mas mi amado se había ido, había ya pasado; y tras su hablar salió mi alma: lo busqué, y no lo hallé; lo llamé, y no me respondió»** (Cantar de los cantares 5:6). **Antes** (Cantar de los cantares 5:2) **está escrito: «Yo duermo, pero mi corazón vela** *por* la voz de mi amado que toca *a la puerta»*. **«Yo duermo»**, dice la Asamblea de Israel, duermo **alejado de los preceptos de la Torah cuando recorrí el desierto; «pero mi corazón vela» para llevarlos a la tierra de Israel y legislar leyes para ellos. Porque todos los preceptos de la Torah están presentes en la tierra de Israel. «La voz de mi amado que toca** *a la puerta»* **es Moisés, quien reprendió a Israel (286b) con muchos argumentos y disputas, según ha sido escrito: «Éstas son las palabras...»** (Deuteronomio 1:1), **«Rebeldes habéis sido** al Eterno desde el día que yo os conozco» (Deuteronomio 9:24), **y** «en Horeb provocasteis a ira» (Deuteronomio 9:8). **Esto es lo que está escrito «a la puerta». Aunque Moisés reprendió a Israel, todas sus palabras fueron** dichas **con amor, según ha sido escrito: «Porque tú eres pueblo santo al Eterno tu Dios; el Eterno tu Dios te ha escogido para serle** *un* **pueblo único,** diferente a todos los pueblos que están

286b

sobre la faz de la tierra» (Deuteronomio 7:6), **«Vosotros sois hijos del Eterno vuestro Dios»** (Deuteronomio 14:1), **«Mas vosotros que os allegasteis al Eterno** vuestro Dios, todos *estáis* vivos hoy» (Deuteronomio 4:4). **Por lo tanto, «obedece la voz del Eterno tu Dios»** (Deuteronomio 27:10), **«porque el Eterno te amó»** (Deuteronomio 7:8). **Éste es el significado de «Ábreme, hermana mía, compañera mía,** paloma mía, perfecta mía...» (Cantar de los cantares 5:2).

Está escrito: **«Yo me levanté para abrir a mi amado,** y mis manos gotearon mirra, y mis dedos mirra que corría sobre las aldabas del candado» (Cantar de los cantares 5:5). **Israel dijo, mientras nosotros estábamos listos para entrar en la tierra de Israel y aceptar los preceptos de la Torah a través de Moisés, está escrito, «mas mi amado se había ido, había ya pasado»** (Cantar de los cantares 5:6) **según ha sido escrito «Y murió allí Moisés siervo del Eterno»** (Deuteronomio 34:5). **«Lo busqué, pero no lo hallé»** (Cantar de los cantares 5:6), **según ha sido escrito, «nunca más se levantó profeta en Israel como Moisés»** (Deuteronomio 34:10). **«Lo llamé, y no me respondió...»** (Cantar de los cantares 5:6)» **ya que no había generación como la generación de Moisés, a quien el Santo, bendito sea, obedeciera sus voces y realizara milagros** (*Véase Zohar* I-191b) **e hiciera leyes para ellos, como lo hizo a través de él.**

Dijo Rabbí Itzjak: **«Yo me levanté para abrir a mi amado»** (Cantar de los cantares 5:5), **es el Santo, bendito sea, durante los días de Moisés, que rehusó todos sus días ser guiado por un ángel o mensajero, según ha sido escrito: «Si tus fazes no han de ir delante,** no nos saques de aquí». (Éxodo 33:15). **Bendita sea la parte de Moisés ya que el Santo, bendito sea, aprobó su deseo. «Mas mi amado se había ido, había ya pasado»** (Cantar de los cantares 5:6), **durante la vida de Josué, según ha sido escrito: «mas yo *soy* el príncipe del ejército del Eterno;** ahora he venido» (Josué 5:14).

Ven y **ve: Moisés solía escuchar la voz sagrada del rey de Arriba, pero no tembló, ni** tampoco **tembló ante un ángel, a quien no deseaba. Después de que muriera, está escrito: «No; mas yo *soy* el Príncipe del ejército del Eterno; ahora he venido. Entonces Josué postrándose sobre su rostro en tierra le adoró» (Josué 5:14). «Ahora he venido», en los días de Moisés tu amo, pero no fui aceptado. En ese momento, Israel reconoció el valor de Moisés. En ese momento Israel buscó al Santo, bendito sea, pero no estaba tan disponible como durante la vida de Moisés.

«Escuchad, cielos, y hablaré» (Deuteronomio 32:1). Rabbí Jía dijo: ¡Dichosa es la parte de Moisés, porque es bendecida por encima de la de cualquier profeta en el mundo! Ven y ve, está escrito: «Oíd, cielos, y escucha tú, tierra; porque habla el Eterno...» (Isaías 1:2). «Oíd cielos»: está escrito en Isaías, que estaba más lejos del rey: «Oíd cielos». En cuanto a Moisés, que estaba más cerca del Rey, está escrito: «Escuchad, cielos». Hemos aprendido que en el tiempo en que Isaías dijo: «Oíd, cielos, y escucha tú, tierra» (Isaías 1:2), **muchos ángeles acusadores vinieron a quebrarle la cabeza. Una voz resonó diciendo: ¿Quién es aquel que quiere sacudir los mundos? Entonces abrió con las palabras: no soy yo ni es mío, sino «habla el Eterno» y no yo.** A propósito de **Moisés ha sido escrito: «Escuchad, cielos, y hablaré»** (Deuteronomio 32:1), yo y ningún otro. «Hablaré» sin temor, «y escucharé, tierra, las palabras de mi boca» y no las de nadie más. Bendita sea su parte. Rabbí Abba dijo: en las letras grabadas del Rabbí Eleazar en «Oíd cielos» y Escucharé, tierra» es aludido el Santo Nombre de Arriba.

Rabbí Iosi dijo: otra diferencia entre Moisés e Isaías es que Moisés dijo: «Escuchad, cielos» (Deuteronomio 32:1). **Cielos, o sea los cielos de Arriba, los que sabemos que se llaman «el nombre del Santo, bendito sea». «Y oiga la tierra» es la tierra de Arriba, la que se conoce como la tierra de los vivos.** En Isaías está escrito: «Oíd, cielos» en lugar de «Escuchad, cielos», porque estos son los cielos inferiores y la tierra. Sin embargo, quisieron castigarlo hasta que él dijo: «habla el Eterno y no yo». Moisés habló mucho más, según ha sido escrito: «Escuchad, cielos, y hablaré; y oiga la tierra los dichos de mi boca» (Deuteronomio 32:1).

Rabbí Itzjak abrió: «Como el manzano...» (Cantar de los cantares 2:3). Dichosa la parte de Israel más que todas las demás naciones idólatras, **porque todas las demás naciones fueron entregadas a ministros designados para controlarlas. En cuanto al santo Israel, su parte es dichosa en este mundo y en el mundo venidero pues el Santo, bendito sea, no los ha entregado ni a un ángel ni a otro gobernante, sino que los ha tomado para sí.** Éste es el significado de «Porque la parte del Eterno *es* su pueblo; Jacob el cordel de su heredad» (Deuteronomio 32:9), **y «Porque el Eterno ha escogido a Jacob para sí**, a Israel por posesión suya» (Salmos 135:4). **«Como el manzano entre los árboles del bosque»** (Cantar de los cantares 2:3). **Así como el manzano es diferente en color de todos los demás árboles del campo, así es el Santo, bendito sea, separado y marcado sobre todas las legiones superiores e inferiores. Por lo tanto, su nombre es el Eterno Tzevaot, el cual significa que él es un *Ot*,** señal **a través de todo** *Tzava*, ejército **de Arriba** (*Véase* Talmud, tratado de *Jaguigah* 16a).

Ven y ve: el Santo, bendito sea, es como una manzana que tiene en sí tres colores. La asamblea de Israel es como un lirio (*Shoshanah*). **¿Qué es un lirio? Rabbí Abba dijo: un lirio genérico, un lirio de seis pétalos. Los colores de tal lirio son el blanco y el rojo, y es todo de dos colores, rojo y blanco,** o sea Rigor y Misericordia (*Véase Zohar* I-1a). **Así es la asamblea de Israel. El Santo, bendito sea, es como un manzano; la asamblea de Israel es como un lirio. Porque así habló la asamblea de Israel: «Debajo de un manzano te desperté»** (Cantar de los cantares 8:5). **¿Dónde está?** (287a) **Debajo de un manzano. Son los patriarcas que hemos mencionado. Rabbí Iosi dijo: es el Jubileo. Rabbí Abba dijo: así es, porque los patriarcas que hemos mencionado son los tres colores unidos en la manzana.**

Dijo Rabbí Itzjak: ¿Cómo se convirtió la asamblea de Israel en parte del lirio? Amando los besos con los que se aferró al rey de Arriba. Entonces ella tomó dos lirios, según ha sido escrito, «sus labios como lirios» (Cantar de los cantares 5:13). **Por eso la asamblea de Israel dijo: «Que me bese con los besos de su boca»** (Cantar de los cantares 1:2), **ya que ella está incluida en los lirios de sus dos labios.**

PARASHAT HAZINU

Dijo Rabbí Iehudah: El Santo, bendito sea, es llamado cielos, y como se llama cielos, todos los firmamentos que están incluidos en este nombre, cuando se unen se llaman cielos y se llaman por el nombre del Santo, bendito sea. ¿Cuáles son estos firmamentos? (*Véase Zohar* II-285a y Talmud, tratado de *Jaguigah* 12b) Como hemos aprendido, son siete: *Vilón*, cortina, *Rakia*, firmamento, *Shejakim*, cielos, *Zvul*, vivienda, *Mahón*, templo, *Majón*, santuario y *Aravot*, nubes. Así lo aprendimos en la Hagaddah de Rav Amnuna el anciano. Rabbí Itzjak dijo: las Baraitot de la casa de Rav Amnuna el anciano así dicen y hay muchas opiniones que lo confirman.

Hemos aprendido, dijo Rabbí Shimon, en todas estas Baraitot que todas estas setenta coronas del rey son comparadas con siete firmamentos y siete planetas que corren de un lado a otro, y son llamadas por distintos nombres. Pero aunque ocultan todos los firmamentos como para los siete planetas, *Shabtai*, Saturno, *Tzedek*, Júpiter, *Maadim*, Marte, *Jamah*, Sol, *Nogah*, Venus, *Kokav*, Mercurio y *Levanah*, Luna los relacionan con ellos para ocultar los asuntos con respecto a aquellos a propósito de quienes ha sido escrito: «los contempladores de los cielos, los especuladores de las estrellas, los que enseñan los cursos de la Luna, de lo que vendrá sobre ti» (Isaías 47:13). Ellos ocultan asuntos, aunque no son los caminos de la Torah, pero nosotros seguimos los caminos de la Torah, según ha sido escrito: «y los llamó por los nombres que su padre los había llamado», (Génesis 26:18), es decir, seguimos las palabras del Santo, bendito sea, y caminamos con él, según ha sido escrito, «y andamos en sus caminos» (Deuteronomio 28:9).

Dijo Rabbí Iosi: estas palabras son fáciles para los compañeros cabalistas, y las palabras son entendidas, aunque sean palabras ocultas. Él le dijo: lo hemos aprendido de Rabbí Iehudah que dijo que Rabbí Jía las dijo antes que nosotros. Y así hemos aprendido de estas Baraitot que durante los días de Salomón la Luna estaba llena. Y mucha gente entendió las palabras de estas Baraitot.

Dijo Rabbí Shimon: he alzado mis manos en oración al santo de Arriba porque estos temas fueron descubiertos por mí en ese mundo de la misma manera que estaban cubiertos en mi corazón. Y no aplicamos estos caminos de las Baraitot sino que aplicamos los caminos de la Torah.

Hemos aprendido que Rabbí Iehudah dijo: ¿Quién es grande en sabiduría como el rey David y su hijo el Rey Salomón en esta corona conocido por estas Baraitot? El rey David llamó a la Luna «justicia» porque es suya, según ha sido escrito: «Abridme las puertas de la justicia, entraré por ellas, alabaré al Eterno» (Salmos 118:19). El rey Salomón también la llama justicia. El Sol que es llamado en las Baraitot «pacto», también es llamado «juicio». Y ambos son el trono de gloria del rey, según ha sido escrito: «Justicia y juicio son la compostura de tu trono» (Salmos 89:15), porque los Tzadikim, justos y *Tzedek*, justicia, también están en el mismo grado. Hemos aprendido que las siete coronas son nueve e incluso en estas Baraitot, los siete firmamentos son nueve.

Dijo Rabbí Shimon: ¿Hasta cuándo leerán los compañeros cabalistas estas palabras? Seguimos al Santo, bendito sea, y conocemos estos temas. Hemos revelado lo que no fue revelado a los antiguos sabios. De ahora en adelante, dejad todas estas cosas y todas las Baraitot a aquellos que no entraron y salieron, aquellos que lo intentaron pero no lo lograron. Que sus hijos vengan y pregunten sobre esta sabiduría, y cuando lo hagan, los compañeros cabalistas les dirán: ¡Ay de la generación de la que se ha ido Rabbí Shimon bar Iojai! Pero venid y veréis, de ahora en adelante no habrá generación como ésta, y la Torah oculta no será revelada por los compañeros cabalistas.

Ven y ve: la última generación que salió de Egipto lo sabía todo (*haKol*) porque Moisés se lo reveló durante los cuarenta años que estuvieron en el desierto, como ya ha sido dicho. Hemos aprendido que Rabbí Itzjak dijo que Moisés sólo lo reveló el día en que partió del mundo (*Véase Zohar* III-197a), según ha sido escrito: «De edad de ciento veinte años soy hoy día» (Deuteronomio 31:2). Por eso no habló hasta que se le dio permiso:

«Por tanto, escribíos este cántico» (Deuteronomio 31:19). **Cuando se reveló, no dijo: «Escucha, Israel», sino «Escuchad, oh cielos»** (Deuteronomio 32:1).

Dijo Rabbí Iosi: está escrito «este cántico (*Shirah*)». ¿Podría llamarse «cántico (*Shirah*)? Según los comentaristas debería haber dicho «esta Torah». **Rabbí Itzjak dijo: no hay duda de que** (287b) **es un cántico (*Shirah*). Así como un cántico (*Shirah*) es atraído por el Espíritu Santo de Arriba hacia abajo, así también estas palabras fueron atraídas por el Espíritu Santo de Arriba hacia abajo. Por eso Moisés habló de un cántico (*Shirah*).**

Ven y ve todo lo que dijo Moisés ha dicho y clamó hacia Arriba antes de pronunciar una palabra, según ha sido escrito: «Escuchad, oh cielos» (Deuteronomio 32:1), **«Goteará como la lluvia mi doctrina..."** (Deuteronomio 32:1). **¿Por qué todo eso? Porque «invocaré el nombre de El Eterno»** (Deuteronomio 32:3). **Antes de decir eso, hizo temblar a** todos **los mundos. Hemos aprendido que cuando Moisés dijo: «Escuchad, oh cielos, y hablaré»** (Deuteronomio 32:1), **los mundos temblaron. Una voz resonó diciendo: Moisés, Moisés, ¿por qué estremeces al mundo entero? Eres humano, ¿el mundo ha de temblar por tu culpa? Abrió y dijo: «porque el Nombre del Eterno invocaré**; engrandeced a nuestro Dios» (Deuteronomio 32:3). **En ese momento se callaron y escucharon sus palabras.**

IDRA ZUTA KADDISHA (La pequeña Asamblea Santa).

Hemos aprendido que el día en que Rabbí Shimon quería irse de este mundo y estaba poniendo sus asuntos en orden, los compañeros cabalistas **se reunieron en la casa de su hijo, Rabbí Eleazar. Delante de él se encontraban Rabbí Eleazar, su hijo, Rabbí Abba y otros compañeros** cabalistas, **y la casa estaba llena. Rabbí Shimon alzó los ojos y vio que la casa se llenaba. Rabbí Shimon lloró y dijo: en una ocasión, cuando estaba enfermo, Rabbí Pinjas ben Iair estaba delante de mí, y me esperaron hasta que pregunté**

por mi lugar. Cuando regresé, un fuego me rodeó, y nunca dejó de arder. Nadie entró en mi casa excepto con permiso. Ahora veo que ha dejado de arder, y he aquí que la casa está llena.

Mientras estaban sentados, Rabbí Shimon abrió los ojos y vio lo que vio, y el fuego rodeó de nuevo la casa. Todos se fueron, y sólo se quedaron Rabbí Eleazar, su hijo, y Rabbí Abba, mientras que el resto de los compañeros cabalistas se quedaron afuera. Rabbí Shimon le dijo a Rabbí Eleazar su hijo: ve a ver si Rabbí Itzjak está aquí, porque yo fui su garante. Dile que arregle sus asuntos y que se siente a mi lado. ¡Dichosa es su porción!

Rabbí Shimon se levantó y se sentó, se rió y se regocijó. Dijo: ¿Dónde están los compañeros? Rabbí Eleazar se levantó y los dejó entrar, y se sentaron ante él. Rabbí Shimon alzó las manos, recitó una oración y se alegró. Dijo: que vengan aquí los compañeros que estaban presentes en la *Idra*, asamblea (*Véase Zohar* vol. 23). Todos se fueron y Rabbí Eleazar, su hijo, Rabbí Abba, Rabbí Iehudah, Rabbí Iosi y Rabbí Jía se quedaron. Mientras tanto, entró Rabbí Itzjak. Rabbí Shimón le dijo: eres merecedor de tu porción. ¡Cuánta alegría se te debe añadir en este día! Rabbí Abba se sentó detrás de él y Rabbí Eleazar delante de él.

Dijo Rabbí Shimon: ahora es tiempo de buena voluntad, y quiero partir sin vergüenza al mundo venidero. Aquí hay cosas (o palabras) santas que no he revelado hasta ahora. Deseo revelarlas delante de la Shekinah para que no se diga que me he ido de este mundo en la necesidad: hasta ahora estas cosas han estado escondidas en mi corazón, para que pueda entrar a través de ellas en el mundo venidero (*Véase Zohar* II-134b). Así es como vamos a hacer: Rabbí Abba escribirá, Rabbí Eleazar, mi hijo recitará oralmente, y los demás compañeros murmurarán en su corazón. Rabbí Abba se levantó a sus espaldas. Rabbí Eleazar estaba sentado frente a él. Le dijo: levántate hijo mío, porque otro se sentará en este lugar. Rabbí Eleazar se levantó.

Rabbí Shimon se envolvió en su manto de oraciones, y se sentó. Comenzó diciendo: «No alabarán los muertos al Eterno, ni todos *los* que descienden al silencio» (Salmos 115:17). Sin duda

«No alabarán los muertos al Eterno», o sea los que son considerados muertos, porque el Santo, bendito sea, es llamado vivo y mora entre los que son llamados vivos y no entre los que son considerados muertos. Al final del versículo leemos «ni todos *los* que descienden al silencio» es decir, a todos los que descienden a *Dumah*, silencio, y permanecen en el *Gehenom*, infierno. Pero no es así con aquellos que son llamados vivos que el Santo, bendito sea, se deleita en honrar.

Rabbí Shimón dijo: ¡Qué distinto es esta (288a) vez de la Idra, asamblea (*Véase Zohar* vol. 23) ya que en la Idra vino el Santo, bendito sea, con sus carros! Ahora el Santo, bendito sea, está aquí, viniendo con los justos que están en el jardín del Edén, lo cual no sucedió en la Idra. Y el Santo, bendito sea, se deleita en el honor de los justos más que en su propio honor, como está escrito acerca de Jeroboam que solía hacer ofrendas y adorar ídolos; sin embargo, el Santo, bendito sea, lo esperó. Pero una vez que extendió sus manos contra el profeta Ido, su mano se secó, según ha sido escrito: «Y su mano... se secó» (1 Reyes 13:4). No se dice que es porque adoraba ídolos, sino porque extendió su mano contra Ido el profeta. Ahora, cuando todos viene con él, el Santo, bendito sea, se deleita en nuestro honor.

Dijo: aquí está Rav Amnuna el anciano, y a su alrededor setenta personas justas adornadas con coronas, y brillando cada una de ellas desde el esplendor del resplandor del Atika Kaddisha a más oculto. Viene alegremente a escuchar las cosas que estoy diciendo. Mientras estaba sentado, dijo, ya que Rabbí Pinjas ben Iair está aquí, prepara su asiento. Los compañeros cabalistas que estaban allí temblaban, se levantaban y se sentaban en las esquinas de la casa, y Rabbí Eleazar y Rabbí Abba se quedaron ante Rabbí Shimon. Rabbí Shimon dijo: en la Idra todos los compañeros cabalistas estaban hablando y yo me encontraba entre ellos. Ahora hablaré solo y todos escucharán mis palabras, seres de Arriba y de abajo. ¡Dichosa es mi porción en este día!

Abrió Rabbí Shimon y dijo: «Yo *soy* de mi amado, y conmigo tiene su contentamiento» (Cantar de los cantares 7:10). Todos los días que estuve conectado a este mundo, estuve unido con un nudo con el Santo, bendito sea, y por eso ahora, «conmigo tiene su contentamiento». Porque él y todo su santo campamento han venido con alegría para escuchar palabras ocultas y la alabanza del Atika Kaddisha más oculto, que está separado y dividido, pero ahora no está dividido, ya que todo se une a él y él se une a todo; él es todo.

Atika dKol Atikin, el más antiguo entre los antiguos, **el más oculto entre los ocultos, fue establecido** (*Itkan*) **pero no fue establecido. Fue establecido para mantenerlo todo, y no fue establecido y no se lo puede encontrar.**

Cuando fue establecido produjo nueve luces (*Véase Zohar* II-226a), **que resplandecen** a partir **de él,** a partir de **sus establecimientos. Estas nueve luces brillan a partir de él, brillan con él y se extienden en todas las direcciones como una lámpara** a partir de la cual las luces fluyen en todas las direcciones. Cuando uno se acerca para observar las luces que se esparcen, sólo se puede observar la lámpara. Así es el Atika Kaddisha. Es una lámpara elevada, muy escondida, incomprensible excepto por las luces que emana. Se les llama Shema Kaddisha, santo nombre. Y por esa razón, todo es uno.

Los compañeros cabalistas **han dicho en libros antiguos que se trata de grados creados y que el Atika Kaddisha se revela a través de cada uno de ellos, ya que son las construcciones del Atika Kaddisha. Éste no es el momento para** tratar **estos asuntos, porque ya hablé de ellos en la santa Idra** (*Véase Zohar* III-131a). **Soy consciente de lo que no he conocido tan bien, pues hasta ahora estaba oculto en mi corazón. Ahora sólo yo testifico ante el Santo Rey y todos los verdaderos justos que han venido a escuchar estos asuntos.**

El cráneo de la cabeza blanca no tiene ni principio ni fin. Su fluir se extiende y brilla sobre los justos que reciben cuatrocientos mundos deseables para el mundo venidero. Desde este fluir, que es la cabeza blanca, el rocío gotea diariamente hasta Zeir Anpin, que es un lugar llamado cielo. Con él los muertos resucitarán en el futuro venidero, según ha sido escrito: «Dios, pues, te dé del rocío del cielo» (Génesis 27:28), y su cabeza está llena. Desde Zeir Anpin fluye hacia el campo de manzanos, y todo el campo de manzanos irradia con este rocío. Este Atika Kaddisha, está oculto y reservado, y la Jojmah oculta de Arriba está en ese cráneo. Seguramente sólo la cabeza fue expuesta en ese Atika, porque es el principio de cada comienzo. Jojmah de Arriba, que es una cabeza, está oculto dentro de él, y se le llama el cerebro excelso, el cerebro cubierto, el cerebro sometido y tranquilo. Nadie puede comprenderlo, excepto él mismo.

Tres cabezas fueron grabadas, una dentro de la otra, y una sobre la otra. Una cabeza es la Jojmah oculta, la cual no es revelada y no está abierta. Esta Jojmah oculta es un comienzo para cualquier otro comienzo de Jojmot, sabidurías. Es una cabeza de Arriba, la más oscura de Atika Kaddisha, la cabeza para cada cabeza (288b), una cabeza que no es una cabeza, porque nadie sabe ni conoce lo que hay en esta cabeza, porque no está relacionada ni con Jojmah ni con Tevunah. Por esta razón, se considera: «Huye, por tanto, ahora a tu lugar» (Números 24:11), «Y los animales corrían y tornaban a semejanza de relámpagos» (Ezequiel 1:14).

Por esta razón el Atika Kaddisha es denominado *Ein*, nada, ya que nada deriva de él. Y todos los pelos y pequeños cabellos que están sobre el cráneo salen del cerebro oculto. Todos ellos son suaves y la parte posterior del cuello no se puede ver.

Todo esto se deriva del hecho de que este Atika Kaddisha, anciano santo es uno. Todo está en la alegría y nunca se aparta de la misericordia. Permanece en los trece atributos de misericordia, porque la Jojmah Stimah, la sabiduría oculta en ella se divide tres veces en cuatro, formando doce, y él, el Atika, anciano, los incluye y gobierna sobre todo (*Véase Zohar* III-131a).

Un sendero brilla en medio de la división de los cabellos (*Véase Zohar* III-129a) que salen del cerebro. Es el camino donde los justos brillan en el mundo venidero, según ha sido escrito: «Mas la vereda de los justos *es* como la luz del lucero» (Proverbios 4:18), «entonces te deleitarás en el Eterno...» (Isaías 58:14). A partir de este sendero brillan todos los demás senderos que derivan de Zeir Anpin.

Este Atika, que es el más antiguo de los antiguos, es la excelsa Keter, corona, de Arriba, con la que se decoran todas las coronas (*Véase Zohar* I-72b). Y las coronas brillan y las otras luces resplandecen a partir de ella y brillan. Es una luz oculta, excelsa y desconocida.

Este Atika, anciano está presente en tres cabezas que se encuentran incluidas dentro de una cabeza más alta que está Arriba Y puesto que el Atika Kaddisha se manifiesta en tres, también lo hacen todas las lámparas que irradian a partir de ella manifestadas en tres. Además, el Atika Kaddisha se manifiesta en dos, porque Atik en todo está en dos. En primer lugar es el Keter excelso de todos los seres superiores, la cabeza de todas las cabezas, y en segundo lugar también es la que está por encima de ella, y es desconocida. También lo hacen todas las lámparas que se manifiestan en dos. Además, el Atika Kaddisha se manifiesta y se esconde en una sola. Es uno y todo es uno. Así son todas las otras lámparas santificadas y conectadas y regresan a una, y son una.

La frente que se revela en el Atika Kaddisha se llama *Ratzon*, voluntad. Para esta cabeza excelsa que está oculta Arriba y es desconocida, se extiende una fuerza, tranquila y hermosa que está incluida en la frente y revelada por su brillo. Esta frente se llama *Ratzon*, voluntad.

Cuando esta voluntad es revelada, la voluntad de todas las voluntades está presente a través de los mundos y todas las oraciones de abajo son recibidas entonces. El rostro de Zeir Anpin brilla, todo está en un estado de *Rajamim*, Misericordia y todos los *Dinim*, juicios se esconden y son sometidos.

En Shabat, durante el servicio de Minjá, es un tiempo en que todos los *Dinim*, juicios despiertan y esta frente se revela. Todos los *Dinim*, juicios son sometidos y *Rajamim*, Misericordia perma-

Parashat Hazinu

nece a través de los mundos. Por lo tanto, el Shabat no tiene juicio tanto en lo alto como en lo bajo; incluso el fuego de *Gehenom*, infierno, se hunde en su lugar y la gente malvada descansa. Por lo tanto, en el Shabat se añade un alma adicional y la persona se alegra con las tres comidas porque la totalidad de la fe se encuentra aquí. La persona puede preparar las tres comidas de la fe y alegrarse en ellas (*Véase* Talmud, tratado de *Shabat* 117b).

Dijo Rabbí Shimon: traigo aquí como testigos a todos los presentes de que nunca he descuidado estas tres comidas de Shabat en mi vida, que corresponden a las sefirot según *Zohar* II-88b. Debido a sus méritos, no tuve que recurrir al ayuno en el Shabat e incluso en los demás días profanos tampoco tuve que hacerlo, y mucho menos en Shabat. Porque quienquiera que los merezca, merece la fe entera. Una: la comida de la Matronita, otra: la comida del Rey Santo y otra es la comida del Atika Kaddisha más oculto. En este mundo, se puede merecer estas comidas. Cuando esta voluntad es revelada, todos los *Dinim*, juicios son sometidos en sus cadenas.

El Tikún, corrección del Atika Kaddisha es tal que se estableció como un solo Tikún que incluye todos los Tikunim. Es la Jojmah excelsa y oculta, que incluye todo lo demás, y es denominada el Edén oculto de Arriba. Es el cerebro de Atika Kaddisha. Este cerebro se expande en todas las direcciones y desde él se propaga otro Edén cortado de éste (*Véase Zohar* II-178b).

Cuando (289a) esa cabeza oculta en la cabeza de Atika, que es desconocida, extendió una fuerza construida para iluminar, golpeó a través de ella a ese cerebro, se grabó y brilló con muchas luces. Marcó una reconciliación, por así decirlo, en esa frente. Entonces una luz, que se llama *Ratzon*, voluntad, fue impresa y se extendió hacia abajo hasta el lugar donde se asentó en la barba llamada Hessed de Arriba. Ésta es abundante en Hessed (Éxodo 34:6). Cuando esta *Ratzon*, voluntad se revela, los señores del Juicio la ven y se rinden.

En cuanto a los ojos de la cabeza del Atika Kaddisha, son un único solo. Observan constantemente y nunca duermen, según ha sido escrito: «He aquí, no se adormecerá ni dormirá el que guarda a Israel» (Salmos 121:4), y esto se refiere al Israel santo. Por esa razón no tiene ni cejas ni párpados.

Este cerebro está grabado y brilla con tres tipos de blancura en el ojo. Con un tipo de blancura en ellos, los ojos de Zeir Anpin se lavan en leche, según ha sido escrito «lavados con leche» (Cantar de los cantares 5:12). Deriva del primer tipo de blancura. Los otros tipos de blancura lavan e iluminan las otras lámparas.

El cerebro es denominado fuente de la bendición, siendo la fuente de la que fluyen todas las demás bendiciones. Y dado que este cerebro brilla con los tres tipos de blancura en los ojos, las bendiciones salen del ojo, según ha sido escrito: «El ojo misericordioso será bendito, porque dio de su pan al menesteroso» (Proverbios 22:9), porque la blancura del ojo deriva del cerebro. Cuando ese ojo observa al Zeir Anpin, todos brillan alegremente. Este ojo está bien y no tiene nada del lado de la izquierda en él. Los ojos inferiores son de la derecha y de la izquierda; son dos que tienen dos naturalezas.

Hemos aprendido en el *Sifra diZeniuta*, Libro Oculto, que hay una letra *Iod* de Arriba y una letra *Iod* de abajo, una letra *He* de Arriba y una letra *He* de abajo, una letra *Vav* de Arriba y una letra *Vav* de abajo. Todas las de Arriba derivan de Atika, y las de abajo del Zeir Anpin. No derivan de él sino que están en él. Pero derivan del Atika Kaddisha. Porque el nombre del Atika está oculto para todos y es incomprensible. Pero esas letras derivan del Atika para apoyar a las otras porque de lo contrario no habrían sobrevivido.

Por esa razón el Santo Nombre está escondido y revelado. La parte oculta corresponde a la parte más oculta del Atika Kaddisha y la parte revelada está en el Zeir Anpin. Por lo tanto, todas las bendiciones deben contener tanto lo oculto como lo revelado.

Estas letras ocultas que derivan de Atika Kaddisha y dependen del cráneo, la frente y los ojos. ¿Por qué la letra *Iod* de Arriba es dependiente? A fin de sostener a la letra *Iod* de abajo.

La nariz: en esta nariz, el espíritu de la vida sopla sobre el Zeir Anpin dentro de la ventana de su fosa nasal. Dentro de esta nariz, en la ventana de la fosa nasal, sale la letra *He* para apoyar a otra letra *He* de abajo. Este espíritu sale del cerebro oculto y se llama el espíritu de la vida. Por medio de ese espíritu la gente ganará sabiduría durante el tiempo del Rey Mesías, según ha sido escrito: «Y reposará sobre él el Espíritu del Eterno, Espíritu de sabiduría y de inteligencia...» (Isaías 11:2). **Esta nariz es la vida desde todo punto de vista, la alegría completa, la satisfacción y la curación. A propósito de la nariz del Zeir Anpin ha sido escrito: «Subió humo por sus narices...»** (2 Samuel 22:9). **Aquí está escrito: «Por causa de mi nombre dilataré mi furor; y para alabanza mía te esperaré con paciencia**, para no talarte» (Isaías 48:9).

En el libro de la Hagaddah de Rabbí Ieiba el anciano, situó a la letra *He* en la boca, pero aquí no es así, y no se relaciona con ella. Y aunque tiene el mismo significado, muchos juicios derivan de la letra *He*, mientras que el juicio deriva de la nariz, según ha sido escrito: «Subió humo por sus narices...» (2 Samuel 22:9). **Se puede decir que está escrito: «y salió fuego de su boca»** (2 Samuel 22:9) ya que **la ira viene principalmente de la nariz.**

Todos los *Tikunim*, correcciones **del Atika Kaddisha están establecidos en la mente oculta, tranquila. Y todos los *Tikunim*,** correcciones **dentro del Zeir Anpin están establecidos en el bajo Jojmah, según ha sido escrito «Hiciste todas ellas con sabiduría»,** (Salmos 104:24). **Y la** letra *He* **seguramente incluye todo. ¿Cuál es la diferencia entre la** letra *He*, **y esta *He*? De esta *He* los juicios se agitan, mientras que esa *He* es la Misericordia dentro de la Misericordia.**

La preciosidad general deriva de la barba del Atika Kaddisha. Se llama *Mazal*, destino. **De esta barba, que se llama *Mazal*,** destino, **que es la más preciosa, los seres superiores e inferiores se volvieron exitosos. Todos ellos buscan a ese *Mazal*,** destino. **Toda la vida deriva de ese *Mazal*,** destino, **la vida de todos. Cielo y tierra vienen de ese *Mazal*,** destino, **y lluvias abundantes. Todo el mundo se fija en ese *Mazal*,** destino. **Las fuerzas de Arriba y de abajo salen de ese *Mazal*,** destino (289b).

289b

Hay trece arroyos de valioso aceite de buena calidad que fluyen de esa barba, que es ese precioso *Mazal*, destino. Todos vienen al Zeir Anpin. No digas que todos lo hacen, ya que nueve de ellos están presentes en el Zeir Anpin con el fin de someter los juicios.

Este *Mazal*, destino cae en igual medida que el medio. Toda la santidad del Santo de los Santos deriva de este *Mazal*, destino. A través de este *Mazal*, destino, el enredado nudo de Arriba se desató de la cabeza que está por encima de todas las cabezas, lo cual es desconocido, no concebido ni conocido por los seres de Arriba y de abajo. Por eso, todo deriva de este *Mazal*, destino.

En esta barba, las tres cabezas que mencioné se expanden y todas se conectan a este *Mazal*, destino y descansan en él. Por eso todo lo que es más precioso deriva de este *Mazal*, destino. Todas las letras que salen del Atika lo hacen de la barba y se conectan a este *Mazal*, destino y dependen de él para soportar las otras letras. Y si estas letras no hubieran subido al Atika, las demás no habrían sobrevivido. Por eso Moisés dijo dos veces, cuando fue necesario, «El Eterno, El Eterno» con un signo de puntuación entre ellos (*Véase Zohar* I-158b). Todo depende de *Mazal*, destino. Los seres de Arriba y de abajo se alejan de este *Mazal*, destino y son subyugados ante él. ¡Dichosa la parte de aquel que lo alcanza!

Este Atika Kaddisha más oculto no se menciona, y no está presente, ya que al ser una cabeza excelsa para todos los seres de Arriba, se menciona sólo como una cabeza sin cuerpo que lo sotiene todo.

Los Tikunim del más escondido, oculto y atesorado de todos se asentaron en el cerebro más escondido. Después de que fue totalmente expandido y establecido, el Hessed de Arriba emergió. Este Hessed de Arriba se expandió y se estableció, y todo se incorporó en el cerebro oculto. Cuando esta blancura fue instituida dentro de esa luz, alguien golpeó ese cerebro, que brilló y produjo del precioso *Mazal*, destino otro cerebro, que se expandió y brilló sobre treinta y dos senderos (*Véase* Sefer Ietzirah I-2). Cuando brilla, lo hace desde el precioso *Mazal*, destino. Tres elevadas cabezas brillaban sobre él, dos cabezas y una que las reúne. Derivan del *Mazal*, destino y están incluidos en él.

A partir de aquí, la preciosidad de la barba, que es el *Mazal*, destino **oculto, comienza a ser revelada y cuando se establecen así como tres coronas para el Atika Kaddisha, así son todas tres cabezas. Y cuando brillan, todas derivan una de la otra con tres cabezas, que son dos de ambos lados y una que las incluye.**

Y alguien podría preguntar quién es el Atika Kaddisha. Ven y ve: Arriba se encuentra lo desconocido, lo inconcebible, lo no designado. Lo incluye todo, y las dos cabezas están incluidas en él. Todo se establece entonces de esa manera y no forma parte del cálculo excepto a través de la buena voluntad. Por eso ha sido dicho: «por mis caminos, para no pecar con mi lengua; guardaré mi boca con freno, entre tanto que el impío fuere contra mí» (Salmos 39:2). **El lugar del que fluye el principio es el Atika Kaddisha que ilumina desde *Mazal*, destino, que es la iluminación de Jojmah que se expande en treinta y dos direcciones, que sale del cerebro oculto cuando se ilumina. Y en cuanto al Atika Kaddisha que brilla en el principio es el comienzo de lo que es revelado, el cual se convierte en tres cabezas. Y una cabeza que los incluye a todos. Y estos tres se expanden al Zeir Anpin y desde ellos todos iluminan.**

Jojmah fue grabada y produjo un río que fluye y sale a regar el jardín. Entra en la cabeza del Zeir Anpin y se convierte en un cerebro de donde fluye y entra en todo el cuerpo y riega todas las plantas. Éste es el secreto de «Y salía *un* río de Edén para regar el huerto, y de allí se repartía en cuatro cabezas» (Génesis 2:10). **Esta Jojmah también fue grabada, fluyó y entró en la cabeza del Zeir Anpin, y se hizo otro cerebro. De esa luz salieron dos flujos, fueron grabados y unieron la única cabeza de la profundidad del abismo,** según ha sido escrito «Con su ciencia se partieron los abismos, y destilan el rocío los cielos» (Proverbios 3:20). **Entró en la cabeza de Zeir Anpin y se convirtió en otro cerebro y de ahí fluyó y entró en todo el cuerpo y llenó todas esas cámaras y salas.** Éste es el significado de «y con ciencia se llenarán las cámaras de todas riquezas preciosas y hermosas» (Proverbios 24:4). **Estos brillan con la luz de ese cerebro oculto de Arriba que ilumina a** *Mazal*, **destino y todo es interdependiente e interconectado, hasta el punto de que se sabe que todo es uno, todo es Atika, y nada está separado de él** (290a). **Estas tres luces iluminan a otros tres llamados padres, que brillan sobre los niños. Todo brilla desde el mismo lugar. Y cuando el Atika, la Voluntad de todas las voluntades, se revela y todo brilla, todo permanece en perfecta alegría.**

Esta Jojmah se llama Edén, y este Edén fluye desde el más oculto y elevado Edén. Este Edén se considera un principio, porque en Atika no se indica ni el comienzo ni el final. Y ya que no hay principio ni final, no se le llama «Tú» porque está oculta y no revelada, y por lo tanto se le llama «él». Donde hay un principio se llama «Tú» y «Padre» (*Véase Zohar* II-90a), **según ha sido escrito «Porque tú eres nuestro padre»** (Isaías 63:16).

En la Haggadah del Rav Ieba el anciano: leemos que **el principio de todo en todo Zeir Anpin es llamado «Tú». Atika Kaddisha, que está oculto, se llama «Él»** (*Véase Zohar* I-49a). **Esto es correcto. Ahora llamamos a este lugar donde yace el principio «Tú», porque aunque todavía está oculto el comienzo viene de él. Es llamado padre y es un padre para los padres. Y este padre sale del Atika Kaddisha según ha sido escrito «Mas ¿dónde se hallará la sabiduría? ¿Y dónde está el lugar de la prudencia?»** (Job 28:12), **que es por lo cual es desconocida** (*Véase Zohar* I-48b).

Ven y ve, está escrito: «Dios entiende el camino de ella, y él *solo* conoce su lugar» (Job 28:23), **en realidad su camino, y él solo «conoce su lugar», su mismo lugar, y naturalmente Jojmah oculta dentro del Atika Kaddisha. Esta Jojmah es el primer comienzo de todo. A partir de ella, treinta y dos caminos se expanden** (*Véase El libro de la Formación* I-1 y 2). **Esto significa que la Torah está incluida en las veintidós letras y en las diez alocuciones. Esta Jojmah es un padre para los padres. En esta Jojmah hay un principio y un final, una Jojmah de Arriba y una Jojmah de aba-**

jo. Cuando Jojmah se expande, se la llama padre de los padres. Todo está incluido sólo en ella según ha sido escrito «Hiciste todas ellas con sabiduría» (Salmos 104:24).

Rabbí Shimon alzó las manos y se alegró. Dijo: ciertamente es un tiempo de revelación, y en este tiempo hay necesidad de todo. Aprendimos que cuando el Atika Kadisha más oculto quería prepararse, estableció todo como masculino y femenino. Donde el macho y la hembra fueron incorporados, sobrevivieron únicamente por otra existencia del macho y la hembra. Esta Jojmah, que lo incluye todo, cuando emergió y brilló de Atika Kadisha, brilló sólo como macho y hembra cuando Jojmah se expandió y produjo Binah de sí misma, y por lo tanto hay macho y hembra; Jojmah es un padre y Binah una madre. Jojmah y Binah son pesados con la misma medida, macho y hembra, ambos son iguales. A causa de ellos todo perduró por medio del macho y la hembra, pues de otra manera no habría existido.

Este comienzo es un padre para todos, un padre para todos los padres unido con todos los demás y resplandeciendo el uno en el otro. Cuando se unieron, dieron a luz a la fe. En la Haggadah de Rav Ieba el anciano lo aprendimos así: ¿Qué es Binah? Cuando *Iod* y *He* se unieron, concibió, dio a luz y tuvo un hijo. Por lo tanto se llama Binah, por dar a luz al *Ben,* hijo de *Iod* y *He,* lo cual es perfección total, pues se unen y el hijo está entre ellos, lo cual comprende todo. Con su establecimiento, hay perfección total, es decir, todo, padre y madre, hijo e hija.

Estas cuestiones no debían ser reveladas excepto a los santos de Arriba que entraron y salieron (*Véase* Talmud, tratado de *Jaguigah* 14b y *Zohar* III-141a), **que conocen los caminos del Santo, bendito sea Él, que nunca se apartan de ellos a la derecha o a la izquierda, según ha sido escrito «Porque los caminos del Eterno son derechos, y los justos andarán por ellos;** mas los rebeldes en ellos caerán» (Oseas 14:9). **Bendita sea la porción del que merece conocer sus caminos y que no se desvíe ni sea engañado por ellos. Porque estos asuntos están ocultos, y los santos de Arriba resplandecen sobre ellos, como alguien que resplandece con la** luz de las velas. Estas palabras fueron dadas solamente a aquellos que entraron y salieron. Porque el que no ha entrado y salido, mejor sería que no hubiera nacido. Porque se sabe ante el Atika Kaddisha más oculto, que estos asuntos brillan en mi corazón con la perfección del amor y el temor ante el Santo, bendito sea. Y estos mis hijos aquí, sé de ellos que entraron y salieron, y brillaron en estos asuntos aunque no en todos ellos. Y ahora brillan plenamente, como corresponde. Dichosa sea mi porción con ellos en ese mundo.

Dijo Rabbí Shimon: todo lo que dije del Atika Kaddisha y todo lo que dije del Zeir Anpin es lo mismo. Es la misma cuestión sin (290b) división alguna. Bendito sea él y bendito sea su nombre por los siglos de los siglos.

Ven y ve: este principio que se llama padre está incluido dentro de la letra *Iod* que sale del santo *Mazal*, destino. Por lo tanto, la letra *Iod* incluye otras letras. *Iod* es el conjunto de todas las demás letras. *Iod* es el principio y el final de todo (*Véase Zohar* III-92a).

Ese río que sale y fluye es denominado mundo venidero, y siempre corre y nunca se detiene. Éste es el Edén de los Tzadikim, justos que merecerán la vida en ese mundo venidero que riega constantemente el Jardín y nunca se detiene. A propósito de él ha sido dicho: «y serás como huerta de riego, y como manadero de aguas, cuyas aguas nunca faltan» (Isaías 58:11). Ese mundo venidero es creado con la letra *Iod*. Éste es el significado de «Y un río salió del Edén para regar el huerto» (Génesis 2:10), ya que la letra *Iod* (*Iod, Vav, Dalet*) incluye las dos letras *Vav Dalet*. En la Hagaddah del Rav Ieba el anciano aprendimos por qué *Vav Dalet* están incluidas en *Iod*. Son su *millui*, relleno. Esta plantación del jardín se llama *Vav*. Hay otro jardín llamado *Dalet*. De esta *Vav* se riega a *Dalet*. Éste es el secreto de las palabras «Y un río salió del Edén para regar el huerto» (Génesis 2:10). El Edén es la Jojmah de Arriba, que es *Iod*. «Regar el huerto» se refiere a la letra *Vav*, «de allí se repartía en cuatro cabezas» (Génesis 2:10) se refiere a la letra *Dalet*, cuya guematria es cuatro. Todo lo que está incluido en *Iod*. Por esta razón es denominado padre de los padres, un principio para todo, una casa para todo, según ha sido escrito «Con sabiduría se edificará la casa, y con prudencia se afirmará» (Proverbios 24:3) e «Hiciste todas ellas con sabiduría» (Salmos 104:24). Su lugar no es ni revelado ni conocido. Cuando se une con la madre se hace alusión a ella en Ima, y por eso todo está incluido en Ima, donde se da a conocer y se indica el principio y el final de todo. Porque todo está oculto en él. Lo que incluye todo es el Santo Nombre. Hasta ahora he hecho alusiones, pero no lo he dicho todo en estos días. Ahora los aspectos están impresos; *Iod* incluye esta Jojmah. *He* es Ima, madre y se llama Binah. *Vav He* son los dos niños que están adornados por Ima. Hemos aprendido que Binah los incluye a todos, porque *Iod* está unido con Ima, y ellos engendran un hijo. Éste es el significado de Binah: un padre y una madre, que son *Iod He*, con un *Ben*, hijo entre ellos. Ahora tenemos que examinarlo: es Binah, pero se llama Tevunah. ¿Por qué se llama Tevunah y no Binah? Porque se llama Tevunah al amamantar a los dos hijos, un hijo y una hija que se llaman *Vav-He*, dos letras que están en la palabra Tevunah. En ese momento se llama Tevunah, ya que todo está incluido dentro de esas letras, *Ben*, hijo y *Bat*, hija, que son *Vav-He*. *Vav-He*, y todo es un todo, es decir, Tevunah.

En su libro, Rav Amnuna el anciano dijo que el primer Tikún, corrección **que reveló el rey Salomón, cuando dijo «He aquí que tú *eres* hermosa, oh compañera mía;** he aquí que eres hermosa; tus ojos de paloma» (Cantar de los cantares 1:15), **proviene de él. La segunda corrección es considerada una novia, que es la *Nukva* de abajo.** En cuanto a los que dicen que ambos se relacionan con la Nukva de abajo, no es así, porque la primera *He* no es considerada una novia. Pero la última *He* sí se considera una novia en ciertos momentos, porque en muchas ocasiones el macho no se une con ella sino que la abandona. A propósito de **aquel tiempo ha sido escrito «Y no llegarás a la mujer en el apartamiento de su inmundicia,** para descubrir su desnudez» (Levítico 18:19). **Cuando** la hembra se purifica y el macho desea unirse a ella, se la considera una novia, porque aparece como una verdadera novia. Pero en lo que se refiere a Ima, madre, el deseo de ambos nunca se detiene. Emergen como uno y descansan como uno. El uno no deja de fluir del otro, ni deja al otro. Por eso está escrito «Y un río salió del Edén para regar el huerto» (Génesis 2:10). «Salió» constantemente, incesantemente, como está escrito «como manadero de aguas, cuyas aguas nunca faltan» (Isaías 58:11). Así está escrito, «mi amor» porque ellos habitan con deseo fraternal con absoluta unidad. Pero aquí ella es considerada una novia, porque cuando el macho viene para unirse a ella, ella es una novia, y viene como una novia real.

Por esa razón, Salomón interpreta las dos rectificaciones de la hembra. La primera rectificación es oculta, porque Ima está oculta. La segunda rectificación es más detallada y no es tan vaga. Más tarde, aplica todo el valor Arriba según ha sido escrito «única es a su madre, escogida a la que la dio a luz» (Cantar de los cantares 6:9). Y dado que Ima está adornada con una corona de novia, y el deseo de *Iod* hacia ella nunca se acaba, la libertad de todos los esclavos está bajo su jurisdicción para purificar todo, según ha sido escrito «porque en ese día te perdonará» (Levítico 16:30), y «santificaréis el año cincuenta, y pregonaréis libertad en la tierra a todos sus moradores; **éste os será jubileo;** y volveréis cada uno a su posesión, y cada cual volverá a su familia» (Levítico 25:10). **¿Qué es un *Iobel*, Jubileo? Concuerda con las palabras «que junto a la corriente (*Iuval*) echará sus raíces»** (Jeremías 17:8). **Es después del río que sale, fluye y emerge ininterrumpidamente.**

Está escrito (291a): «si clamares a la inteligencia, y a la prudencia dieres tu voz para entender» (Proverbios 2:3). **Una vez que dijo «si clamares a la *Binah*, inteligencia», ¿por qué «dieres tu voz para *Tevunah*, entender? Todo es como yo dije. ¿Cuál de las dos es superior? Binah es superior a Tevunah. Binah es padre, madre e hijo, desde entonces *Iod He* es padre y madre con un hijo entre** ellos. Todo Tevunah está compuesto enteramente de niños, *Vav-He*, porque el padre y la madre están compuestos solamente de Binah, pero en Tevunah seguramente la madre se agacha sobre los niños y no aparece. Así, la suma de todos los dos hijos se llama Tevunah, mientras que la totalidad del padre, madre e hijo se considera Binah, que, cuando desea incluirlo todo, todo se incluye ella.

Estos padres, madres e hijos se llaman Jojmah, Binah y Daat, porque cuando el hijo recibe los *Simanim*, señales de su padre y de su madre, se llama Daat, ya que da *Edut*, testimonio de ambos. Este hijo es llamado primogénito, según ha sido escrito «Israel es mi hijo, mi primogénito» (Éxodo 4:22). Y dado que es considerado primogénito, recibe dos partes. Cuando se hace más grande con sus coronas, recibe tres partes. En cualquier caso, dos partes o tres partes son todas iguales. Ambas son lo mismo, pues recibe la herencia de su padre y de su madre. ¿Cuál es esta *Ierutah* herencia? ¿Es la herencia de su padre y de su madre, y las dos coronas escondidas en ella que ellos legaron a ese hijo? Porque por el lado de su padre estaba escondida una corona llamada Hessed y por el lado de su madre una corona llamada Guevurah. Y todos son coronados en la cabeza. Cuando Aba e Ima, el padre y la madre brillan sobre, todos son llamados Tefilín de la cabeza. Y este hijo toma y hereda todo, y se esparce dentro de él por todo el cuerpo. Este hijo da a la hija, que es alimentada de él. En todo caso, de esto es de lo que el hijo hereda más que de la hija; el hijo hereda de su padre y de su madre, no de la hija, y la hija es alimentada por él, según ha sido dicho «y de él era alimento para todos» (Daniel 4:18). Estos padres están incluidos y se unen entre sí, y Aba es el más oculto. Todo está unido al Atika Kaddisha, que viene del precioso *Mazal*, destino que es el más precioso El padre y la madre preparan la casa, como dije con respecto al secreto de «Con sabiduría se edificará la casa, y con prudencia se afirmará; con ciencia se llenarán las cámaras de todas riquezas preciosas y hermosas» (Proverbios 24:3 y 4). También ha sido escrito «porque *es* cosa deleitable, si las

291a

guardares en tus entrañas; *y que* juntamente sean ordenadas en tus labios» (Proverbios 22:18).

Rabbí Shimon dijo: en la Idra (*Véase Zohar* vol. 23) **no lo he revelado todo, y todas estas cosas permanecían ocultas en mi corazón hasta este momento. Quise ocultarlas para el mundo venidero, porque allí se nos hace una pregunta, según ha sido escrito «Y reinarán en tus tiempos la sabiduría y la ciencia, y la fuerza de la salvación; el temor del Eterno *será* su tesoro»** (Isaías 33:6), **ya que a uno se le pide sabiduría** (*Véase* Talmud, tratado de *Meguilah* 23a). **Ahora que el Santo, bendito sea, desea revivirlos, es para que yo pueda entrar sin vergüenza delante de sus palacios. Está escrito «porque el Dios de todo saber *es* el Eterno»** Daat, **saber, porque a través del Daat todos los palacios están llenos, según ha sido escrito «y con saber se llenarán las cámaras de todas riquezas preciosas y hermosas»** (Proverbios 24:4). **Otro Daat que no es revelado fluye dentro de él secretamente y está incluido dentro de él. Daat brilla en las partes del cerebro y se esparce a través del cerebro.**

En el libro de la Haggadah estudiamos que «El Eterno es un Dios de *Deot*, conocimiento». No leas *Deot* sino *Deut*, testimonio, ya que da testimonio de todo, el testimonio de dos partes, según ha sido escrito «Él estableció testimonio en Jacob, y puso ley en Israel» (Salmos 78:5). **Y aunque se ha explicado de manera diferente en el *Sifra diZeniuta*,** Libro Oculto, **en ese lugar está completo y aquí todo es correcto, pues es un tema oculto**

Todo está incluido dentro de estos Aba e Ima, y todo está escondido dentro de ellos. Están ocultos en el santo *Mazal*, destino, **el anciano de los ancianos. Están ocultos dentro de él, incorporados en él. Todo es él y él es todo. Bendito sea él, y bendito sea su nombre por los siglos de los siglos. Todos los asuntos son correctos en la Idra y todos ellos son asuntos sagrados, que no se desvían ni a la derecha ni a la izquierda. Todos ellos son asun-**

tos ocultos, revelados a aquellos que entraron y salieron (*Véase* Talmud, tratado de *Jaguigah* 14b y *Zohar* III-141a). Hasta ahora estos asuntos, que he revelado aquí, estaban ocultos, porque tenía miedo de revelarlos. Ahora ya han sido revelados. Y digo ante Atika Kaddisha que no lo hice ni para mi propia gloria ni para de la casa de mi padre, pero lo hice para no entrar vergonzosamente en su palacio. Además, vi al Santo, bendito sea, y a todos los verdaderamente justos presentes aquí, todos estuvieron de acuerdo conmigo. Porque los he visto a todos regocijándose en mi gozo, y todos están invitados (291b) a mi fiesta en ese mundo, dichosa es mi parte.

Dijo Rabbí Abba: cuando la Lámpara Santa completó estas palabras, la Lámpara de Arriba alzó sus manos, lloró y rió. Quería revelar algo. Dijo: durante todos mis días he estado angustiado por revelar este asunto, y ahora no se me permite hacerlo. Sacó fuerzas, y se sentó y sus labios murmuraban. Se postró tres veces, y nadie podía ver dónde estaba, y mucho menos mirar directamente hacia él. Él dijo: boca, boca, has merecido todo esto, y tus corrientes no se han secado. Tú fluyes incesantemente. Te recitamos: «Y salió un río del Edén» (Génesis 2:10), y «y como manadero de aguas, cuyas aguas nunca faltan» (Isaías 58:11). Ahora doy testimonio de que todos los días que viví anhelaba ver este día, pero nunca tuve éxito, excepto ahora porque este día está coronado con esta corona. Y ahora deseo revelar los asuntos ante el Santo, bendito sea, porque todos están coronados en mi cabeza. Y este día no estará lejos de llegar a su lugar en otro día. Para todo este día está a mi disposición. Y ahora dejadme comenzar a revelar estas cosas para que no entre con vergüenza en el mundo venidero. Aquí, comenzaré a hablar.

Está escrito: «Justicia y juicio son la compostura de tu trono; misericordia y verdad van delante de tu rostro» (Salmos 89:14). ¿Quién es sabio para observar esto a fin de ver los caminos del Santo Supremo, que son juicios de verdad, juicios adornados con las coronas de Arriba? Porque veo que todas las luminarias brillan a partir de la más oculta de las luminarias de Arriba; todas son grados iluminados y algo es revelado por la luz dentro de cada uno de los grados. Y todas las luces están unidas entre sí y brillan una dentro de la otra, y son inseparables la una de la otra.

La luz dentro de cada una de las lámparas llamadas las coronas del Rey, brilla y se adhiere a la luz en el interior. Ésta es la razón por la cual todo equivale al mismo grado, todo está adornado con la misma cosa y es inseparable del otro, «él y su nombre son uno». Él, la luz revelada, es llamado la vestidura del Rey. La luz que se halla en el interior es una luz oculta, dentro de la cual habita aquello que no es ni explicable ni revelado. Todas las lámparas y todas las luces brillan desde el Atika Kaddisha más oculto que es la lámpara suprema. Al observar, dentro de todas las luces que se propagan, no hay nada excepto la lámpara de Arriba, oculta y no revelada.

Dentro de estas vestiduras de gloria, vestiduras de verdad, ornamentos de verdad y luces de verdad, hay dos lámparas que establecen el trono del Rey y que son llamadas Rectitud y Justicia. Ellos son el principio y la culminación de toda la fe y son adornados con estos todos los juicios de Arriba y de abajo. Todo está oculto en la justicia, y la rectitud se nutre de esta justicia. Y a veces es llamada «Melquisedek, rey de Salem» (Génesis 14:18).

Cuando los juicios son despertados desde la justicia, todos están en un estado de Misericordia completa. Porque ésta mitiga los juicios que son establecidos y todos descienden al mundo en perfección y misericordia. Es entonces cuando el hombre y la mujer se unen y todos los mundos están en un estado de misericordia y alegría.

Cuando las los pecados se multiplican y el templo es contaminado, el macho se aparta de la hembra, y la poderosa serpiente comienza a despertar. ¡Ay del mundo que es alimentado en ese tiempo por la justicia! Muchas legiones de demonios se levantan en el mundo y muchas personas justas se alejan del mundo. Todo esto es porque el macho ha dejado a la hembra, y la rectitud no se acerca a esta justicia. A propósito de esto ha sido escrito «En el barbecho de los pobres *hay* mucho pan; **mas se pierde por falta de juicio**» (Proverbios 13:23), **lo cual significa que la Rectitud se aparta de la justicia y no es mitigada** (*Véase* Talmud, tratado de *Jaguigah* 4b), **sino que la justicia es alimentada desde otro lugar. Y a propósito de esto dijo el rey Salomón «Todo *lo* he visto en los días de mi vanidad. Justo hay que perece por su justicia**, y hay impío que por su maldad alarga *sus días*» (Eclesiastés 7:15). **La razón es que la rectitud se ha apartado de la justicia. Por eso se considera que «se pierde por falta de juicio»** (Proverbios 13:23).

Ven y ve, cuando hay un hombre justo y sublime en el mundo, que ama al Santo, bendito sea, incluso cuando la justicia es despertada por sí misma, el mundo todavía puede ser salvado gracias a él, porque el Santo, bendito sea, se deleita en su gloria y no teme (292a) **ningún Juicio. Cuando este hombre justo no está vivo, la gente tiene miedo incluso de la justicia y no puede soportarla, y menos aún la rectitud.**

Al principio, el rey David dijo «Pruébame, oh Eterno, y sondéame; funde mis riñones y mi corazón» (Salmos 26:2), **porque no temo a ningún juicio, ni siquiera a la justicia. Además, estoy apegado a ella. Está escrito: «Yo en justicia veré tu rostro;** seré saciado cuando despertaré a tu semejanza» (Salmos 17:15), **con justicia en verdad. No tengo miedo de enfrentarme a tus juicios. Después de pecar, tuvo miedo de la justicia, según ha sido escrito: «Y no entres en juicio con tu siervo**; porque no se justificará delante de ti ningún viviente» (Salmos 143:2). **Ven y ve, cuando esta rectitud es mitigada por la justicia, se le llama Tzedakah,** limosna. **El mundo es endulzado con Hessed y lleno de ella, según ha sido escrito: «Ama la Tzedakah,** limosna **y el juicio. La tierra está llena del Hessed,** bondad **del Eterno»** (Salmos 33:5).

**Doy testimonio de mí mismo de que estuve afligido por el mundo durante toda mi vida, para que no se enfrentara a los juicios de justicia y fuera consumido por sus llamas, según ha sido escrito: «Tal *es* el rastro de la mujer adúltera, come, y limpia su

292a

boca, y dice: no he hecho maldad» (Proverbios 30:20). **Al igual que el hoyo**, así es **su profundidad**. En esta generación hay personas justas, pero son demasiado pocas para levantarse y proteger a su generación en las cuatro direcciones. Hasta ahora mis palabras estaban interconectadas, y los asuntos ocultos en el Atika Kaddisha más recóndito fueron explicados, y cómo los unos están conectados con los otros. Los siguientes son asuntos que pertenecen al Zeir Anpin que no fueron revelados en la Idra, aquellos ocultos en mi corazón, donde no se manifestaron. Ahora se manifiestan y se revelan. Todos estos asuntos están ocultos pero claros. Dichosa sea mi parte y la de los que reciben esta herencia, según ha sido escrito «Bienaventurado el pueblo que tiene esto». (Salmos 144:15). Esto ya ha sido explicado: Aba e Ima están apegados a las manifestaciones del Atika. Es así, porque derivan del cerebro más oculto y están apegados a él. Cuando examinéis lo que digo, descubriréis que todo es sólo Atika, es decir, es y será, y que todas esas manifestaciones están en él. Aba e Ima salen de este cerebro y son parte del *Mazal*, destino. Se derivan de él y están apegados a él. Zeir Anpin deriva del Atika Kaddisha y está ligado a él. Ya hemos explicado estas cuestiones en la Idra. Bendita sea la porción del que entró y salió (*Véase* Talmud, tratado de *Jaguigah* 14b y *Zohar* III-141a), y que conoce los caminos para no desviarse a la derecha o a la izquierda. Y el que no haya entrado y salido, mejor le fuera si no hubiera nacido, como también está escrito «Porque los caminos del Eterno son derechos, y los justos andarán por ellos; mas los rebeldes en ellos caerán» (Oseas 14:9).

Dijo Rabbí Simón: toda mi vida he observado este versículo que dice: «En el Eterno se gloriará mi alma; lo oirán los mansos, y se alegrarán» (Salmos 34:2), y ahora todo el versículo se ha cumplido. Ciertamente «En el Eterno se gloriará mi alma» porque mi alma está apegada a él, resplandece a partir de él, se aferra a él y se esfuerza, por medio de lo cual se eleva a su lugar. «Lo oirán los mansos, y se alegrarán» se refiere a todos los Tzadikim, justos, los miembros de la santa Ieshivah, y los justos que han venido ahora con la Shekinah. Todos ellos escuchan mis palabras y se alegran. Por eso, «Engrandeced al Eterno conmigo, y ensalcemos su nombre a una» (Salmos 34:3).

Abrió y dijo: está escrito «Y los reyes que reinaron en la tierra de Edom, antes que reinase rey sobre los hijos de Israel» (Génesis 36:31). Éste es el significado de lo que está escrito «Porque he aquí los reyes de la tierra fueron reunidos; pasaron todos» (Salmos 48:5). ¿Dónde fueron reunidos? En la tierra de Edom, a la que se aferran los juicios. «Y... murió... y reinó en su lugar» (Génesis 36:33). «Y viéndola ellos así, se maravillaron, se asombraron, se dieron prisa *a huir*» (Salmos 48:5), **porque no estaban asentados y los establecimientos del rey aún no habían sido establecidos y la ciudad santa y sus murallas aún no habían sido construidas.** Éste es el significado de «Como *lo* oímos, así lo hemos visto en la ciudad del Eterno de los ejércitos, en la ciudad de nuestro Dios; la afirmará Dios para siempre» (Salmos 48:9), **porque no sobrevivió nadie, pero ella sobrevive ahora que el varón habitó con ella, según ha sido escrito** «Y murió Baal-hanán, hijo de Acbor, **y reinó por él Hadar en lugar suyo; y el nombre de su ciudad *fue* Pau; y el nombre de su mujer Mehetabel, hija de Matred, hija de Mezaab»** (Génesis 36:39); **el agua de oro** (*Zahav*) **ciertamente, como explicamos en la Idra.**

En el libro de la Haggadah de Rav Amnuna el anciano aprendimos que «Y con fruto de *algún* árbol hermoso, ramos de palmas... (Levítico 23:40), «y el nombre de su mujer Mehetabel...» (Génesis 36:39); como en «ramos de palmas» ya que está escrito «El justo florecerá como la palma; crecerá como cedro en el Líbano», (Salmos 92:12), **pues es macho y hembra a la vez. Se llama «hija de Matred», lo que significa que es una hija de ese lugar en el que todos están** *Itaredin*, **ocupados, alcanzando lo que se llama un padre, según ha sido escrito:** «El hombre nunca supo su valor, ni se halla en la tierra de los vivientes» (Job 28:13). **Según otra explicación, ella es una hija de madre, de cuyo aspecto se levantan los juicios que perturban** (292b) **a todos. Ella es hija**

292b

de *Mezaab*, agua de oro, **porque se alimenta de los dos aspectos que irradian de dos maneras, con Hessed y con los juicios. Antes de que el mundo fuera creado, ellos no se miraban cara a cara** (*Véase* Zohar II-176b), **y debido a eso los mundos anteriores fueron destruidos, ya que los primeros mundos fueron formados pero no fijados, y aquel que no fue establecido fue llamado «chispas resplandecientes»** porque era efímero. Es como un artesano que golpea una herramienta de hierro con un martillo y produce chispas en todas las direcciones (*Véase* Talmud, tratado de Sanhedrín 34a). **Estas chispas salen resplandecientes y brillantes, pero se extinguen de inmediato. Estos son los llamados** *Olamin Kadmin*, mundos primordiales. **Por esta razón fueron destruidos y no sobrevivieron, hasta que el Atika Kaddisha se manifestó y el artesano comenzó su trabajo.** A propósito de esto aprendimos en nuestra *Mishnah* que la lámpara esparce chispas y brilla en trescientas veinte direcciones (*Véase* Zohar II-254b), **y que a estas chispas se les llama los** *Olamin Kadmin*, mundos primordiales, **los cuales mueren inmediatamente. Después, el artesano fue a hacer su trabajo, y se estableció como macho y hembra, y las chispas que se extinguieron y murieron llegaron entonces a existir. Porque de la** *Butzina deKardinuta*, lámpara oscura, **salió una chispa, que es el poderoso martillo que golpeó y produjo chispas que se extinguieron en los primeros mundos.** Cuando el padre y la madre está unidos, **se mezcla con aire puro y se endulzan entre sí.**

Cuando Aba, el padre **se unió con Ima**, la madre **el aire procedente del espíritu escondido dentro de Atik Iomin**, el anciano de los días, **se ocultó dentro de Aba e incluyó la chispa proveniente de la** *Butzina deKardinuta*, lámpara oscura, **escondida dentro del vientre de Ima. Cuando los dos se unieron y se incorporaron el uno al otro, un cráneo duro y fuerte emergió y se expandió a los lados, uno a un lado y uno al otro. Así como hay tres cabezas juntas en el Atika Kaddisha todo sucede a través de tres cabezas como ya dije. En el interior de este cráneo de Zeir Anpin, el rocío gotea de la cabeza blanca, que aparece en dos colores. Desde Zeir Anpin se sostiene el campo de manzanos sagrados.** De este rocío en este cráneo, el maná es molido para los justos para el mundo venidero, y a través de él los muertos serán resucitados. Este rocío nunca goteaba excepto cuando Israel vagaba por el desierto, sostenido por el más antiguo de ese lugar, pero esto nunca sucedió después. Éste es el significado de «he aquí yo os lloveré pan del cielo» (Éxodo 16:4), como en «Dios, pues, te dé del rocío del cielo...». (Génesis 27:28). Esto fue en ese momento cuando fueron alimentados por el rocío del cielo. Respecto a otros momentos, hemos aprendido que el sustento del hombre es difícil para el Santo, bendito sea, porque procede del *Mazal*, destino. Por lo tanto, la duración de la vida y el sustento de los hijos no dependen del mérito, sino de del *Mazal*, destino. Todo deriva de ese de *Mazal*, destino **como hemos explicado** (*Véase* Talmud, tratado de *Moed Katan* 28a). **Noventa millones de mundos** (*Véase Zohar* II-135b) **viajan y son apoyados por el cráneo. El *Avir*, aire puro está incluido en ellos, tanto a la derecha como a la izquierda, que es por lo que la cara se expandió en dos direcciones, a la derecha y a la izquierda, por** medio de **dos luces que incluyen todo. Cuando una cara mira a la otra cara del Atika Kaddisha, todo, tanto una cara como la otra, se llaman sufrimiento prolongado. Aprendimos que es paciente porque él es paciente con los malvados, pero el sufrimiento prolongado significa sanidad desde el rostro significa salud, porque sólo hay salud en el mundo cuando se miran cara a cara. Tres luces brillan dentro de la cavidad del cráneo. Alguien podría decir que no son tres, sino cuatro, como mencioné, que son la herencia de su padre y madre y las dos escondidas dentro de ellos. Sirven como coronas en la cabeza y como Tefilín de la cabeza. Brillan y entran en las tres cavidades del cráneo y salen cada una por su lado, y se esparcen por todo el cuerpo. Éstas unen los dos lóbulos cerebrales con el tercer lóbulo cerebral que está unido a ambos lados, y se esparce por todo el cuerpo y se forman dos colores en él mezclados en uno. Esto hace que brille su rostro y los colores de su semblante testifican acerca de Aba e Ima. Y es llamado Daat,** a propósito **del cual ha sido escrito «porque el Dios de todo saber *es* el Eterno»** (1 Samuel 2:3), ya que tiene dos colores. Así que está escrito «Con el bueno eres bueno, y con el valeroso y perfecto eres perfecto» (2 Samuel 22:26).

Los compañeros cabalistas lo explicaron en verdad, según ha sido escrito: «Y Jacob le dijo (293a) a Raquel que era hermano de su padre» (Génesis 29:12). En relación al «dijo», se ha explicado que todo es el secreto de la sabiduría. «Y que era el hijo de Rebeca» (Génesis 29:12). Está escrito, «hijo de Rebeca» en lugar de «hijo de Isaac», como una alusión, y todo es una alusión a la sabiduría. Por esto Jacob es considerado *Selim*, perfecto en todos los aspectos, y la fe es evidente en él. Así está escrito: «Y Jacob le dijo a Raquel», en vez «dijo a Raquel». Así como estos colores brillan en el adorno de la cabeza y entran en las cavidades del cráneo, así también se extienden por todo el cuerpo y el cuerpo se adhiere a ellos. Para el Atika Kaddisha oculto «a él toca el pesar las acciones» (1 Samuel 2:3), porque éste está completamente unido y hay gozo en él para todos, vida para todos, y no hay juicios que se extiendan de él. Pero en cuanto a él, «a él toca el pesar las acciones» (1 Samuel 2:3), sin duda alguna.

Del cráneo de la cabeza cuelgan decenas de miles de mechones de cabellos, que son negros, enredados y entrelazados entre sí, ya que están entrelazados con la luz excelsa que adorna su cabeza desde Aba y desde su cerebro que brilla desde la luz de Aba. Entonces muchos pelitos salen de la luz que adorna su cabeza de Ima y de los otros lóbulos cerebrales, todos conectados y enredados en los pelos que sostienen a Aba, porque están desordenados y enredados el uno en el otro. Todos los lóbulos cerebrales están adheridos al cráneo, que es el cerebro de Arriba. Y todos los cabellos fluyen de las tres cavidades del cerebro que están unidas a los lóbulos cerebrales y se entremezclan en pureza e impureza en todas esas leyes y misterios, los ocultos y los revelados (*Véase Zohar* III-136a). Por esa razón, todos los lóbulos cerebrales están indicados en «Yo soy el Eterno tu Dios» (Éxodo 20:2). Y brillan en la corona de la cabeza y penetran en las cavidades del cráneo.

Todos los mechones de pelo negro cuelgan y cubren las orejas. Aprendimos que está escrito: «Inclina oh Eterno tu oído, y oye» (2 Reyes 19:16). **De esto se deduce que aquel que quiera que el rey incline la oreja hacia él debe rizar los cabellos de la cabeza del rey sacando el pelo de sus orejas para que no obstruya la audición de la oración. Entonces el rey escuchará lo que necesite. Donde los cabellos de se dividen, un camino se une al camino del** *Atik Iomin,* Anciano de los días **y todos los caminos de los preceptos de la Torah salen de ella. Todos los lamentos y gemidos salen de cada pelo áspero y extienden una trampa para los malvados que no están familiarizados con estos caminos. Éste es el significado de «El camino de los impíos es como las tinieblas»** (Proverbios 4:19). **A los pelos ásperos se adhieren los maestros del endulzamiento, según ha sido escrito «Todas las sendas del Eterno** *son* **misericordia y verdad,** para los que guardan su pacto y sus testimonios» (Salmos 25:10). **Y todo es así porque emergen de los lóbulos ocultos del cerebro. Por esa razón, cada uno tiene su camino individual, pero del primer lóbulo cerebral salen los maestros del endulzamiento, según ha sido escrito que «Todas las sendas del Eterno** *son* **misericordia y verdad,** para los que guardan su pacto y sus testimonios» (Salmos 25:10).

Del segundo lóbulo cerebral, de los pelos duros y ásperos salen lamentos y gemidos, a propósito de los cuales ha sido escrito «El camino de los impíos *es* como la oscuridad; no saben en qué tropiezan» (Proverbios 4:19). ¿Qué significa esto? Que no saben, es decir, no saben ni desean saber en qué tropiezan. No lo pronuncies *beMah,* en qué, **sino más bien,** *beIma,* en Ima, la madre, **es decir, en lo que están atados el lado de Ima. El lado de Ima es la dura Guevurah, que incluye lamentos y gemidos.**

Del tercer lóbulo cerebral, de los pelos ásperos en el medio, salen y emergen los ángeles acusadores. Se les llama rostros brillantes que aún no brillan. A propósito de ellos ha sido escrito «Pesa la vereda de tus pies, y todos tus caminos sean ordenados» (Proverbios 4:26). **Todo está en los pelos ásperos de la cabeza.**

La frente en el cráneo es una frente que se venga de los malvados (*Véase* Zohar II-122b) **por sus acciones. Cuando esta frente es expuesta, los ángeles acusadores se levantan contra aquellos que**

no se avergüenzan de sus acciones. Esta frente es roja como una rosa. Cuando la frente del Atika se revela dentro de esta frente, se vuelve blanca como la nieve. Ese tiempo es considerado un tiempo de buena voluntad para todos.

En el libro de Hagaddah de Rav Ieba el anciano habló de *Memsaj*, frente. Si las personas merecen la frente, es la frente de Atik. Si no tienen mérito, la letra *Jet* es colocada entre las dos letras *Mem* y *Tzadi* como en *Majatz*, herirá, «**herirá los cantones de Moab**, y destruirá *a* todos los hijos de Set» (Números 24:17). **Hemos explicado que se llama Netzaj,** victoria, eternidad, **usando letras consecutivas,** o sea sustituyendo a la letra *Mem* por la que le sigue, la *Nun* y así sucesivamente. ¡Cuántas victorias hay aquí! Y aunque Netzaj se alce en otro lugar, ya que hay otras victorias por todo el cuerpo, porque en Shabat, durante el servicio de Minjah, el Atika Kaddisha expone su frente para no suscitar juicios, y todos los juicios son sojuzgados y acallados y no se manifiestan. De esta frente derivan veinticuatro tribunales (*Véase Zohar* III-136b) **para todos aquellos que son insolentes en sus acciones, según ha sido escrito «Y dirán: ¿Cómo sabe Dios? ¿Y hay conocimiento en lo *más alto*?» (Salmos 73:11). Sin embargo, ¿si hay veinte tribunales,** (293b) **por qué añadir cuatro? Son cuatro que corresponden a las cuatro penas capitales asignadas por el tribunal terrestre que se derivan de Arriba, por lo que sólo quedan veinte juzgados. Por esa razón, uno no es castigado por un tribunal de Arriba hasta que cumple su vigésimo año** (*Véase* Talmud, tratado de *Shabat* 89b), **que corresponde a los veinte tribunales. En nuestra Mishnah oculta aprendimos que corresponden a los cuatro libros de la Torah.**

Los ojos de la cabeza. Se trata de ojos de los cuales no son protegidos los malvados. Son ojos que duermen pero que no duermen. Por eso ha sido dicho «Sus ojos, como palomas junto a los arroyos de las aguas» (Cantar de los cantares 5:12). **¿Qué se entiende por «palomas»? Es como en «Y no engañe ninguno a su prójimo**; mas tendrás temor de tu Dios» (Levítico 25:17). **Por eso ha sido escrito «Y dijeron: no verá el Eterno; y no lo tendrá en cuenta el Dios de Jacob» (Salmos 94:7) y «El que plantó el oído, ¿no oirá? El**

que formó el ojo, ¿no verá?» (Salmos 94:9). **La característica sobre el ojo son los pelos que crecen proporcionados** en las cejas. **De estos pelos, mil setecientos guerreros están listos para hacer la guerra, y luego dejan de caer, es decir, dejan de caer sobre los ojos para cubrirlos, porque los cabellos se elevan por encima de los ojos y los ojos se abren.**

Las pestañas se adhieren a los párpados. Catorce millones de protectores se aferran a ellos, a los que llaman «los que cubren los ojos». Y todos estos son considerados los ojos del Eterno. Nunca se abren o despiertan, excepto cuando los párpados inferiores se separan de los superiores. Y cuando los párpados inferiores se separan de los superiores y hacen espacio para la supervisión, los ojos se abren y parece como si se despertaran de su sueño. Los ojos se vuelven y ven el ojo abierto y se bañan en su blancura. Cuando se lavan, todos los **ángeles acusadores de Israel se rinden, según ha sido escrito «Despierta; ¿por qué duermes, oh Eterno? Despierta,** no *nos* deseches para siempre» (Salmos 44:23). **En estos ojos se pueden ver cuatro colores. Desde ellos brillan los cuatro compartimentos del Tefilín que iluminan las cavidades del cerebro. Hay siete que son llamados los ojos del Eterno. La vista viene de la negrura en el ojo, como ya explicamos en la Idra** (*Véase Zohar* III-136b), **según ha sido escrito «sobre esta única piedra hay siete ojos»** (Zacarías 3:9), **y estos colores brillan por todos los lados.**

Del rojo salen otros que supervisan los juicios. Se les llama **«Porque los ojos del Eterno contemplan toda la tierra»** (2 Crónicas 16:9) **porque todos ellos son juicio. Del color verde salen otros cuyo propósito es revelar las acciones del hombre, buenas o malas, según ha sido escrito «Porque sus ojos están** *puestos* **sobre los caminos del hombre**, y ve todos sus pasos» (Job 34:21). **Estos son denominados «aquellos siete** *son* **los ojos del Eterno extendidos** por toda la tierra» (Zacarías 4:10), **extendidos con sufijo masculino en vez de femenino, porque miran a ambos lados, tanto a los buenos como a los malos. Del blanco sale toda la misericordia y toda la bondad que está presente en el mundo para hacer el bien** a Israel, para que entonces los tres colores, se bañen en él, para tener misericordia de ellos.

Estos cuatro colores se mezclan entre sí y se funden entre sí, y cada uno presta parte de su color a su vecino, excepto el color blanco en el que cuando se necesita y cuando lo cubre todo, todos se incorporan. Como para todos los colores de abajo, nadie puede revertir el negro, rojo y verde para que parezcan blanco. Pero aquí bajo la misma supervisión se unen y se bañan en el color blanco.

Las cejas nunca están encima de los ojos excepto cuando los colores blancos desean observar, porque las cejas dan espacio a todos los colores para observar. Si no lo hacen, nadie puede supervisar y observar. Las cejas nunca permanecen inmóviles durante una hora entera, sino que se abren y cierran, se cierran y se abren, ya que el ojo observador está sobre ellas. Así está escrito «Y los animales corrían y tornaban a semejanza de relámpagos» (Ezequiel 1:14). Y esto ya ha sido explicado.

Está escrito: «tus ojos verán a Jerusalén, morada de quietud» (Isaías 33:20), y «siempre están sobre ella los ojos del Eterno tu Dios, desde el principio del año hasta el fin de él» (Deuteronomio 11:12), porque Jerusalén lo necesita. Como está escrito, «la justicia en ella» (Isaías 1:21). Por lo tanto, habla de Jerusalén en lugar de Sión, según ha sido escrito «Sión con juicio será rescatada, y los convertidos de ella con justicia» (Isaías 1:27), ya que todo es Misericordia. «Tus ojos verán a Jerusalén, morada de quietud» (Isaías 33:20). «Ojo» está escrito en singular, y es el ojo del Atika Kaddisha más oculto. Pero por ahora está escrito «siempre están sobre ella los ojos del Eterno tu Dios, desde el principio del año hasta el fin de él» (Deuteronomio 11:12), que son para bien y para mal como debe ser. Por eso no existen siempre. «Tus ojos verán a Jerusalén» que es todo para bien, todo misericordioso, según ha sido escrito «Por *un* pequeño momento te dejé; mas te recogeré con grandes misericordias» (Isaías 54:7). «Siempre están sobre ella los ojos del Eterno tu Dios, desde el principio del año hasta el fin de él» (Deuteronomio 11:12). «Principio» está escrito defectivamente, sin la letra *Alef* y no con *Alef*. Antes de eso está escrito «Derribó del cielo a la tierra la hermosura de Israel» (Lamentaciones 2:1). ¿Por qué «derribó del cielo a la tierra?» Es porque está escrito: «Visto (294a) de oscuridad los cielos, y torno *como saco de* cilicio su cobertura» (Isaías 50:3), **lo que significa que los ojos están en la oscuridad, es decir, que están cubiertos de negro.** «Siempre están sobre ella los ojos del Eterno tu Dios, **desde el principio del año** hasta el fin de él» (Deuteronomio 11:12). ¿A partir de **dónde ven los ojos del Eterno a Jerusalén? Nuevamente explica «desde el principio del año» deletreado sin *Alef* porque es de juicio, ya que el juicio está conectado a su lado. «Hasta el fin de él año»** (Deuteronomio 11:12): **seguramente el fin del año está allí, según ha sido escrito «la justicia se alojó en él»** (Isaías 1:21), **que es el fin del año.**

Ven y ve: *Alef* **por sí misma es llamado «primero», que es masculino, porque lo que es desconocido está escondido y atesorado en** *Alef*. **Cuando este** *Alef* **está conectado en otro lugar, se llama «principio». Alguien podría argumentar que está conectado a él, pero no es así. Se revela y brilla en él, y luego se le llama principio. Aun en ese principio no observa a Jerusalén, ya que si hubiera recibido de él habría brillado para siempre. Pero «principio» está escrito sin** *Alef*. **Está escrito a propósito del mundo venidero: «Yo** *soy* **el primero que he enseñado estas cosas a Sión, y a Jerusalén di la nueva»** (Isaías 41:27).

La nariz del Zeir Anpin mejora el semblante, ya que toda la cara es reconocida por ella. Esta nariz es diferente a la nariz del Atika Kaddisha más oculto, ya que la nariz de Atika es la vida de la vida. Porque de los dos orificios de la nariz salen espíritus de vida para todos. A propósito del **Zeir Anpin está escrito: «De su nariz salió humo…»** (2 Samuel 22:9). **Todos los colores se aferran al humo, y muchos** ángeles **acusadores duros se aferran a ese humo. Todos ellos son endulzados sólo por el humo en el altar de abajo.** A propósito de esto, **ha sido escrito: «Y el Eterno percibió el aroma agradable…»** (Génesis 8:21). **El aroma agradable es el apaciguamiento de los** ángeles **acusadores, es decir, la tranquilidad del alma.**

294a

«Y el Eterno percibió el aroma agradable...» (Génesis 8:21). **No habla del olor del sacrificio, sino del olor salado, porque todas las Guevurot están conectadas a la nariz, y todos los juicios que están conectados a la nariz están mitigados, y muchas Guevurot están unidas, según ha sido escrito: «¿Quién expresará las valentías del Eterno?** ¿Quién *contará* sus alabanzas?» (Salmos 106:2) **De una de las fosas nasales de esta nariz sale un fuego que consume todos los demás fuegos, y de la otra fosa nasal sale humo. Ambos están sometidos por el fuego y el humo del altar. Atika Kaddisha es descubierto y todas las sentencias están en silencio. Éste es el significado de** «Por causa de mi nombre dilataré mi furor; **y para alabanza mía te esperaré con paciencia**, para no talarte» (Isaías 48:9). **La nariz del Atika Kaddisha es larga y expansiva, y se llama** *Erej haPaim,* rostro largo. **La otra nariz es corta. Cuando el humo comienza a salir apresuradamente, se lleva a cabo el Juicio. ¿Quién lo detiene? La nariz del Atika. Todo es como dije en la Idra** (*Véase Zohar* III-137b), **donde los compañeros** cabalistas **realizaron comentarios al respecto.**

En su libro, Rav Amnuna el anciano explicó las dos fosas nasales de este modo: en una hay humo y fuego, y en otra tranquilidad y buen espíritu, porque hay en ella derecha e izquierda. También está escrito «su olor, como de vino del Líbano» (Oseas 14:7). A propósito de **la Nukva,** hembra **está escrito, «y el aliento de tu nariz como de manzanas»** (Cantar de los cantares 7:8). **Si esto es cierto para la Nukva, lo es aún más para él. Y ha hablado bien. En cuanto a «Y el Eterno percibió el aroma agradable...»** (Génesis 8:21), **el aroma es agradable en ambos lados. El de la derecha es la satisfacción revelada por el Atika Kaddisha más oculto y que trae placer y endulzamiento para todo. El de la izquierda es el endulzamiento que viene de abajo con el humo y el fuego en el altar. Puesto que está por ambos lados ha sido escrito** *haNijoaj,* agradable. **Todo esto se aplica al Zeir Anpin.**

Hay dos oídos para poder oír lo bueno y lo malo, y ambos son considerados uno solo, según ha sido escrito: «Inclina, oh Eterno, tu oído, y oye» (2 Reyes 19:16). **El oído interno está formado**

por aberturas curvas de modo que el sonido se ralentiza al entrar en el cerebro. El cerebro será capaz de percibirlo y no entrará rápidamente, porque lo que sucede rápidamente no posee la sabiduría completa.

De estos oídos nacen todas las criaturas aladas, que transportan los sonidos del mundo. Todas ellas son llamadas «los oídos del Eterno». A propósito de ellas ha sido escrito «y las que tienen alas harán saber la palabra» (Eclesiastés 10:20). Este versículo es difícil de entender. Al principio leemos «Ni aun en tu pensamiento maldigas al rey». Y luego «ni en los secretos de tu cámara maldigas al rico». ¿Por qué? Porque «las que tienen alas harán saber la palabra». ¡Pero si aquí no hay palabras! Ciertamente lo que piensa o medita un hombre no tiene efecto hasta que lo pronuncia con sus labios, aunque no sea su intención. La palabra que pronuncia se cuela en el aire (294b), se eleva y vuela por el mundo y se convierte en sonido. Los seres alados toman ese sonido, lo elevan al rey y entra en sus oídos. Éste es el significado de: «Y El Eterno oyó la voz de tus palabras» (Deuteronomio 5:25), «lo oyó el Eterno, y se enardeció su furor» (Números 11:1). Por lo tanto, cualquiera que sea la oración o súplica que un hombre pida ante el Santo, bendito sea, debe pronunciar las palabras con sus labios, pues si no las pronuncia, su oración no es ninguna oración verdadera ni su petición es una petición real. Una vez que las palabras son pronunciadas y parten el aire, se elevan y vuelan y se convierten en un sonido que es tomado por alguien que se une a ellas en un lugar sagrado en la cabeza del rey.

De las tres cavidades del cerebro, un goteo se filtra en los oídos; este goteo es llamado la corriente de *Kerit* como en, «Wadi Kerit» (1 Reyes 17:3), es decir, el corte, *Keruta*, de los oídos. El sonido entra en ese lugar para ser absorbido en el río de ese goteo, donde es sostenido y probado para ver si es bueno o malo. Éste es el significado de «Porque el oído prueba las palabras, como el paladar gusta para comer» (Job 34:3). Esto se debe a que el sonido se ralentiza en el río de ese goteo en la curva de los oídos y no entra rápidamente. Luego se prueba para ver si es bueno o malo.

294b

«El paladar gusta para comer» (Job 34:3) **significa que se mantiene en el paladar y no entra rápidamente en el cuerpo, por lo que sabe y distingue entre dulce y amargo. De la cavidad del oído surgen otras cavidades: la cuenca del ojo, la cavidad bucal y las fosas nasales de la nariz. El sonido que entra en las cavidades auditivas, si es necesario entra hasta las cuencas de los ojos, y los ojos derraman lágrimas. Ese sonido, si es necesario, entra en las fosas nasales de la abertura de la nariz y producen humo y fuego de ese sonido. Éste es el significado de «y lo oyó él y se enardeció su furor, y se encendió en ellos fuego del Eterno** y consumió en el extremo del campamento» (Números 11:1). **Si es necesario, el sonido entra en la cavidad bucal y habla y pronuncia palabras a partir de ese sonido. Todo** esto ocurre por **el sonido en los oídos; entra en todo el cuerpo y todo tiembla de él. Mucho se deriva de ese oído. Bienaventurado el que guarda lo que dice. Así está escrito: «Guarda tu lengua de mal, y tus labios de hablar engaño»** (Salmos 34:14). **La audición se aplica a este oído y dentro de la audición se incorporan los lóbulos cerebrales. Jojmah está incluida en él, según ha sido escrito «Da pues a tu siervo corazón dócil»** (1 Reyes 3:9). **Binah según ha sido escrito «Habla, que tu siervo oye»** (1 Samuel 3:10). **Daat según ha sido escrito «Oye, hijo mío, y recibe mis razones**; y se te multiplicarán años de vida» (Proverbios 4:10), «Hijo mío, si tomares mis palabras, **y mis mandamientos guardares dentro de ti»** (Proverbios 2:1). **Así, todo deriva del oído. Oraciones y peticiones dependen de este oído, así como la apertura de los ojos. Éste es el significado de «Inclina, oh Eterno, tu oído, y oye; abre, oh Eterno, tus ojos, y mira»** (2 Reyes 19:16). **Así que todo depende del oído. Los secretos supremos, que no salen afuera, se originan en ese oído, por lo que es curvado por dentro. Los más secretos entre los secretos están escondidos dentro de él. ¡Ay de aquel que revele secretos! Y cuando el oído recoge los secretos y la curva interior los recibe, no los revela a los que siguen senderos torcidos, sino a los que caminan por el sendero que no está torcido. Éste es el significado de «El secreto del Eterno es para los que le temen; y a ellos hará conocer su pacto»**

(Salmos 25:14), **porque ellos aceptan su camino y guardan sus palabras. Aquellos cuyo camino está torcido toman las palabras y las introducen apresuradamente, por lo que no da tiempo de detenerlos. Todas las otras cavidades se abren para que las palabras salgan por la cavidad bucal. Estos son los malvados de la generación, aborrecidos por el Santo, bendito sea. En nuestra Mishnah aprendimos que es como si hubieran matado a gente y como si hubieran adorado ídolos. Todo se deriva del mismo versículo, que dice «No andarás chismeando en tu pueblo. No te pondrás contra la sangre de tu prójimo. Yo** *soy* **el Eterno»** (Levítico 19:16). **Cualquiera que transgreda la primera parte del versículo propagando chismorreos y revelando secretos, es como si lo transgrediera todo. Dichosa la parte del justo,** a propósito **de quien ha sido escrito,** «El que anda en chismes, descubre el secreto; **mas el de espíritu fiel encubre la cosa» «pero el que es de espíritu fiel oculta la materia»** (Proverbios 11:13); **ciertamente son de espíritu fiel, porque su espíritu procede de un lugar santo y elevado. Por lo tanto, se les considera de espíritu fiel. Hemos explicado este signo. Aquel que revela secretos, sabe que su alma no es del cuerpo del Santo Rey. Por lo tanto, no hay ningún secreto en él, ni es del área de los secretos. Cuando su alma abandona su cuerpo, no se adhiere al cuerpo del Rey, que no es su lugar. ¡Ay de ese hombre, ay de su alma! ¡Dichosa la parte de los justos que ocultan secretos, y más aún los secretos excelsos del Santo, bendito sea!** A propósito **de ellos ha sido escrito «Y tu pueblo, todos ellos** *serán* **justos, para siempre heredarán la tierra»** (Isaías 60:21). (295a) **Su rostro como dos ofrendas de especias, que evidencian lo que dije, pues de ello depende todo el testimonio. Sin embargo, la evidencia depende de ellos. Pero las dos ofrendas de especias, que son blancas y rojas, testifican sobre Aba e Ima. Testifican sobre la herencia que recibió y sobre el hecho de que se aferró a ellos. En nuestra Mishnah explicamos la inmensa distancia que hay entre el blanco y el rojo, y que se incluyen en el lado blanco. Cuando el rostro es iluminado por el blanco del Atika, el blanco en él cubre al rojo en él y todo es iluminado. Entonces está es-**

crito «el Eterno haga resplandecer su rostro sobre ti, y tenga de ti misericordia» (Números 6.25). **Cuando la gente malvada se multiplica y los juicios se suspenden sobre el mundo, se apaga en todas partes y el rojo se expande por toda la cara y cubre el blanco y entonces todo está en un estado de juicio.** Entonces está escrito «ira del Eterno contra los que mal hacen». Todo depende de esto.

Hay muchos ángeles guerreros con escudos que esperan esos colores, esperando esos colores. Cuando los colores brillan, todos los mundos se alegran. Cuando el blanco brilla, todo asume este color y cuando el rojo aparece todo asume ese color.

Con estas ofrendas de especias, la barba comienza a aparecer al principio de las orejas, cayendo y subiendo con la ofrenda de especias. El pelo de la barba es negro, lo que es una característica agradable y bella, como un hombre valiente y fuerte. El valioso aceite de la barba excelsa del Atika aparece y brilla en la barba de Zeir Anpin. La belleza de esta barba se manifiesta en nueve Tikunim. Cuando el valioso aceite de los trece arroyos de la barba del Atika Kaddisha la ilumina en veintidós Tikunim. Entonces todos ellos son bendecidos. Israel Saba es bendecido por él y deriva de *Beja*, «por ti **Israel bendecirá**» (Génesis 48:20). La guematria de *Beja, por ti* es veintidós. **Explicamos todos estos Tikunim en la Idra santa** (*Véase* Zohar III-139a). **Todos ellos estaban formados a partir de las características de Atika Kaddisha. Y aquí deseo revelar lo que no se ha revelado allí para entrar sin vergüenza** en el mundo venidero.

Hay seis que se consideran nueve. El primer Tikún es que la *Butzina diKradinuta*, Lámpara oscura **emergió y golpeó bajo los pelos de la cabeza debajo de las cerraduras sobre las orejas, bajando desde delante de la abertura de las orejas hasta la parte superior de la boca. Este Tikún no se origina en el Atika Kaddisha excepto cuando fluye el *Mazal*,** destino **del Atika Kaddisha, de donde proviene la fuente de la fuente de sabiduría,** *Buah De-Jojmahtah*. Cuando Ima fluye y se envuelve del aire puro, Ima recibe la blancura. Y la chispa, entra, emerge y se unen entre sí.

Por eso ambas son necesarias, la una sobre la otra, la cual es cubierta por ella. Y todo es necesario, uno para vengarse de los enemigos y otro para tener misericordia. Por esa razón David aspiraba a esta barba como ya hemos explicado (*Véase Zohar* III-139b).

Hay nueve Tikunim a esta barba, que son sesenta mil que bajan de ellos y se expanden por todo el cuerpo. Estos seis Tikunim que bajan lo hacen de los pelos debajo de la ofrenda de especias, tres Tikunim en un lado y tres Tikunim en el otro lado. De la preciosidad de la barba, es decir, la parte más visible de la barba que embellece la cara, salen otros tres, uno sobre los cabellos que están encima los labios, y dos en el cabello que cuelga del ombligo. Todos los seis, tres de un lado y tres del otro, bajan y cuelgan con los pelos colgantes y se expanden por todo el cuerpo. Puesto que los tres constituyen la belleza de la barba más que el resto, el Santo Nombre está grabado en ellos, según ha sido escrito, «Desde la angustia invoqué a Iah; y me respondió Iah, poniéndome en anchura, el Eterno *está* por mí; no temeré *lo* que me pueda hacer el hombre» (Salmos 118:5-6). En la Idra Raba explicamos que, «Desde la angustia invoqué a Iah;» se refiere al lugar donde la barba comienza a expandirse, donde el lugar es estrecho delante de las orejas. Y esto está bien.

En el libro de la Hagaddah del Rabbí Ieba el anciano lo dijo, y explicó que el comienzo de la barba es el Hessed de Arriba, según ha sido escrito «Tuya es, oh Eterno, la magnificencia, y el poder, y la gloria...» (1 Crónicas 29:11). Todo está contenido aquí (*Véase Zohar* I-135b). Los nueve Tikunim salen de la barba y de delante de las orejas pero no se quedan de esa manera excepto en otro lugar como expliqué. Cuando el mundo está necesitado de Misericordia, aparece el santo *Mazal,* destino (295b) y todos los Tikunim de la preciosa barba de Zeir Anpin están en estado de misericordia. Cuando está necesitado de Rigor, el Juicio aparece, y entonces la venganza es desatada sobre los enemigos de Israel, aquellos que le afligen. Toda la preciosidad de la barba reside en esos pelos que cuelgan, porque todo surge de ellos. Todos los pelos de la barba de Zeir Anpin son gruesos y fuertes, porque todos

295b

obligan a hacer juicios cuando aparece el santo *Mazal*, destino. Cuando desea hacer la guerra, aparece por medio de esta barba como un hombre fuerte y poderoso, victorioso en la guerra. Luego algunos arrancan el pelo de la parte posterior de la cabeza y otros de la parte frontal.

Moisés pronunció estos nueve Tikunim por segunda vez (*Véase* Números 14:17) **cuando tuvo que revertirlos a la Misericordia. Y aunque no evocara los trece Tikunim, todo depende de la intención. Porque él no mencionaría estos Tikunim que no son puramente misericordiosos, sino que el *Mazal*, destino lo dirigió según ha sido escrito: «Ahora, pues, yo te ruego que sea magnificada la fortaleza del Eterno**, como lo hablaste, diciendo...» (Números 14:17). **¿Qué es «la fortaleza del Eterno»? Es lo que se llama el sagrado *Mazal*, el más oculto de los ocultos. La fortaleza y la luz derivan del *Mazal*. Una vez que Moisés dijo esto y se concentró en esto, pronunció los nueve Tikunim que se derivan de Zeir Anpin para que todos ellos brillaran y no hubiera juicio evidente. De ahí que todo dependa del *Mazal*** (*Véase* Talmud, tratado de *Moed Katan* 38a).

Cuando los pelos empiezan a aparecer, la barba parece un hombre fuerte y poderoso, victorioso en la guerra. El santo óleo de la unción fluye sobre esta barba del Atika Kaddisha oculto, según ha sido escrito **«Es como el buen óleo sobre la cabeza, el cual desciende sobre la barba, la barba de Aarón**, que desciende sobre el borde de sus vestiduras»: (Salmos 133:2).

Estos pelos de la barba no cubren los labios, y los labios son totalmente rojos como un lirio, como está escrito, «sus labios como lirios» (Cantar de los cantares 5:13). **Los labios susurran Guevurah y susurran Jojmah. El bien y el mal, y la vida y la muerte dependen de estos labios. De estos labios salen los maestros de *Itaruta*,** despertar, **ya que cuando estos labios susurran todos se despiertan para decretar castigos en los tribunales que se llaman centinelas, según ha sido escrito: «Por sentencia de los centinelas** *se acuerda* **el negocio...».** (Daniel 4:17).

¿Qué es un *Ir*, observador? En el libro de la Hagaddah se aprende que es como en «conviértete en tu *Ar*, enemigo» (1 Samuel

28:16). **Porque los juicios se levantan contra los que no son amados Arriba, por eso los que se levantan para castigar son** considerados **sus enemigos. Sin embargo, es de dos maneras, con Misericordia o con Rigor. Por eso se les llama observadores,** enemigos y santos, Rigor y Misericordia.

Cuando los labios están abiertos se ve la boca. Miles y decenas de miles están vestidos con el aire que sale de la boca. Cuando se expande, los profetas fieles se visten de él y todos son llamados «la boca del Eterno». Cuando las palabras salen de la boca, pronunciadas por los labios, iluminan todos los dieciocho mil mundos, hasta que todos ellos se unen en dieciocho caminos y senderos específicos.

Todos *Meakkah*, esperan **esta boca. Con la gran lengua hablante con la unificación del pulido y el adorno.** A propósito de **esto ha sido escrito: «Su paladar, dulcísimo: y** todo él codiciable» (Cantar de los cantares 5:16). **Seguramente es dulcísimo. ¿Cuál es su paladar? Es como en el versículo, «el paladar sabe a comida»** (Job 34:3) **«y todo él codiciable»** (Cantar de los cantares 5:16) **fuego y agua. Porque el agua y el fuego están formados y son bonitos en su forma, porque los colores se unen. «Su paladar, dulcísimo:** y todo él codiciable» (Cantar de los cantares 5:16). **debido a las letras impresas que están grabadas en ella con sus coronas.** *Alef, Jet, He* y *Ayin* **están grabadas en la garganta.** *Alef* **aleja a los reyes, los depone y los establece** a los reyes (*Véase* Daniel 2:21). *Jet* **sube y baja, lleva una y corona, conquista con fuego y graba con viento.** *He*, **de amarillo dorado, se nutre de Ima, golpea la Nukva y se extiende en una gran Nukva, a través del deseo de la ciudad santa. Y los lugares están interconectados, según ha sido dicho** «*me iré al monte de la mirra, y al collado del incienso*» (Cantar de los cantares 4:6). *Ayin*, **es la claridad de la forma del grado cuando las ramas que corren se unen a los espíritus grabados a sus lados.**

Y aquí, en el secreto de las letras del rey Salomón, estas cuatro letras están coronadas con las cuatro letras *Guimel, Iod, Kaf, Kof* **en el paladar. Esto es como en «paladar sabe a comida»** (Job 34:3), **«¿Por ventura se comerá lo desabrido sin sal?»** (Job 6:6). **Y el**

versículo que dice «Y el efecto de la justicia será paz; y la labor de justicia, reposo y seguridad para siempre», «**Deseables** *son* **más que el oro, y más que mucho oro afinado**» (Salmos 19:11).

El rey David: «Tu siervo es además amonestado con ellos; en guardarlos hay grande galardón» (Salmos 19:12). **Doy testimonio de que a lo largo de mi vida fui cuidadoso y no me equivoqué, excepto un día cuando coroné al rey en la cueva de Merón, y vi una llama de fuego ardiente a través de la cueva y temblé. Desde ese día tengo cuidado en mi mente y nunca las dejé a lo largo de mi vida. Dichosa la parte del que se cuida de los dulces del rey y los saborea juiciosamente.** A propósito de él **ha sido dicho «Gustad, y ved que** *es* **bueno el Eterno**; dichoso el hombre que confiará en él» (Salmos 34:9), **y «Venid, comed mi pan**, y bebed del vino que yo he templado» (Proverbios 9:5).

El macho se esparció en el lóbulo cerebral de Daat para llenar los pasillos y las cámaras. Comienza en la parte superior de la cabeza y se extiende (296a) **por todo el cuerpo en el pecho, los brazos y el resto de la cabeza. Detrás de él, una chispa originada en la Lámpara Oscura, brilla y produce una cabeza sellada en todas direcciones, con la iluminación de los dos lóbulos cerebrales grabados en ella. Está unido al lado masculino y por eso se llama «paloma mía,** *Tamati,* **perfecta mía**» (Cantar de los cantares 5:2). **No leas** *Tamati* **sino** *Teomati,* **mi hermana gemela, ciertamente.**

El cabello de la Nukva incluye colores sobre colores, según ha sido dicho «y el cabello de tu cabeza, como la púrpura del rey» (Cantar de los cantares 7:5). **Está conectado a cinco Guevurot. Desde su aspecto Maljut se expande para apegarse al lado del macho.**

Después de separarse se unió a él cara a cara. Cuando están unidos, parecen un solo cuerpo. El macho por sí mismo parece como medio cuerpo, y es totalmente Hessed y se parece a la parte femenina. Cuando se unen parece exactamente a un cuerpo. Y así es realmente. Aquí también, el macho se unió a Maljut y todo es un solo cuerpo. Entonces todos los mundos se alegran, porque son bendecidos por un cuerpo entero. Éste es el secreto de «por tanto el Eterno bendijo el día del sábado y lo santificó»

(Éxodo 20:11), ya que entonces todo está en un único cuerpo, ya que Maljut se unió al rey y son como un solo cuerpo. Por lo tanto, hay bendiciones en ese día. De esto dedujimos que quien no existe como varón y hembra es considerado un medio cuerpo, y ninguna bendición descansa sobre una cosa manchada y defectiva (*Véase* Talmud, tratado de *Ievamot* 62b), ni sobre la mitad de una cosa, sino sobre un lugar entero, una cosa entera. Y media cosa no dura y nunca es bendecida.

Toda la belleza de la hembra proviene de la belleza del macho. Ya hemos establecido estos asuntos y son conocidos por los compañeros cabalistas. Todos los seres de abajo están unidos a través de esta Nukva, hembra. Se alimentan y a ella vuelven. Ella es considerada una madre para todos ellos, al igual que la otra es una madre para el cuerpo y todo el cuerpo se nutre de ella. Así es una madre para todos los demás. Está escrito: «Di a la sabiduría: tú eres mi hermana» (Proverbios 7:4). Hay sabiduría y hay sabiduría. Esta Nukva, es denominada Jojmah, sabiduría pequeña en relación a la otra. Por eso ha sido escrito «Tenemos una pequeña hermana, que aún no tiene pechos» (Cantar de los cantares 8:8). «Tenemos una pequeña hermana» que ciertamente parece pequeña, pero es grande y grande, porque es la perfección que recibe de todos según ha sido escrito «Yo *soy* muro, y mis pechos como torres, desde que fui en sus ojos como la que halla paz» (Cantar de los cantares 8:10). Cuando están llenos para alimentar a todos, mis pechos son como torres, que son grandes ríos que salen de la Ima, madre, de Arriba.

El macho se expande aún más a la derecha y a la izquierda de la herencia de la posesión. Cuando los colores se unen, se llama Tiferet y todo el cuerpo se forma en un árbol grande y fuerte, agradable y bello. Debajo de él vagan animales salvajes y en sus ramas habitan las aves del cielo. En él hay comida para todos. Sus brazos se extienden a la derecha y a la izquierda. A la derecha la vida y Hessed; a la izquierda la muerte y Guevurah. Sus entrañas con Daat llenan todos los pasillos y todas las cámaras como dije, según ha sido escrito «y con ciencia se llenarán las cáma-

ras de todas las riquezas preciosas y hermosas» (Proverbios 24:4). El cuerpo se expande aún más hacia las dos piernas y entre ellas se unen los dos riñones y los dos testículos del macho. Porque todo el aceite, la grandeza y la fuerza de todo el cuerpo está en ellos, como todas las huestes habitan en la punta del falo, por eso se les llama *Tzevaot*. Son Netzaj y Hod. Tiferet, *Iod He Vav He*, y Netzaj y Hod *Tzevaot*. Por lo tanto, el Eterno Tzevaot (*Véase Zohar* III-11b). El falo del macho es el final de todo el cuerpo y se llama Iesod (*Véase Zohar* I-149b). Es un grado que endulza a la hembra. El deseo de este Iesod entra en la hembra en el lugar llamado Sión, donde está el lugar cubierto de la hembra como la vagina de una mujer. Por esa razón Iesod es llamado el Eterno Tzevaot.

Está escrito: «Porque el Eterno ha elegido a Sión; la deseó por habitación para sí» (Salmos 132:13), es decir, después de que la Matronita se separara y se uniera al Rey cara a cara en la noche del Shabat, y todo se convirtiera en un único cuerpo. Entonces el Santo, bendito sea, se sienta en su trono, y todo es considerado un Nombre entero, un Nombre Santo, bendito sea por los siglos de los siglos. He traído todos estos asuntos a colación en este día para que los adornen para el mundo venidero, y ahora han sido revelados aquí. ¡Bendita sea mi parte! Cuando la matronita se une al rey, todos los mundos son bendecidos y están en un estado de completa alegría. (296b) Así como el macho está compuesto de tres columnas, y el principio está compuesto de tres, así es todo, y el final del cuerpo. La Matronita es bendecida sólo de estos tres, Netzaj, Hod y Iesod, y es endulzada y bendecida desde el lugar llamado el más bajo santo de los santos, según ha sido escrito «Porque allí envía el Eterno bendición, y vida eterna» (Salmos 133:3). Porque hay dos grados Arriba y abajo. Por esa razón, nadie puede entrar en el Sancta Sanctorum a excepción del Sumo Sacerdote que viene del aspecto de Hessed, ya que nadie entra en ese lugar de Arriba, excepto eso que se llama Hessed que entra en Sancta Sanctorum. Maljut es mitigado y el Sancta Sanctorum es bendecido hasta lo más íntimo, el lugar llamado Sión. Sión y Jerusalén son dos grados, uno de misericordia y otro de juicio. Sión, según ha sido escrito «Sión con juicio será rescatada, y los convertidos de ella con justicia» (Isaías 1:27); **Jerusalén, según ha sido escrito «Llena** *estuvo* **de juicio» (Isaías 1:21) como hemos explicado. Todo el deseo del macho hacia la hembra está aquí. Se llama «bendición» ya que desde aquí salen bendiciones a todos los mundos y todos son bendecidos. Este lugar se llama «santo», y todas las santidades del macho entraron allí y todas emergen de la cabeza excelsa del cráneo del macho desde el aspecto del cerebro en el que residen. Esa bendición fluye hacia todas las partes del cuerpo, hasta el nivel denominado Tzevaot, ya que toda esa abundancia que viene de todo el cuerpo está reunida allí. Así son llamados Tzevaot, ya que todos los ejércitos de Arriba y de abajo salen de ellos. Y después de que la abundancia se reúna allí, es colocada en el santo Iesod, que es completamente blanco, por eso se le llama Hessed. Que Hessed entre en el lugar santísimo, según ha sido escrito «Porque allí envía el Eterno bendición, y vida eterna»** (Salmos 133:3).

Rabbí Abba dijo: apenas terminó de pronunciar la Lámpara Santa la palabra «vida», cuando sus palabras cesaron. Estaba escribiendo y estaba a punto de escribir más, pero no escuché nada. No levanté la cabeza, porque la luz era muy grande y no podía mirar (*Véase* Talmud, tratado de *Ketuvoth* 103b). **Entonces temblé y oí una voz que llamaba y decía: «porque largura de días y años de vida** y paz te aumentarán» (Proverbios 3:2), **y oí otra voz, «Te pidió la vida…»** (Salmos 21:5). **Durante todo ese día el fuego no cesó de salir de la casa y nadie llegó a él porque no pudieron hacerlo a causa la luz y el fuego que lo rodeaba. Estuve postrado en el suelo durante todo el día, llorando a gritos. Cuando el fuego se apagó, vi que la Lámpara Santa, el santo entre los santos, se había ido del mundo, envuelto** con su talit **y recostado de su lado derecho, con un rostro sonriente** (*Véase Zohar* I-245b). **Rabbí Eleazar, su hijo, se levantó, tomó sus manos y las besó, mientras yo besaba la tierra bajo sus pies. Los compañeros** cabalistas **empezaron a llorar. Rabbí Eleazar, su hijo, se postró tres veces y no** pudo abrir la boca. Entonces empezó a decir: padre, padre, éramos tres y ahora sólo somos uno. Ahora, las bestias vagarán y los pájaros se hundirán en el abismo del gran mar, y los compañeros beberán su sangre (*Véase Zohar* I-99a). Rabbí Jía se puso de pie y dijo: hasta ahora, la Lámpara santa nos protegía. Ahora es el momento de esforzarnos por honrarlo. Rabbí Eleazar y Rabbí Abba se levantaron y lo llevaron a una cama hecha con una escalera. Los compañeros cabalistas estaban confusos. Toda la casa emitió buenas fragancias. Lo pusieron en su cama, y nadie se ocupó de él, excepto Rabbí Eleazar y Rabbí Abba.

Los jefes y la gente armada de Trikin, de Tzipori y de Tardia vinieron a buscarlo a porque querían que fuera enterrado allí y vinieron a llevárselo por la fuerza. Los habitantes de Merón los ahuyentaron y sus multitudes les gritaron, porque no querían que fuera sepultado allí. Cuando la cama salió de la casa, se elevó por los aires y un fuego la envolvió. Oyeron una voz que decía: ¡Venid a la fiesta de Rabbí Shimon! «Vendrá la paz, descansarán sobre sus camas todos los que andan delante de él» (Isaías 57:2).

Cuando entró en la caverna, oyeron una voz que gritaba desde su interior «¿Es éste aquel varón que hacía temblar la tierra, que trastornaba los reinos?» (Isaías 14:16). ¡Cuántos ángeles acusadores en el firmamento están hoy tranquilos gracias a ti! Éste es Rabbí Shimon bar Iojai, con quien su Maestro se glorifica diariamente. ¡Dichosa sea su parte Arriba y abajo! ¡Cuántos tesoros excelsos le esperan! Ha sido dicho a propósito de él «Y tú irás al fin, y reposarás, y te levantarás en tu suerte (*o en tu herencia*) al fin de los días» (Daniel 12:13).

Fin de la Idra Zuta Kaddisha

Rabbí Iosi dijo: ¡Cuán amado es Israel ante el Santo, bendito sea, porque al principio los llamó nación santa, según ha sido escrito: «Porque eres pueblo santo» (Deuteronomio 14:2). Entonces los llamó «santidad», según ha sido escrito «Santidad *era* Israel al

Eterno, primicias de sus nuevos frutos. Todos los que le devoran pecarán; mal vendrá sobre ellos, dice el Eterno» (Jeremías 2:3). (297a) ¿Cuál es la diferencia? Rabbí Abba dijo: la santidad es la más elevada ya que hemos aprendido que cuando todas las santificaciones se unen, se llaman santidad, y se levantan y se reúnen en el lugar de Arriba denominado santidad. Por esta razón, «Santo, santo, santo», se convierten en «Santidad era Israel». Y ya que Israel está adornado con estos tres grados, cuando se unen son llamados «Santidad era Israel» al Eterno. Hemos explicado que «primicias» está escrito con *He*. «Todos los que le devoran pecarán; mal vendrá sobre ellos, dice el Eterno» (Jeremías 2:3). ¿Qué significa eso? Rabbí Abba dijo: esto ya ha sido enseñado en el versículo «Y el que por yerro comiere santificación...» (Levítico 22:14), y «Ningún extraño comerá santificación» (Levítico 22:10). Israel es considerado una cosa santa (*Véase Zohar* II-121b), y por lo tanto, «Todos los que le devoran pecarán».

Dijo Rabbí Eleazar: el principio y el final de todo están incluidos en la santidad, y la Jojmah de Arriba es llamada santidad. Y cuando la Jojmah de Arriba resplandece, la sabiduría de Salomón resplandece según ha sido escrito: «Y la sabiduría de Salomón sobresalió» cuando la Luna estaba en su plenitud. Esto ya ha sido explicado (*Véase Zohar* I-233a). Y cuando es bendecido por Iesod, se llama santidad porque resplandece en su plenitud. Pero cuando no brilla y no está perfectamente adornada, se llama el espíritu de santidad, y no se le llama santidad como al de Arriba. Cuando es bendecido por Iesod y alimenta a todos los seres inferiores, se le llama «madre» como la de Arriba. Entonces es llamado «cosas santas» y es entonces llamado santo de santos, ya que con ello ella es una novia. Es según ha sido está escrito: «Conmigo del Líbano, oh esposa» «Venid conmigo del Líbano, mi esposa» (Cantar de los cantares 4:8). ¿Qué es el Líbano? Es el Edén, porque se volvió blanco en todas las direcciones, lo que significa que brilla con un amuleto, que es blanco, tanto del lado derecho como del izquierdo. Edén ya es conocido por los compañeros cabalistas.

297a

Aprendimos que está escrito «Porque el nombre del Eterno invocaré; engrandeced a nuestro Dios» (Deuteronomio 32:3). ¿Qué significa eso? Rabbí Shimon dijo: está escrito «engrandeced a nuestro Dios» (Deuteronomio 32:3). «Engrandeced» se refiere a *Guedulah*, grandeza. «**Del fuerte, cuya obra *es* perfecta**, porque todos sus caminos *son* rectitud; Dios de verdad, y ninguna iniquidad *en él*; es justo y recto» (Deuteronomio 32:4) **es Guevurah**, fortaleza; «**porque todos sus caminos *son* rectitud**» es Tiferet, belleza; «**Dios de verdad**» es Netzaj, victoria; «**y ninguna iniquidad *en él***» es Hod, esplendor. «**Justo**» es Iesod, «**y recto**» es la Justicia. Así que todo es el Santo Nombre del Santo, bendito sea. Por eso dijo «Porque el nombre del Eterno invocaré».

Dijo Rabbí Iosi: se trata **del mismo nombre del Eterno que Moisés reveló en aquel tiempo a Israel, cuando dijo: «De edad de ciento veinte años soy hoy día»** (Deuteronomio 31:2). **De esto podemos deducir que cuando llegue el momento en que un hombre justo, en quien descansa la sabiduría de Arriba, pase a mejor vida, debe revelar esa sabiduría a aquellos que tienen al espíritu de santidad entre ellos. ¿De dónde sabemos eso? De Moisés, según ha sido escrito: «De edad de ciento veinte años soy hoy día»** (Deuteronomio 31:2). **Si no lo hizo, ha sido dicho** a propósito **de él: «No detengas el bien de sus dueños**, cuando tuvieres poder para hacerlo» (Proverbios 3:27), **según ha sido escrito «una buena doctrina te doy»** (Proverbios 4:2), «**cuando tuvieres poder para hacerlo**» (Proverbios 3:27) **antes de que fallezcas, no tendrás permiso para revelarla.**

Dijo Rabbí Jía: **hemos aprendido la sabiduría de Arriba a partir de este versículo, y ésta es así. Sin embargo, el final del versículo conecta el nudo de la fe con la palabra «él», según ha sido escrito «él es justo y recto»** (Deuteronomio 32:4), **lo que significa que él es todo, es uno sin división. Porque si dices que son muchos, dice de nuevo: «él», pues todos ellos son uno, se conectan y se unen en uno. Y él es todo; él fue, es y será y es uno. Bendito** sea su nombre por los siglos de los siglos. Por lo tanto, las cosas están conectadas y los asuntos sagrados del nombre del Santo, bendito sea, están unidos.

Dichosa la parte de aquel que llama al Rey y sabe cómo llamarlo correctamente. Si aún no sabe a quién llamó, el Santo, bendito sea, se aleja de él, según ha sido escrito: «Cercano está el Eterno de todos los que le invocan» (Salmos 145:18). ¿De quién está cercano? Dice de nuevo: «de todos los que le invocan con verdad» ¿Hay alguien que lo invoque falsamente? Rabbí Abba dijo: sí; es aquel que llama, pero no sabe a quién llama. ¿De dónde sabemos eso? De las palabras «de todos los que le invocan con verdad». ¿Qué es «con verdad»? Es el sello del anillo del Rey, que es la perfección total. Éste es el significado de «Cumplirás la verdad a Jacob, y a Abraham la misericordia, que tú juraste a nuestros padres desde tiempos antiguos» (Miqueas 7:20). **Por eso está escrito: «de todos los que le invocan con verdad». Dichosa la parte de aquel entró y salió entero** (en paz), **para conocer los caminos del Santo, bendito sea. Así está escrito: «Mas la vereda de los justos *es* como la luz del lucero»** (Proverbios 4:18), **y «Y tu pueblo, todos ellos *serán* justos** (Isaías 60:21).

Hemos aprendido que Rabbí Itzjak dijo que todos estos Tikunim y estos asuntos fueron dados a los segadores del campo. Hemos aprendido que los malvados causan, por así decirlo, defectos Arriba. El defecto concuerda con el versículo que dice «La corrupción no *es* suya; (297b) *de* sus hijos *es* la mancha de ellos, generación torcida y perversa» (Deuteronomio 32:5), **porque todos estos Tikunim no están debidamente asentados. Un versículo dice: «Y se vistió de justicia, como de cota»** (Isaías 59:17), **y otro versículo dice: «y se vistió de vestido de venganza por vestidura»** (Isaías 59:17). **Sin embargo, dice Rabbí Itzjak, «se vistió de justicia» cuando Israel es digno. Cuando no tienen mérito «se vistió de vestido de venganza por vestidura».**

Dijo Rabbí Iosi, ¿cuál es el defecto? Es como aprendemos que los patriarcas no reciben para ser bendecidos por el flujo del río, y menos aún por sus hijos. Está escrito: «La corrupción no *es* suya; *de* sus hijos *es* la mancha de ellos, generación torcida y perversa» (Deuteronomio 32:5). ¿Por qué dos veces? Uno está arriba y uno abajo. Éste es el significado de las están en tal estado.

Por esta razón, después de que Moisés dijera todas estas cosas e invocara debidamente el Santo Nombre, dijo: «él es justo y recto» (Deuteronomio 32:4), cuando las cosas son como deben ser, pero «La corrupción no *es* suya; *de* sus hijos *es* la mancha de ellos, generación torcida y perversa» (Deuteronomio 32:5). La razón es que «son una generación torcida y perversa». Rabbí Iehudah dijo, «no es suya» significa que los malvados se la traen sobre sí mismos, causando que falten bendiciones en el mundo. Rabbí Abba dijo: «no es suya» fue explicado y así es. El versículo siguiente dice: «¿Así pagáis al Eterno, pueblo loco e ignorante?», o sea, pagas así al Santo, bendito sea, por todas las cosas buenas que te trajo y que hizo delante de ti.

Rabbí Eleazar abrió el versículo: «Y aun con todo esto, estando ellos en tierra de sus enemigos, *yo* no los desecharé...» (Levítico 26:44). Israel es bendecido por encima de todas las demás naciones idólatras, pues aunque han enfurecido a su dueño, el Santo, bendito sea, no quiere dejarlos, pues dondequiera que se exiliaron entre las naciones, el Santo, bendito sea, estuvo con ellos en el exilio. Éste es el significado de «Y aun con todo esto, estando ellos en tierra de sus enemigos, *yo* no los desecharé...» (Levítico 26:44).

Rabbí Abba dijo: «Y aun con todo esto, estando ellos en tierra de sus enemigos, *yo* no los desecharé...» (Levítico 26:44). Ven y ve cuán grande es el amor del Santo, bendito sea, por Israel. Aunque se exiliaron entre las naciones, la Shekinah nunca se apartó de ellos. No digas que están solos en el exilio, sino: «Y aun con todo esto» (Levítico 26:44) está con ellos. Éste es el significado de «estando ellos en tierra de sus enemigos». La cosa se parece a un rey que se enfadó con su hijo y decretó que como castigo se alejara de él a una tierra lejana. La Matronita lo oyó y dijo: «Ya que mi hijo se va a una tierra lejana y el rey lo echó de su palacio, no lo abandonaré». Los dos volveremos al palacio del rey o moraremos juntos en otra tierra. Después de unos días el rey fue a visitar a la Matronita pero no la encontró porque se había ido con su hijo. Y dijo: «Ya que la reina está allí, que regresen los dos». Lo mismo sucederá cuando el Santo, bendito sea, visite a la Shekinah. Primero la visitará a ella y por mediación de ella a sus hijos. Éste es el significado de «Y asimismo yo he oído el gemido de los hijos de Israel, a quienes hacen servir los egipcios, y me he acordado de mi pacto» (Éxodo 6:5). ¿Quién ha hecho que «yo he oído el gemido»? Es como si la Shekinah hubiera hecho que yo la recordara. Éste es el significado de «y me he acordado de mi pacto». También está escrito, «y se acordó de su pacto» (Éxodo 2:24) y «**El Eterno también volverá tu cautividad, y tendrá misericordia de ti,** y volverá a recogerte de todos los pueblos a los cuales te hubiere esparcido el Eterno tu Dios». **Es la Shekinah.** También está escrito está también: «Fuiste propicio a tu tierra, oh **Eterno**; volviste la cautividad de Jacob» (Salmos 85:1).

Dijo Rabbí Iehudah dijo: «Así, *Zoth*, pagáis...» (Deuteronomio 32:6), **sois «una generación torcida y perversa»** (Deuteronomio 32:6). **Provocáis que *Zoth*,** la Shekinah **se vaya al exilio. «Así, *Zoth*, pagáis...»** (Deuteronomio 32:6). **Es así como le pagas por todo lo que te hizo, por todas esas señales que hizo por ti. ¿Es éste el pago que pagas a *Zoth*? ¿Quién se lo ha buscado? Es porque sois «una generación torcida y perversa» que no aprecia todo el bien que ha hecho por ti hasta ahora. «Así, *Zoth*, pagáis al Eterno»** (Deuteronomio 32:6), **la Shekinah. Y esto ya ha sido explicado. Hemos aprendido que** la letra *He* de *Behibaram,* cuando fueron creados, (Génesis 2:4) **es** más **pequeña** de lo normal. Aquí la letra *He* **es grande. Como ha sido dicho, aprendimos lo que dijo Rabbí Iehudah:** la letra *He* **siempre** se refiere al **Santo, bendito sea, y es llamada madre. Hay dos mundos** a propósito de **los cuales** está escrito «Bendito el Eterno Dios de Israel, **desde el siglo y hasta el siglo...»** (Salmos 106:48). **Hemos aprendido esto con respecto al significado de las palabras** «y la décima de un efa de flor de harina,

amasada con una cuarta de un hin de aceite molido, en presente» (Números 28:5).

Aprendimos que Rabbí Iehudah dijo: he visto en varios lugares que el Santo, bendito sea, no retiró (298a) su amor de Israel. Porque dondequiera que estuvieran los de Israel, el Santo, bendito sea, estaba entre ellos, según ha sido escrito: «Y aun con todo esto, estando ellos en tierra de sus enemigos, *yo* **no los desecharé, ni los abominaré para consumirlos, invalidando mi pacto con ellos;** porque yo el Eterno *soy* su Dios» (Levítico 26:44). «Con ellos» es exacto, entre ellos y nunca los abandonó.

Rabbí Itzjak estaba caminando por un sendero cuando Rabbí Jía se lo encontró. Le dijo: veo en el resplandor de tu rostro que vives en la morada de la Shekinah. Está escrito: «Y he descendido para librarlos de mano de los egipcios» (Éxodo 3:8). «Y he descendido», significa de antemano. ¿Cuándo? Cuando Jacob descendió a Egipto. ¿Por qué descendió? «Para librarlos de la mano de Egipto». Porque si no hubiera estado entre ellos, no habrían podido soportar el exilio, según ha sido escrito: «con él *estaré* yo en la angustia; lo libraré, y le glorificaré» (Salmos 91:15). Le dijo: ciertamente, dondequiera que habite Israel, el Santo, bendito sea, está entre ellos. Y dondequiera que vayan los sabios de la generación, el Santo, bendito sea, va con ellos, según ha sido escrito «Porque a sus ángeles mandará *acerca* de ti, que te guarden en todos tus caminos» (Salmos 91:11). **De este versículo se deduce «Y Jacob siguió su camino,** y le salieron al encuentro ángeles de Dios. Y dijo Jacob cuando los vio: el campamento de Dios *es* éste; y llamó el nombre de aquel lugar Mahanaim» (Génesis 32:1-2). **Ahora unámonos y caminemos juntos por el camino que conozco mientras vamos hacia cierto lugar para dar la bienvenida al Shekinah. Le dijo: sí. Rabbí Itzjak dijo: hemos aprendido que aquellos que actúan como mensajeros para realizar una buena acción no son dañados ni en su marcha ni en su regreso; y vamos a ser vistos ante el Santo, bendito sea, así que no hemos de tener miedo.**

Mientras caminaban, Rabbí Jía dijo: está escrito: «Éstas son las generaciones del cielo y de la tierra» (Génesis 2:4). El cielo viene a incluir al Santo, bendito sea, y la tierra viene a incluir al Santo, bendito sea. Y todo lo que está debajo son llamados las generaciones del cielo y de la tierra. Le dijo: «En ese caso, ¿qué es «*Behibaram,* cuando fueron creados»? (Génesis 2:4). **Hemos aprendido que es** *beHebaram,* **con** *He* **los creó**. Le dijo: es lo mismo, desde que el cielo se unió, entonces esta letra *He* produjo generaciones, que se llaman las generaciones del cielo y de la tierra. Le dijo: si es así, ¿por qué le hemos explicado que *Behibaram* significa *beAbraham*? Él le dijo: todo es lo mismo; *beAbraham* es el cielo. Porque desde allí comienza a extenderse. Y *beHebaram* es la tierra Y todo esto es una sola cosa. Él le dijo: sin duda así es. He aprendido que está escrito «Éstas son las generaciones del cielo y de la tierra», y hemos aprendido que este mundo fue creado con la letra *He,* según ha sido escrito *Behibaram.* El mundo venidero fue creado con la letra *Iod,* según ha sido escrito: «Y salía *un* río de Edén para regar el huerto, y de allí se repartía en cuatro cabezas». Incluía al cielo e incluía a la tierra. Porque hemos explicado que las palabras «fuente de huertos» (Cantar de los cantares 4:15) se refieren al cielo. Es un pozo de aguas vivas, según ha sido escrito «y abrieron allí los siervos de Isaac *un* pozo» (Génesis 26:25), y «se apartó de allí, y abrió otro pozo» «y se alejó de allí, y cavó otro pozo» (Génesis 26:22) «y ríos del Líbano» (Cantar de los cantares 4:15) **están adornados Arriba y se elevan hasta la cabeza del Rey, según ha sido escrito: «Porque grande más que los cielos** *es* **tu misericordia,** y hasta los cielos tu verdad» (Salmos 108:5). «**Del Líbano**», van a Binah, y fluyen y son atraídos a todos los rincones hasta que esas fuentes fluyen y descienden a recoger en ese lugar llamado el gran mar, según ha sido escrito «Todos los ríos van al mar» (Eclesiastés 1:7). **También está escrito «mirad a la piedra** *de donde* **fuisteis cortados**, y a la caverna de la fosa de donde fuisteis arrancados» (Isaías 51:1). **Después está escrito «Huerto cerrado** *eres,* **oh hermana, esposa mía;** fuente cerrada, fuente sellada» (Cantar de los cantares 4:12), **que es la que recibe los ríos. De ella,**

298a - 298b

salieron generaciones según ha sido escrito «cuando fueron creados». Él los creó con la letra *He*, con Abraham. Rabbí Itzjak dijo, incluso con Jacob mismo. Y todo es una misma cosa.

Rabbí Itzjak dijo: cuando nos sentamos ante Rabbí Shimon, todo se habla abiertamente delante de él y no tenemos necesidad de todo esto (*Véase Zohar* II-86b). Le dijo: Rabbí Simón no es como los demás hombres porque ante él son como los demás profetas ante Moisés. Mientras caminaban, Rabbí Jía dijo: «¿Se olvidará la mujer de lo que dio a luz, para dejar de compadecerse del hijo de su vientre? (Isaías 49:15). Este versículo ya ha sido explicado. Pero aquí, ¿qué significa? Le dijo: si entre los compañeros cabalistas no nos apoyamos, ¿qué podríamos decir? Le dijo: escuché una voz que se refería a la interpretación del versículo, un día, cuando andaba por el camino. Pero no sabía quién lo dijo, y no lo entiendo. Ven y ve, he estado enfermo durante siete días por eso y no he comido nada. Ahora que voy a la Lámpara Santa para que me lo explique, puede que me acuerde. Le dijo: pudo haber sido el mismo día que Rabbí Eleazar iba a ver a su suegro. Lo acompañé ese día, y ahora lo he recordado.

Ven y ve: así dijo Rabbí Eleazar en nombre de su padre. Israel dijo ante el Santo, bendito sea, desde que caímos en el exilio, el Santo, bendito sea, nos dejó en el exilio y se olvidó de nosotros. Éste es el significado de «Mas Sión dijo: me dejó el Eterno, y el Eterno se olvidó de mí» (Isaías 49:14). La Shekinah dijo: ¿Acaso puede una mujer olvidar a su hijo? Porque a Israel se le considera como a un **hijo, según ha sido escrito «Hijos sois del Eterno vuestro Dios»** (Deuteronomio 14:1). **«Para dejar de compadecerse del hijo (298b) de su vientre?** (Isaías 49:15) se parece a «Y yo te planté de buen viñedo, simiente de Verdad toda ella, ¿cómo, pues, te me has tornado sarmientos de vid extraña?» (Jeremías 2:21). **«Aunque se olviden ellas,** yo no me olvidaré de ti» (Isaías 49:15), **como en «éstas son las generaciones del cielo y de la tierra»** (Génesis 2:4), **«yo no me olvidaré de ti»** (Isaías 49:15). **De esto apren-**

demos que el Santo, bendito sea, nunca abandona a Israel. También dijo: «¿Se olvidará la mujer de lo que dio a luz, para dejar de compadecerse del hijo de su vientre? Aunque se olviden ellas, yo no me olvidaré de ti» (Isaías 49:15) **es un secreto de Arriba, y el Santo, bendito sea, dijo «Estas cosas están relacionadas con mi nombre». Así como el Santo, bendito sea, no olvida su nombre, que es todo, así también el Santo, bendito sea, no olvida a Israel, porque están verdaderamente apegados a su nombre. Rabbí Jía tembló y dijo: sin duda éstas son las palabras. Bendito sea el Santo, bendito sea, pues te he conocido y lo he sabido, y también he sabido de quién lo he oído.**

Ven y ve, el mismo día recorrí cuatro millas pero no encontré a quien lo dijo. Le dijo: es porque entramos en una cueva y Rabbí Eleazar descansó allí durante una hora. Rabbí Jía recitó a su alrededor los versículos siguientes «Entonces nacerá tu luz, como el alba… Entonces invocarás, y oirás al Eterno» (Isaías 58:8-9), «entonces te deleitarás en El Eterno…» (Isaías 58:14).

«Acuérdate de los tiempos antiguos; considerad los años de generación y generación; pregunta a tu padre, que él te declarará; a tus viejos, y ellos te dirán» (Deuteronomio 32:7). **«Acuérdate de los tiempos** *Olam,* **antiguos, pero también del mundo. Dijo Rabbí Abba: ¿Qué son los tiempos del mundo? Son los seis días con que el Santo, bendito sea, creó el mundo, según ha sido escrito «porque seis días hizo el Eterno los cielos y la tierra,** y en el séptimo día cesó, y reposó» (Éxodo 31:17), **en vez de «en seis días»** (*Véase Zohar* I-247a). **Y esto ya ha sido explicado. «Considerad los años de generación y generación» significa que los tiempos del mundo serán conocidos y reconocidos por todos estos años y días, y por todas y cada una de las generaciones de la generación en la que vives.**

«Pregunta a tu padre, que él te declarará; a tus viejos, y ellos te dirán» (Deuteronomio 32:7) **es el Santo, bendito sea. Éste es el significado de «¿No es él tu padre que te poseyó? Él te hizo y te compuso» (Deuteronomio 32:6). «Y ellos te dirán» significa que te revelarán la profundidad de la sabiduría. ¿Qué es esto? Cuando los seis días formaron el mundo, lo hicieron sólo por vosotros, para que vengáis y os ocupéis de la Torah. Como hemos aprendido, todo lo que el Santo, bendito sea, hizo, lo hizo con la condición de que Israel apareciera. Si van a recibir la Torah, bien. De lo contrario, volverán al caos. Por esta razón, los tiempos del mundo lo sabían y realizaban todo.

Hemos aprendido cómo las ramas del árbol están conectadas dentro del árbol. Hemos explicado que el Santo, bendito sea, dividió a los setenta ministros en oficiales y protectores sobre el resto de las naciones. Y a propósito de vosotros está escrito «Porque la parte del Eterno *es* su pueblo; Jacob el cordel de su heredad» (Deuteronomio 32:9), porque no se la dio a un ministro, a un ángel ni a ningún otro oficial, pues tomó como su parte a esta nación del Santo, bendito sea. ¿Dónde los encontró? Está escrito: «Le halló en tierra de desierto, y en un desierto horrible y yermo; lo trajo alrededor, lo instruyó, lo guardó como la niña de su ojo» (Deuteronomio 32:10). «Taré, padre de Abraham... Y yo tomé a vuestro padre Abraham del otro lado del río» (Josué 24:2 y 3). Desde entonces guió a Israel en cada generación y no se separó de ellos, y los guió con compasión, según ha sido dicho «Como el águila *que* despierta su nidada» (Deuteronomio 32:11).

«Como el águila *que* despierta su nidada» (Deuteronomio 32:11). Dijo Rabbí Iosi: no hemos encontrado a nadie que tenga compasión de sus hijos como esta águila. Así lo aprendimos del versículo que dice: «Y la figura de sus rostros *era* rostros de hombre; y rostros de león a la parte derecha en los cuatro; y a la izquierda rostros de buey en los cuatro; asimismo había en los cuatro rostros de águila» (Ezequiel 1:10). ¿Dónde está el lugar del águila? En el lugar en el que está situado Jacob. Éste es el significado de, «el camino de los buitres en el aire» (Proverbios 30:19), en ese preciso lugar. La razón es que el águila es misericordiosa con sus hijos y rigurosa con los demás. Así también el Santo, bendito sea guía a sus hijos como el águila.

Está escrito: «el Eterno solo le guió, que no hubo con él dios ajeno» (Deuteronomio 32:12), es decir, nadie guía a Israel, ni un ángel ni otro oficial que se llame «dios ajeno». Éste es el sentido de las palabras de Moisés «Si tus fazes no han de ir delante, no nos saques de aquí» (Éxodo 33:15). Éste es el significado de: «el Eterno solo le guió», y «no hubo con él dios ajeno» (Deuteronomio 32:12).

Dichosa la parte de Israel porque los guía el Santo, bendito sea; está escrito a propósito de ellos «Porque el Eterno ha escogido a Jacob para sí, a Israel por posesión suya» (Salmos 135:4), y «Pues el Eterno no desamparará a su pueblo, por su grande nombre; porque el Eterno ha querido haceros pueblo suyo» (1 Samuel 12:22), «por su grande nombre», puesto que están mutuamente unidos. Por lo tanto, el Santo, bendito sea, no los abandonará, y dondequiera que habiten, el Santo, bendito sea, estará con ellos, como ya hemos explicado.

«¡Deseo que fueran sabios, que entendieran esto, entendieran su postrimería!» (Deuteronomio 32:29). Dijo Rabbí Iosi dijo: todos los versículos aquí son reproches con los que Moisés amonestó a Israel, excepto por el Santo Nombre que reveló al principio de sus palabras. Dijo Rabbí Abba: incluso aquellos versículos en que amonestaba a Israel son parte del Santo Nombre, porque no hay nada en la Torah que esté excluido del Santo Nombre, porque toda la Torah es el nombre del Santo, bendito sea.

Estos versículos son conocidos, pero como el nombre (299a) del Santo, bendito sea, se menciona en esta parashah, tuvimos que volver a mencionarlos. Pero aquí está escrito «Deseo que fueran sabios, que entendieran *Zoth*, esto». Hemos explicado en varios lugares que si Israel supiera cómo se aferraba a sus castigos para vengarse de los malvados «entendieran su postrimería» (Deuteronomio 32:29), y se preocuparían de estar en él, según ha sido escrito, «se levantará contra él» (Job 20:27).

Otra explicación. «Deseo que fueran sabios, que entendieran *Zoth*, esto», es que cuando *Zoth* está apegada a Israel, ellos guardan los preceptos de la Torah y moran con ella completamente, ellos sabrán que cuentan con la ayuda de *Zoth* para tomar venganza de sus enemigos. Y Israel, que es una minoría entre las naciones, sabrá «¿Cómo podría perseguir uno a mil, y dos harían huir a diez mil...» (Deuteronomio 32:20). **¿Quién lo provocó?** *Zoth*, **que estaba totalmente en ellos cuando cumplieron los preceptos de la Torah. Y nunca los abandonará, ni dejará de vengarse por ellos** (*Véase* Talmud, tratado de Moed Katan 16b).

«**Si su Fuerte no los hubiese vendido**, y el Eterno no los hubiera entregado?» (Deuteronomio 32:20). **¿Cuál es la razón por la que su Fuerte los había vendido? Porque «Del Fuerte que te crió, te has olvidado»** (Deuteronomio 32:18), **pues estos adornos no descansan bien en su lugar. Dijo Rabbí Iehudah: «Éste es Abraham, como explicamos, ya que Abraham dijo que** sería mejor **que Israel sea forzado** a ir **al exilio en vez de ir al Gehenom**, infierno, **porque a ambos, exilio y Gehenom,** infierno, **no podría soportarlos. Y el Santo, bendito sea, estuvo de acuerdo con él en que mientras Israel pecara, caerían en el exilio y sus enemigos los esclavizarían. Por eso su Fuerte los había vendido, seguramente, «y el Eterno no los hubiera entregado», ya que estaba de acuerdo con él.**

Hemos aprendido que Rabbí Iehudah dijo: ¿Por qué Moisés los amonestó en este poema? Es que estaban a punto de entrar en la tierra de Israel y la Shekinah estaba a punto de descansar entre ellos. Por esa razón él los amonestó al respecto.

Dijo Rabbí Itzjak: el Santo, bendito sea, amonestará a Israel en dos lugares y las naciones del mundo se alegrarán. El primero es según ha sido escrito «Pleito tiene el Eterno con Judá para visitar a Jacob conforme a sus caminos; le pagará conforme a sus obras» (Oseas 12:2). **Las naciones del mundo escuchan y se alegran. Dicen: ahora serán borrados del mundo. Pero cuando el Santo, bendito sea, los vio alegrarse, está escrito «En el vientre tomó por el calcañar a su hermano,** y con su fortaleza venció al ángel» (Oseas 12:3). **Cuando** las naciones **lo escucharon, dijeron ¿qué respuesta es ésta? Es como una mujer que tuvo una pelea con su**

hijo. Gritó y lo demandó. Cuando vio que el juez aplicaba las leyes penales, sentenciando a algunos a latigazos y a otros a la horca o a la hoguera, dijo: «¡Ay de mí si le hago esto a mi hijo!». Cuando el juez terminó con el juicio que estaba haciendo, le dijo a la mujer: «Dime qué hizo tu hijo». Ella le dijo: «Me daba patadas cuando estaba embarazada de él». Ante eso el juez respondió: «no hay caso».

«Le halló en tierra de desierto, y en un desierto horrible y yermo»; lo trajo alrededor, lo instruyó, lo guardó como la niña de su ojo» (Deuteronomio 32:10): **Seguramente después hizo que todas estas Klipot,** cortezas **fueran esclavizadas. Hasta ahora esto fue escrito en el libro de un médico llamado Kartana. Solía anotar bajo este versículo todo el cuidado que un médico sabio necesita tener con los enfermos en su cama, en la prisión del Rey, que no pueden adorar al señor del universo. Cuando un médico sabio visitó a un enfermo, «Le halló en tierra de desierto, y en un desierto horrible y yermo» esto es así porque las enfermedades descansan sobre él, es puesto en la cárcel del Rey. Alguien podría decir que ya que el Santo, bendito sea, ordenó que lo metieran en la cárcel, uno no debe tratarlo. Esto no es así, como dijo David «Bienaventurado el que entiende sobre el pobre»** (Salmos 41:1). **Ese enfermo que yace en su cama es** como un **pobre. Si** el médico **es un médico sabio, será el Santo, bendito sea, bendito sea quien se esfuerce por él. Ese médico «Le halló en tierra de desierto», es decir, acostado en su lecho de enfermo; «y en un desierto horrible y yermo», acosado por enfermedades. ¿Qué debe hacer? «lo instruyó, lo guardó como la niña de su ojo»** (Deuteronomio 32:10), **para retener de él lo que es dañino para él y quitarle la sangre mala; «lo instruyó» porque ha de observar y entender el origen de la enfermedad, y asegurarse de que la enfermedad no aumente, sino que disminuya. Luego «lo guardó como la niña de su ojo» para que esté bien atento a las bebidas y a las medicinas que necesita, y no se confunda con ellas. Porque si confunde una sola cosa, el Santo, bendito sea, considera a ese médico como si derramara su sangre** y lo matara. Porque el Santo, bendito sea, desea que aunque esa persona esté en la prisión del rey y se encuentre encarcelada allí, incapaz de liberarse a sí mismo, alguien haga un esfuerzo por él y le ayude a salir de la cárcel (*Véase* Talmud, tratado de *Berajoth* 5b). Y él solía decir: el Santo, bendito sea, sentencia a muerte a la gente (299b) en el mundo, a ser desarraigados de la raíz de ambos hijos, a ser castigados en sus propiedades, o a ser puestos en la cárcel. El que es condenado a un castigo por sus propiedades cae enfermo y no es curado hasta que pague por lo que se le haya condenado. Después de ser castigado con su dinero y de haber pagado por lo que fue sentenciado, es sanado y sale de la cárcel. Por eso hay que convencerlo de que cumpla su pena y salga de la prisión.

El que es condenado al desarraigo, es capturado y enviado a prisión hasta que sea desarraigado en todo sentido. A veces es desarraigado en miembros o en uno de ellos. Cualquiera que sea sentenciado a muerte, muere. E incluso si entrega como rescate todo el dinero del mundo, no puede ser salvado. Por esta razón, es necesario que un médico sabio se esfuerce por él. Si puede administrar medicina corporal, está bien. De lo contrario, debería darle sanidad para su alma, y esforzarse en sanar el alma. El Santo, bendito sea, ayudará a un médico así en este mundo y en el mundo venidero.

Dijo Rabbí Eleazar: hasta ahora nunca había oído hablar de este médico y de este libro maravillosos, excepto una vez cuando un comerciante me dijo que había oído de su padre que había un doctor en su tiempo, quien, cuando miraba a una persona en su cama, decía «Éste vivirá, éste morirá» y acertaba. Dicen de él que era un verdadero justo que temía el pecado. Lo que necesitaba el paciente pero no podía permitírselo, se lo compraba y se lo aplicaba él mismo. Dicen que no había nadie más sabio en el mundo que él. Solía conseguir más con su oración de lo que conseguía con sus manos. Nos parece que se trata del mismo médico.

Parashat Hazinu

Aquel mercader dijo: sin duda este libro está en mi poder. Lo heredé del padre de mi padre. Todos los temas de ese libro estaban basados en secretos de la Torah. He encontrado en ella misterios ocultos y muchas instrucciones médicas, pero él dijo que uno no puede usarlas a menos que sea temeroso del pecado. Provienen de lo que Bilam solía hacer. Solía susurrar conjuros sobre la enfermedad y pronunciarlos con la boca, y el enfermo se curaba instantáneamente. Todos estos conjuros están explicados en ese libro. Él dijo que este libro está prohibido, pero aquel que teme al pecado puede usarlo. Porque hay muchas enfermedades, dijo, cuya curación se deriva de susurrar con la boca. Algunas vienen del lado de los encantamientos y otras del lado de la adivinación. He aquí todos aquellos a los que les está prohibido pronunciar y a los que les está prohibido actuar. Incluso encontré lo que se debe decir en casos de ciertas enfermedades para erradicarlas. Esto nos sorprendió mucho.

Rabbí Eleazar se alegró y los amigos también. Rabbí Eleazar dijo: si tuviéramos ese libro, sabríamos lo que dice. Y yo lo entregaré para mostrárselo a la Lámpara Santa. Nos enteramos de que Rabbí Eleazar dijo: este libro estuvo en mi poder durante doce meses, y he encontrado en él misterios preciosos y excelsos. Cuando llegué a los secretos que venían de Bilam me quedé asombrado. Un día hice un conjuro en un lugar determinado y las letras subían y bajaban, hasta que lo vi en mi sueño diciéndome: no es asunto tuyo ir a un campo que no es tuyo, no lo necesitas. Y me desperté. Fue difícil para mí pues contenía misterios ocultos. Se lo envié a ese judío, Rabbí Iosi, hijo de Rabbí Iehudah y le entregué ese libro. Entre los secretos de Bilam encontré algunos de los nombres de los ángeles que Balak le envió, pero no estaban bien ordenados. Pero he encontrado diferentes tipos de medicinas en él basadas en los Tikunim de la Torá y sus misterios ocultos, y vi que están fundadas en la piedad, en oraciones y en peticiones al Santo, bendito sea. Y si alguien dijera que él solía practicar la medicina usando palabras de la Torah o los secretos de la Torah, que el cielo no lo permita, porque está prohibido

299b

hacerlo. Pero él hablaba de secretos de la Torah, y basándose en esos secretos inventaba secretos médicos como nunca he visto. Dije, bendito sea el Misericordioso que hizo a la gente sabia con la sabiduría de Arriba. Por las palabras de Bilam comprendí que no había nadie en el mundo tan entendido en brujería como él. Dije, bienaventurado el Misericordioso, que abolió la brujería, para que no engañe y aleje a la gente del temor al Santo, bendito sea, cuyo nombre sea exaltado y bendecido, amén.

Bendito sea el Eterno por los siglos de los siglos.

Que el Eterno reine por los siglos de los siglos, amén y amén.

APÉNDICE

VEINTISÉIS

Si bien el proyecto inicial de esta traducción del Zohar a partir de su original arameo consistía en editarlo en treinta y dos volúmenes, correspondiendo a la guematria de *Lev*, corazón, las circunstancias nos han obligado a reducirlo a veintiséis. Aun así, se trata de la primera traducción íntegra del Zohar de la *Torah* a nuestro idioma. Se quedan en el tintero los demás Zoharim: el Zohar Jaddash, los Tikkunei haZohar, Shir haShirim, Ruth y Eijá, que tampoco aparecen en otras versiones en castellano, que no suelen ser ni completas ni realizadas desde el original arameo.

Como podemos descubrir en numerosos pasajes del Zohar, «toda la Torah es un Nombre de Dios», por lo que nos ha parecido pertinente que esta edición la compongan finalmente veintiséis volúmenes, en correspondencia con la guematria del Tetragrama, el Nombre de Dios, que es veintiséis. Así leemos en Zohar III-89 b que:

> «Aquel que se ocupa de la *Torah* es como si se ocupara del Santo, bendito, sea, ya que toda la *Torah* es un nombre del Santo, bendito sea. De este modo, aquel que se dedica al estudio de la *Torah* se ocupa de ese nombre, y aquel que está lejos de la *Torah*, está lejos del Santo, bendito sea».

En III-265 b:

«Toda la *Torah* es un Santo Nombre, y quienquiera que se involucra en el estudio de la *Torah* se involucra en Su Nombre».

Y en este volumen, en el penúltimo folio (III-298 b):

«Dijo Rabbí Abba: incluso aquellos versículos en que amonestaba a Israel son parte del Santo Nombre, porque no hay nada en la *Torah* que esté excluido del Santo Nombre, porque toda la *Torah* es el nombre del Santo, bendito sea».

Veamos, pues, la guematria del Tetragrama, el Nombre de Dios:

$$\begin{aligned} י &= 10 \\ ה &= 5 \\ ו &= 6 \\ ה &= 5 \\ \hline &26 \end{aligned}$$

Pero si calculamos la denominada guematria *Katán*, o reducida, obtenemos 17:

$$\begin{aligned} י &= 1 \\ ה &= 5 \\ ו &= 6 \\ ה &= 5 \\ \hline &17 \end{aligned}$$

Los sabios nos han advertido de que este número es el mismo que el de la guematria *Katán* o reducida de la palabra *Torah* (הרות):

$$\begin{aligned} ת &= 4 \\ ו &= 6 \\ ר &= 2 \\ ה &= 5 \\ \hline &17 \end{aligned}$$

APÉNDICE

De este modo *Torah* y Tetragrama o Nombre de Dios, también son diecisiete. ¿Pero qué es diecisiete? Si buscamos cuál es la letra número diecisiete de la *Torah* nos encontramos con que es la letra *He*, conocida por los cabalistas como la letra de la bendición. Y si miramos cuál es la decimoséptima palabra vemos que es Elohim, otro nombre de Dios.

El número veintiséis, como la *Torah* misma, es bendición. Los sabios han llegado a esta conclusión apoyándose en que veintiséis es la suma de siete y diecinueve. Siete son las bendiciones que se pronuncian en *Shabat*, y diecinueve las bendiciones de la oración de *Shmoné Esré*.

Los cabalistas también han visto el número veintiséis en las dos primeras letras del Tetragrama, la *Iod* y la *He*. El valor *Shemi* o completo de *Iod* (*Iod*, *Vav* y *Dalet*) es veinte, y el de *He* (*He*, *Alef*) es seis. O sea que, de algún modo, el Tetrtagrama está contenido en *Iod He*.

También se ha relacionado el veintiséis con el cuarto capítulo del libro del *Génesis*, que comienza por «Y el hombre» y acaba con el Tetragrama, ya que está compuesto exactamente por veintiséis versículos.

En el *Salmo* CXXXVI, dirigido al Eterno, o sea al Tetragrama, que consta de veintiséis versículos, se dice veintiséis veces *Ki leOlam Hassdo* (כי לעולם חסדו) «Eterna es su piedad». La guematria reducida de esta expresión es cincuenta y dos, o sea veintiséis multiplicado por dos, su guematria *Raguil* es 284 y coincide con la de *IHWH Iarejem*, el Eterno tendrá piedad.

El número veintiséis también se aplica a la *Torah*, ya que entre Adán y Moisés, el receptor de la *Torah*, hay exactamente veintiséis generaciones. Por esta razón, el Talmud (Tratado de *Sanhedrín* 88 b) explica que la Torah fue ocultada durante 974 generaciones. Haciendo el cálculo que la Torah existía mil generaciones ante de la creación,[1] si restamos 974 de 1000, nos encontramos con 26. La expresión *Eleh Toldot*, «éstas son las generaciones», aparecerá exactamente cuatro veces en la *Torah* (En *Génesis* II-4, VI-9, XI-10 y XXXVII-2), en consonancia con las cuatro letras del Tetragrama.

---

1. Para ello los sabios se apoyan en *Salmos* (CV-8).

Apoyándose en las palabras del *Shemá* (*Deuteronomio* VI-4) que declaran que el Eterno, o sea IHWH, es «Uno» los cabalistas lo han asociado con la letra *Alef*, cuyo valor numérico es uno. Han deconstruido esta letra en dos letras *Iod* y una letra *Vav*, y dado que la *Iod* vale diez y la *Vav* seis, la suma de estas tres letras es veintiséis.

א
יו

En el *Midrash Rabbah sobre Bereshit* podemos leer:

«Rabbí Eleazar bar Abinah dijo en nombre de Rabbí Aja: veintiséis generaciones llevaba la letra *Alef* quejándose al Santo, bendito sea, y diciendo ante él: "Soberano del universo, siendo yo la primera de las letras, no creaste tu mundo conmigo" El Santo, bendito sea, le respondió: «El mundo y, su contenido no fueron creados sino por mor de la Torah. Mañana Yo voy a entregar mi Torah en el Sinaí y, no empezaré sino por ti: Yo (Anoki) soy YHWH, tu Dios (Ex 20,2)».[2]

Y dado que la letra *Alef* es la primera de los diez preceptos, que comienzan por *Anoki*, también ha sido relacionada por los cabalistas con las diez Sefirot.

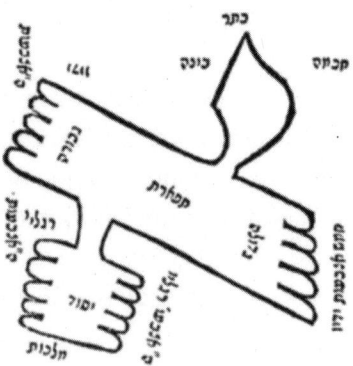

Moshé Cordovero, *Pardes Rimonim*, Cracovia, 1591.

---

2. La palabra *Anoki*, Yo, comienza por *Alef*.

APÉNDICE

Las diez sefirot componen al Adam Kadmon, el hombre primordial. Si sumamos el valor de las iniciales de cada sefirah, como nos enseña el Ramak, Rabbí Moshé Cordovero, obtendremos 541:

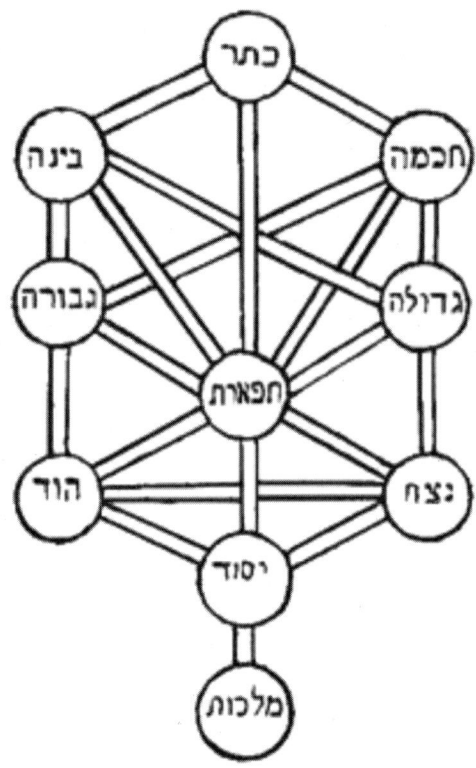

Moshé Cordovero, *Pardes Rimonim*, Cracovia, 1591.

Keter כ = 20
Jojmah ח = 8
Binah ב = 2
Guedulah ג = 3
Gueburah ג = 3
Tiferet ת = 400
Netsah נ = 50
Hod ה = 5
Iesod י =10
Maljut מ = 40

541

Si sumamos 5 + 4 + 1 obtenemos 10, por las diez Sefirot, que podemos reducir a Uno.

Y para concluir lo que se conoce como un *Jiddush*, una innovación, una nueva interpretación, del número veintiséis. En él podemos encontrar una alusión a las 613 Mitzvot, preceptos. Si lo escribimos en letras es *Eshrim veShesh* (עשרים ושש). La guematria de esta expresión es 1226, o sea seiscientos trece multiplicado por dos. Y si sumamos 6 + 1 + 3, de nuevo obtenemos 10 y Uno (1 + 0).

EL EDITOR

GLOSARIO

En el presente glosario aparecen las definiciones puntuales de las palabras, los términos y los conceptos principales, ya que los más generales fueron incluidos en la Introducción del Volumen I. También, debido a la complejidad y profundidad de ciertos temas, en el glosario simplemente se describe el tópico de modo extremamente resumido, el cual muchas veces aparece luego explicado por el mismo texto de El Zohar. De todos modos, esperamos que resulte de ayuda para el lector.

– A –

Aba: Uno de los cinco Rostros o Partzufim, en este caso identificado con la sefirá de Jojmá. *Véase* página 36 en la Introducción del Volumen I.

Academia Celestial: En el lenguaje de los sabios cabalistas se refiere al lugar espiritual al que ascienden los justos tras su muerte para continuar estudiando *Torah* y completar sus niveles espirituales.

Adam Kadmón: Lit.: Hombre Primordial. Se refiere a uno de los estados principales y esenciales de la concatenación y creación de los Cuatro Mundos. *Véase* página 63 en la Introducción del Volumen I.

Adonai: Nombre divino relacionado con la sefirá de Maljut y la letra Tav. Es uno de los diez Nombres divinos sobre los que recae la prohibición de ser borrado.

Ain: Una de las veintidós letras del abecedario hebreo. Su valor numérico es 70. Los sabios cabalistas la asocian con el signo de Capricornio, el enojo y el mes hebreo de Tevet.

Alef: Primera letra del abecedario hebreo. Su valor numérico es 1.

Alef Hei Iod Hei: Nombre divino relacionado con la sefirá de Keter. Es uno de los diez Nombres divinos sobre los que recae la prohibición de ser borrado.

Amá: Medida de longitud equivalente, aproximadamente, a medio metro.

Amalek: El primer pueblo que atacó por la espalda a Israel al salir de Egipto. Archienemigo espiritual de Israel, se considera que el Nombre de El Eterno no estará completo hasta que el recuerdo de este pueblo sea borrado, lo cual constituye un precepto bíblico. En el lenguaje de los sabios cabalistas, representa a la klipá que se opone al nivel de Daat de Santidad.

Amidá: Conjunto de Dieciocho bendiciones que se pronuncia tres veces al día, mañana, tarde y noche, las cuales resumen los pedidos tanto del individuo como los de la comunidad en general. En el lenguaje de los sabios este rezo también es denominado simplemente como «el rezo». Sus otros nombres son Amidá y Shmona Esré.

Arameo: Lengua relativamente cercana al hebreo. Hasta el exilio en Babilonia el arameo era conocido sólo por los sabios, mas allí el pueblo aprendió el idioma popular y casi olvidó el hebreo. El arameo del Talmud es coloquial, a diferencia del arameo literario que aparece en la Biblia (Daniel, Ezra).

Arij Anpín: Uno de los cinco Rostros o Partzufim, en este caso identificado con la sefirá de Keter. *Véase* pág. 76 en la Introducción del Volumen I.

Arvat Haminim: Lit: Cuatro especies. Una de las cuatro especies que se bendicen la fiesta de Sukot, la fiesta de las Cabañas: *etrog* –cidra–, *lulav* –rama de palmera–, *hadás* –mirto– y *aravá* –sauce.

Arvit: Rezo nocturno, uno de los tres rezos que se pronuncian a diario. De acuerdo con la enseñanza de los sabios del Talmud, este rezo fue establecido por el patriarca Jacob.

Atik Iomin: Uno de los Rostros o Partzufim. *Véanse* pág. 75 y ss. en la Introducción del Volumen I.

Aza y Azael: *Véanse* págs. 156, 243, 273-274, 296 en el Volumen I.

– B –

«Baraita»: Del arameo «externa». Se trata de enseñanzas que no fueron incluidas dentro de la recopilación de la Mishná. Estas mishnaiot fueron compiladas por separado y en parte son citadas en el Talmud.

Bet: Segunda letra del abecedario hebreo. Su valor numérico es 2.

Bein Hashmashot: Tiempo comprendido entre la puesta del Sol y el momento en el que se divisan en el cielo tres estrellas. Es un período en el que dudamos si es de día o de noche y existen distintas opiniones acerca de su duración.

Biná: Lit.: Entendimiento. Una de las tres sefirot más elevadas, junto con el Keter y la Jojmá. Si establecemos un paralelismo con el cuerpo humano, corresponde al cerebro, el hemisferio izquierdo, y el corazón.

Birkat Hamazón: Bendición posterior a las comidas ordenada por la *Torah*. Está compuesta por otras cuatro bendiciones: la bendición por la comida, la bendición y agradecimiento por la Tierra de Israel, la bendición por la reconstrucción de Jerusalén y la bendición por el bien recibido de Dios.

Birkot Hashajar: Lit.: Bendiciones de la mañana. Se refiere a las primeras bendiciones que se pronuncian al levantarse, y que constituyen un corpus dentro del Sidur o libro de oraciones.

Brit Milá: Circuncisión. Se realiza a todo hijo varón de Israel al octavo día de su nacimiento. Es realizado por un Mohel, persona especialmente preparada para efectuarlo, y se considera que libera al niño de importantes grados de impureza ritual.

Buen Instinto: *Véase*: Ietzer Hatov.

– D –

Daat: Lit.: Conocimiento. Una de las diez sefirot, la cual es contada y nombrada en el caso de no incluirse al Keter entre las sefirot. Está asociada con la letra hebrea Bet y el candelabro del Tabernáculo. *Véase* pág. 39 en la Introducción del Volumen I.

Dalet: Cuarta letra del abecedario hebreo. Su valor numérico es 4.

Día del Perdón: Llamado en hebreo Iom Kipur, se trata de uno de los días más sagrados del año judío. En este día –el 10 del mes de Tishrei– Moisés alcanzó el perdón divino para el pueblo tras el pecado del becerro de oro. Es un día dedicado por completo al ayuno, al arrepentimiento y al rezo.

Diez locuciones: Se refiere a las diez veces que durante los seis días de Creación aparece escrito «Y dijo Dios». De aquí se aprende también que el mundo fue creado a partir de la Palabra divina. El primer versículo bíblico es considerado por los sabios del Talmud como la primera de las locuciones.

– E –

Ein Sof: Lit.: Sin límite o Infinito. Expresión que refiere a la Voluntad ilimitada del Creador, antes del Tzimtzum y del comienzo del proceso de Creación. *Véanse* pág. 14 y ss. en la Introducción del Volumen I.

Elohim: El primero de los Nombres divinos que aparece en la *Torah*, el cual está asociado con la Gevurá, el Juicio y el Rigor divinos, con la vocal de shvá, el brazo y mano izquierdos, la letra Guimel, y con la mesa del Tabernáculo. Es uno de los diez Nombres divinos sobre los que recae la prohibición de ser borrado.

Elohim Tzevakot: Nombre divino relacionado con la sefirá de Hod. Es uno de los diez Nombres divinos sobre los que recae la prohibición de ser borrado.

Erev rav: Referente a la Mixtura de gente que, sin pertenecer al Pueblo de Israel, salió junto a sus integrantes cuando éste se liberó de Egipto, tal como lo relata la *Torah* en el libro del Éxodo. Los sabios cabalistas nos enseñan que los miembros de esta Mixtura afectan a Israel durante el exilio, y debido a esta razón Moisés debe reencarnarse en cada generación para ayudar y salvar a su pueblo de la influencia dañina de estas almas. En el lenguaje de los sabios cabalistas también tal Mixtura de gente aparece asociada con todos aquellos entes que aún no pudieron ser rectificados y que son afectados por la klipá o cáscara de Noga.

– F –

Femenino: En el lenguaje de los sabios cabalistas la idea de lo femenino no se reduce a mujer o hembra, sino a la energía receptiva y a la materia que busca su forma. Todo, a su vez, en todos los planos, está conformado por su aspecto masculino y por su aspecto femenino. Lo femenino está relacionado con la Biná.

– G –

Gabriel: Una de las principales divisiones entre los campamentos de ángeles celestiales es en cuatro, encabezados por cuatro ángeles más importantes: Mijael, Gabriel, Uriel y Refael.

Gan Eden: Lit.: Jardín del Edén. Se refiere al paraíso bíblico en el que habitaban Adam y Eva, pero también al lugar celestial, espiritual, compuesto por habitaciones e hileras, una más interna que la otra, y en la más interior de las cuales se encuentra el Mesías, luego los justos, los piadosos, etc.

Gezeirá shavá: Uno de los métodos utilizados para interpretar la *Torah*, basado en palabras similares o repetidas que figuran en dos versículos distintos. En estos casos los sabios aplican leyes de un versículo respecto al otro en base a este método comparativo.

Gimel: Tercera letra del abecedario hebreo. Su valor numérico es 3.

Gog y Magog: Si bien los exegetas divergen en la identidad de este o estos pueblos, y su rey o reyes, todos están de acuerdo en que la guerra de Gog y Magog se refiere a que las naciones del mundo se enfrentarán a Israel en Jerusalén y que se trata de un hito relacionado con la llegada del Mesías y el final de los seis mil años del mundo.

Guehenóm: Lit.: Infierno. Lugar espiritual en el que se expían las transgresiones realizadas en este mundo. Todo lo descrito acerca del Infierno, tal como el fuego, los castigos, el sufrimiento, etc., se refiere a niveles espirituales de corrección, siempre con el objetivo de que el alma alcance la perfección absoluta.

Guematria: Sabiduría basada en el valor numérico de las letras hebreas, según la cual dos palabras que comparten el mismo valor numérico están conectadas de modo esencial.

Gevurá: Lit.: Juicio o Rigor. Una de las diez sefirot. Si establecemos un paralelismo con el cuerpo humano, corresponde con el brazo izquierdo y la mano. *Véanse* págs. 33, 41 y 43 en la Introducción del Volumen I.

– H –

Havdalá: Bendición que se pronuncia al finalizar el Shabat y las festividades, para indicar la separación entre la Santidad de ese día y el resto de los días de la semana. Se realiza sobre el vino, las especias aromáticas y el fuego.

Hei: Quinta letra del abecedario hebreo. Su valor numérico es 5. Los sabios cabalistas la asocian con el signo de Aries, la fuerza del habla y el mes hebreo de Nisán.

Hei Vav Iod Hei Tzevakot: Nombre divino relacionado con la sefirá de Netzaj. Es uno de los diez Nombres divinos sobre los que recae la prohibición de ser borrado.

Heijal: Generalmente traducido como Palacio. Refiere al Maljut, y sobre él se escribe en el Sefer Ietzirá «que está orientado hacia el centro»

(Capítulo 4, Mishná 4). También, en el lenguaje de El Zohar, los heijalot o palacios son los pasadizos espirituales de cada mundo, por los que asciende la plegaria de los hombres en dirección a lo Alto.

Hod: Lit.: Esplendor. Una de las diez sefirot. Si establecemos un paralelismo con el cuerpo humano, corresponde a la pierna izquierda, el riñón y el testículo. *Véase* pág. 38 en la Introducción del Volumen I.

Holej: Uno de los signos musicales que se utilizan para leer la *Torah* y que encierra misterios muy profundos.

– I –

Iejidá: Una de las cinco partes que conforman el concepto judío del Alma. En este caso, nos referimos a la parte más elevada, la cual también, como la Jaiá, se encuentra por encima de la persona. Los sabios cabalistas la asocian también con el Keter.

Iesod: Lit.: Fundamento. Una de las diez sefirot. Si establecemos un paralelismo con el cuerpo humano, se corresponde con el órgano sexual. *Véase* pág. 38 en la Introducción del Volumen I.

Ietzer Hará: Lit.: Mal Instinto: en el lenguaje de los sabios cabalistas alude a la fuerza espiritual que intenta desviar a la persona del camino correcto. Junto con el Buen Instinto –Ietzer Hatov– son los responsables de establecer un equilibrio permanente para que el hombre pueda ejercer su libre albedrío, elegir, y recibir su recompensa o su castigo.

Ijudim: El término se relaciona en el lenguaje de los sabios cabalistas con la palabra hebrea *ejad*, uno, lo mismo que hace referencia a la unión, la asociación, y a la cercanía. En acto, significa unir, asociar y acercar algo a su fuente y raíz, con el objeto de que ambos se transformen en uno. El hombre, a través de su servicio espiritual, es capaz de generar ijudim, por ejemplo, entre dos Rostros o Partzufim y también entre dos Nombres divinos.

Ima: Uno de los cinco Rostros o Partzufim, en este caso identificado con la sefirá de Biná. *Véase* pág. 75 en la Introducción del Volumen I.

Iod: Décima letra del abecedario hebreo. Su valor numérico es 10. Los sabios cabalistas la asocian con el signo de Virgo, la fuerza de la acción y el mes hebreo de Elul.

Iod Hei: Nombre divino relacionado con la sefirá de Jojmá. Es uno de los diez Nombres divinos sobre los que recae la prohibición de ser borrado.

Iod Hei Vav Hei (con la vocalización de Elohim): Nombre divino relacionando con la sefirá de Biná. Es uno de los diez Nombres divinos sobre los que recae la prohibición de ser borrado.

Iom Kipur: *Véase*: Día del Perdón.

Ishim: De acuerdo con Maimónides (Iesodei Hatorá 2:7) la diferencia de nombres entre los ángeles está en relación con los diferentes niveles que ocupan, y según esto se los denomina: «Jaiot Hakodesh», cuyo nivel es el superior, y «Ofanim», «Erelim», «Jashmalim», «Serafim», «Malajim», «Elohim», «Benei Elohim», «Kerubim» e «Ishim». Estos últimos son los ángeles que hablan con los profetas y que son vistos por ellos en una visión.

Itapja: *Véanse* págs. 294-295 en el Volumen I.

Itkafia: *Véanse* págs. 294-295 en el Volumen I.

– J –

Jaiá: Una de las cinco partes que conforman el concepto judío del Alma. En este caso, nos referimos a la parte asociada con las fuerzas espirituales externas y superiores a la persona. Los sabios cabalistas la asocian también con la Jojmá. *Véase* pág. 23 en la Introducción del Volumen I.

Jaiot Hakodesh: De acuerdo con Maimónides (Iesodei Hatorá 2:7) la diferencia de nombres entre los ángeles está en relación con los diferentes niveles que ocupan, y según esto se los denomina: «Jaiot Hakodesh», cuyo nivel es el superior, y «Ofanim», «Erelim», «Jashmalim», «Serafim», «Malajim», «Elohim», «Benei Elohim», «Kerubim» e «Ishim». Estos últimos son los ángeles que hablan con los profetas y que son vistos por ellos en una visión.

Jesed: Primera de las consideradas «las siete sefirot inferiores». Si establecemos un paralelismo con el cuerpo humano, se corresponde con el brazo derecho y la mano. *Véanse* págs. 38 y 41 en la Introducción del Volumen I.

Jet: Octava letra del abecedario hebreo. Su valor numérico es 8. Los sabios cabalistas la asocian con el signo de Cáncer, la fuerza de la vista y el mes hebreo de Tamuz.

Jirik: Vocal relacionada por los sabios cabalistas con la sefirá de Netzaj y la letra Kaf.

Jojmá: Lit.: sabiduría. Es una de las tres sefirot más elevadas, junto al Keter y la Biná. Si establecemos un paralelismo con el cuerpo humano, se corresponde con el cerebro y el hemisferio derecho. *Véase* pág. 36 en la Introducción del Volumen I.

Jolam: Vocal relacionada por los sabios cabalistas con la sefirá de Tiferet y la letra Dalet.

Jubileo: En hebreo: Novel. El quincuagésimo año que llega tras completar siete veces los siete años de Remisión –Shemitá–. Es un año de descanso para la tierra y de liberación de esclavos (Levítico 25).

– K –

Kadish: Plegaria que se pronuncia tanto en el rezo diario como en otras ocasiones, tales como después de estudiar la *Torah*, o para la elevación del alma de un fallecido. Existen distintos tipos de esta misma oración, tal como el kadish de los Rabinos o el kadish de duelo, todos los cuales solo pueden ser pronunciados en comunidad. El contenido de la oración está escrito en idioma arameo.

Kaf: Una de las veintidós letras del abecedario hebreo. Su valor numérico es 20.

Kal vajomer: Inferencia del más débil al más fuerte: uno de los trece métodos utilizados para interpretar la *Torah*. El mismo indica que si tenemos dos asuntos, uno grave y uno leve, y se trata el caso leve con rigor, inferimos que se aplicará rigor también al caso grave. Por ejemplo, si un acto determinado se permite en Shabat, día de máxima Santidad, seguramente estará permitido en un día festivo.

Kamatz: Uno de los signos de puntuación o vocales. Los sabios cabalistas lo asocian con el Nombre divino Alef, Hei, Iod, Hei, la sefirá de Keter, la letra Alef, y los Querubines del Tabernáculo.

Karet: Castigo que señala la desconexión del alma de su raíz espiritual superior. Según algunas opiniones, la vida de la persona castigada con *karet* es cortada y esta no alcanza su ancianidad, no logra tener descendencia y tampoco entra al Mundo Venidero.

Kasher: Cuando el término se aplica a un alimento, se refiere a uno que cumple con las normas y las leyes de la Halajá, la Ley de la *Torah*, tal como los animales puros sacrificados de acuerdo con las normas rituales, etc. Cuando el término recae sobre un individuo, significa que tal persona es idónea y apta.

Kedushá: Lit.: Santificación: Bendición de máxima Santidad perteneciente al rezo de Amidá o Shmoná Esré.

Kel: Nombre relacionado con la sefirá de Jesed. Es uno de los diez Nombres divinos sobre los que recae la prohibición de ser borrado.

Keter: Lit: Corona. Es la primera y la más elevada de todas las sefirot. Si establecemos un paralelismo con el cuerpo humano, corresponde al cráneo. *Véase* pág. 34 en la Introducción del Volumen I.

Kidush: Oración de santificación que se pronuncia sobre el vino, en el Shabat y las festividades, lo cual constituye un precepto. El vino encierra misterios muy profundos, y los mismos son sugeridos a menudo por los sabios cabalistas.

Klipot: Cáscaras espirituales. Los sabios cabalistas explican que debido a que El Eterno quiso conducir al mundo con justicia (Deuteronomio 32:4), se establecieron fuerzas malignas que determinaran un equilibrio entre el Lado del Bien y el Lado del Mal. Las fuerzas espirituales malignas que buscan castigar a los pecadores en este mundo o en el Infierno, son denominadas *Sitra Ajra* y también Klipot, ya que la Santidad, la Kedushá, es denominada «fruto», y estas fuerzas actúan como cáscaras del fruto. Los sabios determinan que hay cuatro tipos de Klipot, tres completamente malignas, y la cuarta, Noga, a veces actúa para el Bien y a veces para el Mal.

Kuf: Una de las veintidós letras del abecedario hebreo. Su valor numérico es 100. Los sabios cabalistas la asocian con el signo de Piscis, la risa y el mes hebreo de Adar.

– L –

Lamed: Una de las veintidós letras del abecedario hebreo. Su valor numérico es 30. Los sabios cabalistas la asocian con el signo de Libra, el coito y el mes hebreo de Tishrei.

Lea: Matriarca, una de las esposas de Jacob. En el lenguaje de los sabios cabalistas se refiere a una de las partes en las que se divide el Rostro femenino denominado Nukva. Corresponde a la parte que va desde el pecho hacia arriba y es considerado «el mundo oculto» o alma deitkasia.

Leviatán: Animal marítimo de grandísimas proporciones. En el lenguaje de los sabios se describe una pareja, macho y hembra, que fueron creados por El Eterno, pero se mató a la hembra para evitar su reproducción, lo cual representa un gran peligro para el mundo. Este misterio también indica que la hembra fue salada y reservada para los justos en el Mundo Venidero. También se enseña que ante la llegada del Mesías, El Creador alimentará a los justos con la carne del Leviatán y con su piel les construirá una Suká, una cabaña.

Lilit: Adán estuvo separado de su mujer, Java, por espacio de 130 años, durante los cuales se unió con espíritus femeninos, y engendró una especie mixta de humano y demonio. Algunos suponen a Lilit como la madre de buena parte de estas criaturas. Otro midrash (Otzar hamidrashim 34:4) nos cuenta que Lilit fue la primera criatura femenina humana, creada junto a Adán, pero que no lograban armonizar, disputando constantemente –en especial en lo referente a la sexualidad– en busca del poder. Hasta que ella utilizó el Nombre Inefable para evaporarse en el aire y convertirse en un ente no denso. Dios se apiadó por el sufrimiento causado por la soledad del varón, y envió tres emisarios para que hicieran entrar en razón a la rebelde Lilit. Ella se enfrentó rudamente a los mensajeros de Dios, y decidió que el objetivo de su existencia sería el de dañar a los recién nacidos descendientes de Adán. En el cuerpo humano el bazo representa a Lilit, la «esposa» de Satán, el Ángel de la Muerte. Ella es también considerada como la «madre» de la Mixtura de gente (Éxodo 12:38). Ella atrapa a la gente con la riqueza y luego la mata (Tikunei Zohar, 140a).

Límite de desplazamiento: Dos mil amot alrededor de los cuales se encuentra la persona asentada en Shabat. Está prohibido en Shabat salir fuera de la ciudad dos mil amot, en cualquier dirección.

Lulav: *Véase*: Arvat Haminim. También el nombre *lulav* suele referirse a las cuatro especies unidas.

– M –

Maasé Bereshit: Lit.: Obra de Creación. Término que los sabios utilizan para hacer referencia a la Creación del Mundo Físico, durante los primeros seis días de Creación, en oposición a Maasé Merkavá, que se refiere a los Mundos espirituales superiores.

Maasé Merkavá: Lit.: Obra del Carruaje. Se refiere a la visión del profeta Ezequiel cuando se abrieron los Cielos (Ezequiel 1; 8:3). El término «Carruaje» no aparece en el texto del profeta Ezequiel sino en el primer libro de Crónicas (28:18). Según Maimónides, este concepto se ocupa de todo lo referente a lo trascendente a la naturaleza. Algunos sabios cabalistas lo entienden como una de las ramas de estudio de la mística hebrea.

Mal Instinto: *Véase*: Ietzer Hará.

Masculino: En el lenguaje de los sabios cabalistas la idea de lo masculino no se reduce a hombre o macho, sino a la energía que influye y a la forma que busca la materia para expresarse. Todo, a su vez, en todos los planos, está conformado por su aspecto masculino y por su aspecto femenino. Lo masculino está relacionado con la Jojmá.

Makaf: Uno de los signos musicales que se utilizan para leer la *Torah* y que encierra misterios muy profundos.

Maljut: Lit.: Reinado. Una de las diez sefirot. Si establecemos un paralelismo con el cuerpo humano, corresponde a los pies y la corona del órgano sexual. *Véase* pág. 38 en la Introducción del Volumen I.

Matronita: En idioma arameo: madre. En el lenguaje de los sabios cabalistas, el Mundo de Creación –Ietzirá– es denominado Matronita por tratarse del primer mundo superior que incluye entes separados y escindidos del Creador. Este mundo es considerado femenino en relación al Mundo de Emanación –Atzilut–, y por eso, cuando Adam transgredió, se considera que la consecuencia fue que la Matronita se separó de su Esposo.

Mazal: Término que comúnmente se relaciona con la suerte o el destino de la persona, aunque en realidad, y de un modo más preciso, tal vez convendría asociarlo con las tendencias personales a determinadas acciones, o a ciertas inclinaciones de personalidad, que tienen que ver con el momento del nacimiento de una persona determinada. Los sabios enseñan, por ejemplo, que una persona que nace con un mazal que lo lleva a derramar sangre, podrá elegir a través de su libre albedrío, si ser asesino, cirujano, shojet (matarife de acuerdo con las leyes rituales de la *Torah*) o moel (encargado de realizar la circuncisión).

Mem: Una de las veintidós letras del abecedario hebreo. Su valor numérico es 40.

Merkavá: *Véase*: Maasé Merkavá.

Metatrón: Ángel principal, considerado como el Gran Sacerdote espiritual, el cual puede ingresar al Sanctasanctórum en lo Alto ante el Trono de Gloria divino. Es considerado el representante de los ángeles, y es el que reúne a las plegarias y las presenta ante la Presencia divina. También aparece asociado con el Mundo de Formación, que es el Mundo de los ángeles. El valor numérico de su nombre es similar al del Nombre divino: Shakai.

Mijael: Una de las principales divisiones entre los campamentos de ángeles celestiales es en cuatro, encabezados por los cuatro ángeles más importantes: Mijael, Gabriel, Uriel y Refael.

Modé Aní: Primera oración que pronuncia la persona al despertarse, en la que agradece al Creador que le devuelva su alma, la cual, según las enseñanzas de los sabios, asciende a los mundos superiores mientras el hombre duerme.

Mojín: Se refiere principalmente al «alma» que habita en el interior de las tres primeras sefirot, Keter, Jojmá y Biná. En algunos casos las mismas sefirot son denominadas mojín. Además, toda influencia superior es denominada mojín.

Mundo de Atzilut: Lit.: Mundo de Emanación. *Véanse* pág. 27 y ss. en la Introducción del Volumen I.

Mundo de Briá: Lit.: Mundo de Creación. *Véanse* pág. 27 y ss. en la Introducción del Volumen I.

Mundo de Ietzirá: Lit.: Mundo de Formación. *Véanse* pág. 27 y ss. en la Introducción del Volumen I.

Mundo de Asiá: Lit.: Mundo de Acción. *Véanse* pág. 27 y ss. en la Introducción del Volumen I.

Musaf: El rezo adicional, tal como su nombre indica, se agrega a los rezos diarios de shajarit en Shabat, Rosh Jodesh y las festividades. Este rezo, corresponde a las ofrendas comunitarias especiales que se ofrecían en el templo en días festivos (Números 28 y 29).

– N –

Natlá: Recipiente con el que se realiza la ablución de las manos establecida por los sabios con fines de purificación. La ablución de las manos se realiza antes de comer de modo estable, antes de rezar, tras salir del retrete, y al despertarse por la mañana.

Nefesh: Una de las cinco partes que conforman el concepto judío del Alma. En este caso, nos referimos a la parte más baja, la cual está asociada con las fuerzas vitales del cuerpo. Los sabios cabalistas la asocian también con el Maljut.

Nefilat Hapaim: Rezo conocido con el nombre de Nefilat Hapaim o Tajanun –reclinar la cabeza– y que consta del salmo 6:2-11, precedido por otros dos versículos que reflejan el mismo espíritu de contrición. La fuente bíblica de esta oración es el libro de Números 16, cuando Moisés y Aharón se postran ante Dios. Se acostumbra a pronunciar este rezo sentados con la cabeza inclinada y reposando sobre el brazo izquierdo, salvo que se lleven puestas las filacterias –tefilín–, en cuyo caso reposa la cabeza sobre el brazo derecho.

Nehar dinur: Lit.: Río de fuego. Se relaciona con la Gevurá de cada Mundo, es puramente de fuego, y también es denominado Heijal Zejut, el cual es el Infierno Superior, ya que de él fluye: de debajo del Trono de Gloria. Los ángeles que se crean cada día, de este río son creados.

Nekudot: Uno de los componentes del texto de la *Torah*, junto con los signos musicales –taamim–, las coronas –taguin–, y las letras –otiot–. En este caso, los nekudot son las vocales que esconden misterios muy profundos.

Neshamá: Una de las cinco partes que conforman el concepto judío del Alma. En este caso nos referimos a la parte asociada con las fuerzas mentales de la persona. Los sabios cabalistas la asocian también con la Biná.

Nesirá: Lit.: corte o escisión. Refiere al corte que realizó el Creador para separar a los aspectos masculino y femenino que se encontraban apegados, espalda contra espalda, en el momento de ser creado el Hombre.

Netzaj: Lit.: Victoria. Una de las diez sefirot. Si establecemos un paralelismo con el cuerpo humano, corresponde a la pierna derecha, el riñón y el testículo. *Véanse* págs. 38 y 41 en la Introducción del Volumen I.

Nidá: Mujer en estado de impureza ritual debido a su período menstrual. Existen leyes de purificación que incluyen la cuenta de días de pureza y la inmersión en el baño ritual Mikve. El Talmud reúne el análisis de estas leyes en un tratado denominado Nidá.

Nitzotz: Lit.: Chispa. Tal como las chispas que salen del fuego son denominadas así para señalar que son sólo una parte muy pequeña que se separa de la fuente principal, el fuego, de igual modo, las chispas espirituales que descendieron con las vasijas rotas, son sólo una parte de la gran Luz general del Mundo de los Puntos o Nekudim.

Noga: Los sabios cabalistas determinan que hay cuatro tipos de Klipot, tres completamente malignas, y la cuarta, Noga, a veces actúa para el bien y a veces para el mal.

Nombre de 42 letras: *Véase* el Apéndice que se encuentra al final del Volumen I.

Notrikón: Se refiere al método de interpretación a partir de las iniciales de una palabra determinada. Ejemplo: la palabra Elul, nombre de uno de los meses, sugiere la expresión del Cantar de los Cantares: «Yo soy de mi Amado y mi Amado es mío», ya que cada palabra del versículo comienza con una de las iniciales del nombre.

Nun: Una de las veintidós letras del abecedario hebreo. Su valor numérico es 50. Los sabios cabalistas la asocian con el signo de Escorpio, el olfato y el mes hebreo de Jeshván.

Nukva: Uno de los cinco Rostros o Partzufim, en este caso identificado con la sefirá de Maljut. Representa el aspecto netamente femenino. *Véase* pág. 75 en la Introducción del Volumen I.

– O –

Ofanim: De acuerdo con Maimónides (Iesodei Hatorá 2:7) la diferencia de nombres entre los ángeles está en relación con los diferentes niveles que ocupan, y según esto se los denominan: «Jaiot Hakodesh», cuyo nivel es el superior, y «Ofanim», «Erelim», «Jashmalim», «Serafim», «Malajim», «Elohim», «Benei Elohim», «Kerubim» e «Ishim». Estos últimos son los ángeles que hablan con los profetas y que son vistos por ellos en una visión.

Or Haganuz: Luz guardada y ocultada. La primera luz creada en el relato bíblico, la cual es considerada de un altísimo nivel espiritual, y que permitía al Primer Hombre «ver desde un extremo al otro del mundo». Los sabios nos enseñan que la misma fue guardada y reservada para los hombres justos, para el Mundo Venidero. La luz que nosotros conocemos es la luz creada durante el cuarto día, a diferencia del Or Haganuz.

Oraita: En idioma arameo se refiere a la *Torah*, e incluye en su raíz la palabra luz –or– lo cual señala en particular a la Luz de la divinidad oculta en ella.

– P –

Pargod: Cortina celestial que señala la separación de los mundos inferiores con los mundos superiores. En el lenguaje de los sabios cabalistas, atravesar esta cortina o escuchar lo que sucede del otro lado del Pargod, representa el poder acceder a niveles espirituales y a secretos muy elevados.

Pardés: Lit.: Prado. De acuerdo con la enseñanza de los sabios cabalistas las iniciales de esta palabra señalan cuatro niveles o perspectivas a través de las cuales comprendemos la *Torah*. La primera inicial, la letra Pei, indica el nivel de Pshat, lo simple, el relato literal de la *Torah*. La segunda inicial, la letra Reish, alude al Remez –insinuación– que le da una dimensión más profunda al relato bíblico. La tercera inicial, la letra Dalet, nos indica el Drash que proviene del verbo exigir. Esta lectura encierra una búsqueda en la cual el hombre exige el significado interior que el texto quiere transmitir. La última inicial de la palabra, la letra Samej, indica el Sod, literalmente el secreto y el misterio.

Parsá: Medida de longitud equivalente a 4,6 metros.

Partzufim: Lit.: Rostros. Se refiere a los Cinco Rostros, cada uno compuesto por diez sefirot. *Véase* pág. 75 en la Introducción del Volumen I.

Pataj: Uno de los signos de puntuación o vocales. Los sabios cabalistas lo asocian con el Nombre divino Iod Hei, la sefirá de Jojmá, la letra Mem, y el Kaporet del Tabernáculo.

Pei: Una de las veintidós letras del abecedario hebreo. Su valor numérico es 80.

Pesaj: Fiesta que conmemora la salida de Egipto y la liberación del pueblo de Israel. Pesaj comienza el 15 del mes de Nisán y se celebra en Israel durante siete días. El precepto principal de esta festividad consiste en no comer levadura o productos que la contengan.

Pidión Habén: Ceremonia que se realiza a los 30 días del nacimiento del hijo varón primogénito por parte de la madre. De acuerdo con la Ley de la *Torah*, en un principio el primogénito pertenecía a El Eterno, lo cual significaba que debía servir como sacerdote –kohen–, mas una vez que toda la tribu de Leví fue consagrada a este fin, los primogénitos son rescatados del sacerdote a través de cinco monedas –selaim.

– R –

Rajel: Lit.: Raquel, la matriarca, una de las esposas de Jacob. En el lenguaje de los sabios cabalistas se refiere a una de las partes en las que se divide el Rostro femenino denominado Nukva. Se refiere a la parte que va desde el pecho hacia abajo y es considerado «el mundo revelado» o «alma deitgalia».

Refael: Una de las principales divisiones entre los campamentos de ángeles celestiales es en cuatro, encabezados por los cuatro ángeles más importantes: Mijael, Gabriel, Uriel y Refael.

Reish: Una de las veintidós letras del abecedario hebreo. Su valor numérico es 200.

Remisión: En hebreo: Shemitá. Refiere al séptimo año, en el cual no se trabaja la tierra y en el que todas las deudas quedan anuladas. Cuando transcurren siete años de Shemitá llega el año del Jubileo (*véase* Talmud, tratado de Moed Katán 2b y ss.).

Reshimo: Lit.: Marca o huella. Se refiere a la Luz divina que, tras realizarse el tzimtzum o la contracción, quedó en el jalal o espacio. En ningún caso podemos decir que este espacio quedó vacío de Luz de la divinidad, sino que a esta Luz que quedó la consideramos la marca o la huella de la anterior.

Resurrección de los muertos: Los sabios nos enseñan que existen dos etapas en la resurrección de los muertos: la primera sucederá al comienzo de la época mesiánica en la que Moisés, Aharón, sus hijos y todos los justos de Israel resucitarán para guiar al pueblo. Acerca de la segunda etapa de la resurrección, la general, existen distintas enseñanzas al respecto: hay entre los sabios quienes mantienen que sucederá al final del sexto milenio, otros cuarenta años tras la llegada del Mesías y otros setenta años tras la llegada del mismo.

Revii: Uno de los signos musicales que se utilizan para leer la *Torah* y que encierra misterios muy profundos.

Rosh Jodesh: Lit: Cabeza del mes. Día en el que comienza el mes hebreo, considerado como un día semifestivo. En la *Torah* y el Talmud es mencionado junto con las festividades y el Shabat. Antes de que se estableciera el calendario fijo, el Rosh Jodesh era establecido por el Tribunal, el Sanedrín, basándose en el testimonio de testigos que habían observado la luna nueva.

Rostro: En hebreo: Partzuf. *Véanse* pág. 75 y ss. en la Introducción del Volumen I.

Ruaj: Una de las cinco partes que conforman el concepto judío del Alma. En este caso, nos referimos a la parte asociada con las fuerzas emocionales de la persona. Los sabios cabalistas la asocian también con las seis sefirot, desde Jesed a Iesod.

– S –

Samael: Ministro espiritual de Edom, el cual actúa igualmente como el Ministro espiritual de los otros setenta ministros. Al caer Samael, todos los demás también caen. Los sabios lo citan también como «montado sobre la Serpiente».

Samej: Una de las veintidós letras del abecedario hebreo. Su valor numérico es 60. Los sabios cabalistas la asocian con el signo de Sagitario, el poder del sueño y el mes hebreo de Kislev.

Sefirot: *Véanse* pág. 31 y ss. en la Introducción del Volumen I.

Segol: Uno de los signos de puntuación o vocales. Los sabios cabalistas lo asocian con el Nombre divino Kel, la sefirá de Jesed, la letra Bet, y con el candelabro del Tabernáculo.

Segolta: Uno de los signos musicales que se utilizan para leer la *Torah* y que encierra misterios muy profundos.

Sela: Moneda de plata cuyo valor es equivalente a dos Shekalim o 4 Zuzim o Dinarim: 14,34 gramos.

Serafim: De acuerdo con Maimónides (Iesodei Hatorá 2:7) la diferencia de nombres entre los ángeles está en relación con los diferentes niveles que ocupan, y según esto se los denominan: «Jaiot Hakodesh», cuyo nivel es el superior, y «Ofanim», «Erelim», «Jashmalim», «Serafim», «Malajim», «Elohim», «Benei Elohim», «Kerubim» e «Ishim». Estos últimos son los ángeles que hablan con los profetas y que son vistos por ellos en una visión.

Shajarit: Uno de los tres rezos que se pronuncian a diario, el matutino. De acuerdo con la enseñanza de los sabios fue establecido por el patriarca Abraham.

Shakai: Uno de los Nombres divinos que aparece en la *Torah*, el cual está asociado con la sefirá de Iesod, Fundamento, la conducción divina que combina el Netzaj y el Hod, el órgano sexual y la letra Tav.

Shakai Kel Jai: Nombre divino relacionado con la sefirá de Iesod. Es uno de los diez Nombres divinos sobre los que recae la prohibición de ser borrado.

Shalshelet: Uno de los signos musicales que se utilizan para leer la *Torah* y que encierra misterios muy profundos.

GLOSARIO

Shavuot: Una de las tres fiestas de peregrinaje bíblicas, en la cual se celebra la recepción de la *Torah* en el Monte Sinaí. No posee una fecha propia sino que se conmemora a los 50 días de la salida de Egipto.

Shedim: Lit.: Demonios. El nombre hebreo está relacionado con el hecho de que engañan –shodedim– las mentes de los hombres o porque habitan en sitios destruidos o deshabitados –shadud. De acuerdo con los sabios sus almas fueron creadas el sexto día, antes de que entrara el Shabat, pero no alcanzó a crear sus cuerpos. Éstos habitan principalmente en sitios descampados y destruidos, y el objetivo de su creación fue generar sufrimiento y amonestar a los hombres alejados del camino de la verdad.

Shejiná: Presencia divina. La raíz hebrea de esta palabra –shin, kaf, nun– señala el acto de habitar, morar, residir. La Shejiná, de acuerdo con los actos de los hombres, se aleja del mundo o se aproxima, y el objetivo final de toda la Creación es que la Presencia divina se revele concretamente en el mundo.

Shemá Israel: Oración pronunciada dos veces cada día, por la mañana y por la noche. Está compuesta por tres secciones bíblicas: (Deuteronomio 6:4-9; 11:13-21; Números 15:37-41).

Shin: Una de las veintidós letras del abecedario hebreo. Su valor numérico es 300.

Shevarim: Tres voces entrecortadas que se soplan del shofar en Rosh Hashaná, largas, como las de un quejido, y desde el principio al fin se prolongan como las nueve teruot.

Shofar: a) Cuerno de animal, de preferencia carnero, con el que se cumple el precepto de escuchar la voz del shofar en la festividad de Rosh Hashaná. También se lo hace sonar con el fin de despertar espiritualmente a la comunidad durante el mes de Elul, mes de arrepentimiento, y al finalizar el Iom Kipur. En la *Torah* el shofar aparece relacionado con otros acontecimientos, tales como la entrega de la *Torah*, el año del Jubileo y la llegada del Mesías. b) Uno de los signos musicales que se utilizan para leer la *Torah* y que encierran profundos misterios.

Shuruk: Vocal relacionada por los sabios cabalistas con la sefirá de Hod, el muslo y pie izquierdos, y la letra Pei.

Shvá: Uno de los signos de puntuación o vocales. Los sabios cabalistas lo asocian con el Nombre divino Elohim, la sefirá de Gevurá, la letra Guimel, y la mesa del Tabernáculo.

Shvirat hakelim: Lit.: Ruptura de vasijas. Se refiere al momento del proceso de creación en que una Luz demasiado potente entró en las vasijas que simplemente no podían contenerla y se rompieron. En el ámbito de las sefirot, se considera que la ruptura afectó a las siete inferiores. De acuerdo con los sabios cabalistas la ruptura de las vasijas permite el surgimiento y la existencia del Mal. También esta ruptura es la raíz del libre albedrío. *Véase* pág. 67 en la Introducción del Volumen I.

Sitra Ajra: En arameo: el Otro Lado. Así como El Eterno creó los Mundos de Creación, Formación y Acción, para que sirvieran de base para la realización del Bien y la Santidad, de igual modo creó el lado opuesto, es decir, los encargados del Mal. El conjunto de estas criaturas encargadas del Mal en el mundo se denomina las «fuerzas del Otro Lado». El Mal, tal como es entendido por los sabios cabalistas, es sólo un medio para lograr y generar finalmente el máximo Bien, objetivo último de la creación del mundo.

Sucot: Fiesta que conmemora la protección divina de la que goza Israel durante su paso por el desierto, al salir de Egipto. La misma comienza el 15 del mes de Tishrei y se celebra en Israel durante siete días. El precepto principal de esta festividad es habitar en la suká, una cabaña, durante toda la festividad, y balancear las cuatro especies durante el rezo matutino.

Suká: Cabaña que se construye especialmente para la fiesta de Sucot, en la que se debe habitar durante los días de la festividad tal como se habita en la casa durante el resto de los días del año.

– T –

Taamim: Uno de los componentes del texto de la *Torah*, junto con las coronas –taguin–, las letras –otiot– y las vocales –nekudot–.

En este caso, los taamim son los signos musicales que esconden misterios muy profundos.

Tagin: Uno de los componentes del texto de la *Torah*, junto con los signos musicales –taamim–, las vocales –nekudot–, y las letras –otiot–. En este caso, los tagin son las coronas o dibujos lineares que aparecen por encima de algunas letras de la *Torah* y que esconden misterios muy profundos.

Talit: Prenda superior, ancha, con la que las personas solían cubrirse todo el día. Cuando reúne las condiciones de poseer cuatro esquinas, el talit llevaba los tzitzit. En la actualidad el talit es utilizado para los rezos y para asistir a la sinagoga, aunque existe también el talit pequeño, que es utilizado permanentemente.

Tav: Una de las veintidós letras del abecedario hebreo. Su valor numérico es 400.

Tefilín: Filacterias, dos cajitas de cuero negro que contienen cuatro pergaminos con pasajes de la *Torah*: (Deuteronomio 6:4-9), (Deuteronomio 11:13-21), (Éxodo 13:1-10), (Éxodo 13:11-16). Se fijan en la frente y en el brazo izquierdo mediante unas correas de cuero negro que penden de las cajitas durante la oración matutina –shajarit– de cada día, a excepción de los días festivos y el Shabat.

Teshuvá: Término que expresa el retorno a la conexión espiritual con El Creador, tras haberse alejado de Él. Su raíz incluye la acepción de regreso –lashuv– y también la misma palabra puede, de modo sugerente, ser dividida en dos: teshu-va, es decir, volver o retornar a Dios.

Tet: Novena letra del abecedario hebreo. Su valor numérico es 9. Los sabios cabalistas la asocian con el signo de Leo, la fuerza de la audición y el mes hebreo de Av.

Tetragrama: El Nombre de las cuatro letras: Iod, Hei, Vav, Hei, el cual está asociado con la sefirá de Tiferet, con la vocal jolam, el cuerpo o el torso de persona, la letra Dalet, y con el altar de oro del Tabernáculo.

Tiferet: Lit.: Belleza o Armonía. Una de las diez sefirot. Si establecemos un paralelismo con el cuerpo humano, se corresponde con el torso. *Véanse* pág. 38 y ss. en la Introducción del Volumen I.

Tikún: Lit.: Rectificación. Se refiere al estadio en el que determinado ente o persona alcanza el objetivo divino y el sentido de su creación. Por ejemplo, el Mundo del Tikún es el estadio en el que la Presencia divina debe ya revelarse concretamente en la realidad, lo cual es considerado la rectificación o tikún del mundo.

Torah: Pentateuco o los Cinco libros de Moisés: Génesis, Éxodo, Levítico, Números y Deuteronomio. También es considerada la sabiduría escrita o *Torah* Escrita, en oposición a lo que se denomina *Torah* Oral. Los textos cabalísticos enseñan que la *Torah* representa el plano de todo lo creado: «Dios miró la *Torah* y creó el mundo».

Tikún Jatzot: Rezo que se pronuncia a medianoche, cuando es costumbre enunciar de modo individual o en una habitación secundaria de la sinagoga, sentándose en el suelo y llorando. Como de acuerdo con los sabios cabalistas la Shejiná incluye dos aspectos, uno denominado Rajel y el otro Lea, este rezo también está compuesto por dos tikunim o rectificaciones: Tikun Rajel, en el que se llora debido al exilio de la Shejiná, y Tikun Lea, basado en el estudio de la *Torah*.

Trece medidas de misericordia: También son denominadas «atributos» de misericordia. Aparecen en dos secciones bíblicas: en el libro del Éxodo (34:6-7) y Malaquías (7:18-20). En el Talmud, tratado de Rosh Hashaná (17b) se enseña que El Eterno le reveló a Moisés esta súplica, la cual se considera que en todos los casos es respondida.

Treinta y dos senderos de sabiduría: La Jojmá –por ser el primer destello de revelación– incluye a todos los posteriores modos de conducción divina, incluyendo a los 32 senderos. Éstos son mencionados al comienzo del Sefer Ietzirá, y están conformados por las diez sefirot y las 22 letras del abecedario hebreo.

Treinta y nueve prohibiciones: Lo que la *Torah* prohibió fue la realización en Shabat de actos que impliquen una actividad creativa, actividades que surgen del precepto de construir el Tabernáculo (Mishkán) en el desierto del Sinaí (Éxodo 31:1-11), (Éxodo 35:1-3). Las actividades necesarias para la construcción del Tabernáculo eran treinta y nueve en total. Éstas se denominan Actividades Principales (Avot Melajot) que incluyen en sí mismas a todas las demás prohibiciones de Shabat que reciben el nombre de Actividades Derivadas (Toladot). Las actividades 1 al 11 están relacionadas con la preparación de los diversos tipos de alimento del ser humano: arar, plantar, cosechar, engavillar, trillar, aventar granos, seleccionar, tamizar, moler, amasar y hornear. Las actividades 12 a la 24 están ligadas con la preparación de la indumentaria del ser humano: esquilar, blanquear o lavar, cardar, teñir, hilar, introducir hilo en el ojal, actividad preparatoria para el tejido, tejer, deshebrar, anudar, desanudar, coser y desgarrar. Las actividades 25 a la 33 están relacionadas con la escritura o con la preparación de los materiales para la escritura: cazar, degollar, desollar, curtir, raspar, rayar, cortar, escribir y borrar. Las actividades 34 y 35 están ligadas con la construcción de la vivienda del ser humano, y son: construir y demoler. Las actividades 36 y 37 están ligadas al fuego, y son: encender y apagar el fuego. La actividad número 38 es la que completa una determinada actividad. La actividad número 39 es el transporte de objetos del dominio privado al público y viceversa.

Truá: Nueve voces entrecortadas que se soplan del shofar en Rosh Hashaná, cortas, como las de un hombre que solloza, y desde el principio al fin se prolongan como tres shevarim.

Tzadik: Una de las veintidós letras del abecedario hebreo. Su valor numérico es 90. Los sabios cabalistas la asocian con el signo de Acuario, el gusto y el mes hebreo de Shevat.

Tzimtzum: Lit.: Contracción. Se refiere a la contracción de la Luz inicial del Ein Sof, para dar lugar a otra existencia además de la Divinidad. La contracción también generó el Jalal y el Roshem. *Véase* pág. 58 en la Introducción del Volumen I.

– U –

Uriel: Una de las principales divisiones entre los campamentos de ángeles celestiales es en cuatro, encabezados por los cuatro ángeles más importantes: Mijael, Gabriel, Uriel y Refael.

– V –

Vav: Sexta letra del abecedario hebreo. Su valor numérico es 6. Los sabios cabalistas la asocian con el signo de Tauro, la fuerza de la meditación y el mes hebreo de Iyar.

– Z –

Zain: Séptima letra del abecedario hebreo. Su valor numérico es 7. Los sabios cabalistas la asocian con el signo de Géminis, la fuerza del movimiento y el mes hebreo de Siván.

Zarka: Uno de los signos musicales que se utilizan para leer la *Torah* y que encierran misterios muy profundos.

Zeir Anpín: Uno de los cinco Rostros o Partzufim, en este caso identificado con las sefirot de Jesed, Gevurá, Tiferet, Netzaj, Hod y Iesod. *Véase* pág. 75 en la Introducción del Volumen I.

Zun: Palabra compuesta por las iniciales de los nombres de dos Rostros –Zein Anpín y Nukva–, y que generalmente señala la relación entre ambos.

TABLA DE EQUIVALENCIAS DE LIBROS BÍBLICOS

Génesis	*Bereshit*
Éxodo	*Shemot*
Levítico	*Vaikrá*
Números	*Bamidbar*
Deuteronomio	*Devarim*
Josué	*Ieoshúa*
Jueces	*Shoftim*
Samuel	*Shmuel*
Reyes	*Melajim*
Isaías	*Ishaiahu*
Jeremías	*Irmiahu*
Ezequiel	*Iejezquel*
Oseas	*Hoshea*
Joel	*Ioel*
Amós	*Amós*
Abdías	*Ovadiá*
Jonás	*Ioná*
Miqueas	*Mijá*
Nahúm	*Najúm*
Habacuc	*Jabakuk*
Sofonías	*Tzfaniá*
Hageo	*Jagai*
Zacarías	*Zejariá*
Malaquías	*Malají*
Salmos	*Tehilim*
Proverbios	*Mishlei*
Job	*Iov*
Cantar de los Cantares	*ShirHashirim*
Rut	*Rut*
Lamentaciones	*Eijá*
Eclesiastés	*Kohelet*
Ester	*Ester*
Daniel	*Daniel*
Esdras	*Ezrá*
Nehemías	*Nejemiá*
Crónicas	*Divrei Haiamim*

ÍNDICE
DE CITAS BÍBLICAS

A

Abdías 1:4	137
Amós 3:8	65
Amós 5:2	107, 119
Amós 8:11	9, 138

C

Cantar de los cantares 1:1	154
Cantar de los cantares 1:2	166
Cantar de los cantares 1:5	129
Cantar de los cantares 1:6	122
Cantar de los cantares 1:7	140
Cantar de los cantares 1:15	183
Cantar de los cantares 2:3	31, 165, 166
Cantar de los Cantares 3:7	61
Cantar de los cantares 4:6	207
Cantar de los cantares 4:8	213
Cantar de los cantares 4:12	219
Cantar de los cantares 4:15	219
Cantar de los Cantares 4:15	45
Cantar de los cantares 5:2	163, 164, 208
Cantar de los cantares 5:5	164
Cantar de los cantares 5:6	163, 164
Cantar de los cantares 5:12	176, 196
Cantar de los cantares 5:13	166, 206
Cantar de los cantares 5:16	207
Cantar de los cantares 6:2	30, 31
Cantar de los cantares 6:9	184
Cantar de los cantares 7:5	208
Cantar de los Cantares 7:6	60
Cantar de los cantares 7:8	144, 200
Cantar de los cantares 7:10	171
Cantar de los cantares 8:5	166
Cantar de los Cantares 8:7	51
Cantar de los cantares 8:8	209
Cantar de los cantares 8:10	209
1 Crónicas 29:11	205
2 Crónicas 16:9	197

D

Daniel 1:4	140
Daniel 2:20	34
Daniel 2:22	42
Daniel 2:35	123
Daniel 4:17	206
Daniel 4:18	185
Daniel 10:9	57
Daniel 12:2	66
Daniel 12:13	212
Deuteronomio 1:1	163
Deuteronomio 3:23	15, 17
Deuteronomio 3:24	18

Deuteronomio 3:25	18, 87	Deuteronomio 16:18	91
Deuteronomio 3:26	19, 150	Deuteronomio 16:20	91
Deuteronomio 3:28	19, 151	Deuteronomio17:3	77
Deuteronomio 4:4	12, 19, 117, 164	Deuteronomio 17:6	96
Deuteronomio 4:12	20	Deuteronomio 17:15	97
Deuteronomio 4:26	95	Deuteronomio17:20	83
Deuteronomio 4:30	64	Deuteronomio19:15	94
Deuteronomio 4:35	35	Deuteronomio 19:16	96
Deuteronomio 4:44	152	Deuteronomio 19:19	97
Deuteronomio 5:4	22	Deuteronomio 21:10	99
Deuteronomio 5:14	136	Deuteronomio 22:6	144
Deuteronomio 5:17	21	Deuteronomio 22:17	99
Deuteronomio 5:18	21	Deuteronomio22:17	103
Deuteronomio 5:23	20	Deuteronomio 22:19	46, 99, 106, 108, 109
Deuteronomio 5:25	201		
Deuteronomio 5:27	21, 22	Deuteronomio 22:27	121
Deuteronomio 5:29	22	Deuteronomio 22:28	106, 107
Deuteronomio 5:30	22	Deuteronomio 22:29	108
Deuteronomio 5:31	22, 121	Deuteronomio 24:5	112
Deuteronomio 6:4	26, 29, 30, 34, 37, 38, 40, 144, 255, 257	Deuteronomio 24:15	113
		Deuteronomio 25:3	129
		Deuteronomio 25:5	12, 130
Deuteronomio 6:4-5	60	Deuteronomio 25:9	132
Deuteronomio 6:5	26, 35, 40, 49, 50, 52	Deuteronomio 25:19	134
		Deuteronomio 27:10	164
Deuteronomio 6:6	52, 54	Deuteronomio 27:21	109
Deuteronomio 6:7	58, 59	Deuteronomio 28:9	167
Deuteronomio 6:7-9	54	Deuteronomio 28:10	25, 29, 60
Deuteronomio 6:9	60	Deuteronomio 28:58	32
Deuteronomio 7:6	164	Deuteronomio 30:3	65
Deuteronomio 7:8	164	Deuteronomio 30,20	54
Deuteronomio 7:10	112	Deuteronomio 30:20	54
Deuteronomio 7:11	15	Deuteronomio 31:1	147
Deuteronomio 7:12	67	Deuteronomio 31:2	148, 168, 214
Deuteronomio 8:10	67, 87	Deuteronomio 31:7	151
Deuteronomio 9:8	163	Deuteronomio 31:14	150
Deuteronomio 9:24	163	Deuteronomio 31:16	150
Deuteronomio 10:15	27	Deuteronomio 31:16-17	150
Deuteronomio 10:17	88	Deuteronomio 31:19	150, 169
Deuteronomio 11:10	56	Deuteronomio 31:21	153, 154, 155
Deuteronomio 11:12	198, 199	Deuteronomio 31:22	154
Deuteronomio 11:13	27, 36, 44, 60, 257	Deuteronomio 31:23	151
		Deuteronomio 31:26	153
Deuteronomio 14:1	85, 110, 117, 164, 220	Deuteronomio 31:29	64, 155
		Deuteronomio 31:30	153
Deuteronomio 14:2	212	Deuteronomio 32:1	29, 163, 165, 169
Deuteronomio 15:21	21	Deuteronomio 32:3	156, 169, 214

Deuteronomio 32:4	156, 214, 216, 244	Éxodo 13:16	29
Deuteronomio 32:5	215, 216	Éxodo 13:21	147
Deuteronomio 32:6	217, 222	Éxodo 14:7	62
Deuteronomio 32:7	221	Éxodo 14:8	127
Deuteronomio 32:9	116, 166, 222	Éxodo 14:19	62
Deuteronomio 32:10	222, 225	Éxodo 15:1	154
Deuteronomio 32:11	222	Éxodo 15:3	107, 114
Deuteronomio 32:12	223	Éxodo 15:11	52
Deuteronomio 32:18	224	Éxodo 16:4	193
Deuteronomio 32:20	224	Éxodo 16:12	87
Deuteronomio 32:29	223	Éxodo 18:11	97
Deuteronomio 32:39	93	Éxodo 18:22	97
Deuteronomio 33:17	105, 119, 120	Éxodo 19:16	136
Deuteronomio 34:5	164	Éxodo 19:19	40
Deuteronomio 34:6	125, 126	Éxodo 20:1	20, 25
Deuteronomio 34:10	164	Éxodo 20:2	43, 194
		Éxodo 20:11	209
		Éxodo 20:12	111

E

		Éxodo 20:24	68
		Éxodo 21:4	109
Eclesiastés 1:4	80	Éxodo 21:6	20
Eclesiastés 1:7	219	Éxodo 21:7	108
Eclesiastés 1:9	105	Éxodo 21:10	55
Eclesiastés 7:14	77, 138	Éxodo 21:11	55
Eclesiastés 7:20	102	Éxodo 21:33	119
Eclesiastés 7:26	23, 135	Éxodo 21:34	119
Eclesiastés 10:20	201	Éxodo 22:30	138
Ester 2:7	104	Éxodo 23:15	70
Ester 5:1	100	Éxodo 23:20	148
Ester 7:10	92	Éxodo 23:21	131
Ester 9:16	101	Éxodo 24:17	128
Éxodo 2:2	23	Éxodo 24:18	76
Éxodo 2:12	117, 120, 140, 141	Éxodo 25:8	147
Éxodo 2:22	114	Éxodo 25:23	73
Éxodo 2:24	217	Éxodo 26:28	118
Éxodo 3:2	93	Éxodo 28:16	159
Éxodo 3:3	127, 128	Éxodo 28:17	137
Éxodo 3:5	23, 153	Éxodo 29:4	24
Éxodo 3:8	218	Éxodo 29:5	40
Éxodo 3:15	84, 116	Éxodo 29:8	24
Éxodo 4:13	117	Éxodo 31:1	259
Éxodo 4:22	110, 185	Éxodo 31:17	221
Éxodo 6:5	217	Éxodo 32:7	106
Éxodo 12:38	122, 246	Éxodo 32:11	106
Éxodo 13:1	257	Éxodo 32:20	122
Éxodo 13:2	25, 59	Éxodo 33:11	57
Éxodo 13:11	25, 60, 257	Éxodo 33:15	164, 223

Éxodo 33:15-16	148	Génesis 24:8	115
Éxodo 33:23	29	Génesis 24:14	115
Éxodo 34:1	103	Génesis 25:16	138
Éxodo 34:6	175	Génesis 26:5	103
Éxodo 35:3	81	Génesis 26:18	167
Éxodo 35:25	11	Génesis 26:22	219
Éxodo 35:35	40	Génesis 26:25	219
Ezequiel 1	246	Génesis 27:28	173, 193
Ezequiel 1:6	72	Génesis 28:11	112, 127
Ezequiel 1:10	72, 88, 105, 134, 222	Génesis 29:7	63
Ezequiel 1:13	137	Génesis 29:8	64
Ezequiel 1:14	173, 198	Génesis 29:12	194
Ezequiel 1:26	128	Génesis 32:1-2)	218
Ezequiel 1:27	128	Génesis 36:31	191
Ezequiel 36:26	52	Génesis 36:33	191
Ezequiel 38:18	46	Génesis 36:39	191
Ezequiel 38:23	63	Génesis 37:24	120
Ezequiel 41:22	72, 73	Génesis 38:7	130
		Génesis 38:9	130

G

		Génesis 39:16	101
		Génesis 42:30	53
Génesis 1:2	120	Génesis 48:16	63
Génesis 1:14	135	Génesis 48:20	136, 204
Génesis 1:16	97	Génesis 49:14	101
Génesis 1:28	118	Génesis 49:33	118
Génesis 2:4	217, 219, 220		
Génesis 2:10	45, 52, 82, 179, 182, 184, 187		

H

Génesis 2:14	130	Habacuc 2:3	119
Génesis 2:15	31		
Génesis 2:23	132		

I

Génesis 3:7	24		
Génesis 3:21	23, 39	Isaías 1:2	29, 165
Génesis 6:3	80	Isaías 1:21	198, 199, 211
Génesis 6:16	117	Isaías 1:27	198, 211
Génesis 8:9	109	Isaías 2:2	64
Génesis 8:21	199, 200	Isaías 6:2	139
Génesis 9:17	29	Isaías 6:3	73
Génesis 12:1	135	Isaías 7:7	60
Génesis 14:18	188	Isaías 8:16	131
Génesis 15:5	59	Isaías 8:18	152
Génesis 15:14	108	Isaías 8:21	83
Génesis 18:32	141	Isaías 9:7	158
Génesis 21:30	153	Isaías 11:2	177
Génesis 24:1	104	Isaías 14:3	26
Génesis 24:5	115	Isaías 14:16	212
Génesis 24:6	115	Isaías 22:5	63

Isaías 24:16	101, 151, 152	Isaías 58:14	82, 174, 221		
Isaías 25:5	151	Isaías 59:17	215		
Isaías 26:2	157	Isaías 60:19	148		
Isaías 26:11	12	Isaías 60:21	48, 203, 215		
Isaías 27:1	118	Isaías 61:9	19		
Isaías 27:13	46, 47	Isaías 62:4	108		
Isaías 29:14	135	Isaías 62:5	113		
Isaías 33:6	186	Isaías 62:8	60		
Isaías 33:20	198	Isaías 63:12	104, 147, 148		
Isaías 34:5	91	Isaías 63:16	71, 72, 180		
Isaías 38:2	15, 18, 94	Isaías 64:4	51		
Isaías 40:4	126	Isaías 66:1	96		
Isaías 40:17	101	Isaías 66:7	116		
Isaías 40:18	128	Isaías 66:22	66		
Isaías 40:25	128				
Isaías 41:8	27	**J**			
Isaías 41:27	199				
Isaías 42:8	100, 102, 111	Jeremías	65		
Isaías 42:16	24	Jeremías 2:2	86		
Isaías 43:21	96	Jeremías 2:3	213		
Isaías 44:13	131	Jeremías 2:13	45, 159		
Isaías 47:13	167	Jeremías 2:21	220		
Isaías 48:9	177, 200	Jeremías 4:12	55		
Isaías 49:3	39	Jeremías 7:4	79		
Isaías 49:14	220	Jeremías 9:12	47		
Isaías 49:15	220, 221	Jeremías 17:8	184		
Isaías 50:1	55	Jeremías 17:12	143		
Isaías 50:3	49, 199	Jeremías 23:29	119		
Isaías 51:1	219	Jeremías 30:10-11	93		
Isaías 51:4	26	Jeremías 31:7	117		
Isaías 52:2	49	Jeremías 31:9	117		
Isaías 52:3	49, 55	Job 6:6	207		
Isaías 52:5	49	Job 7:9	159		
Isaías 53:2	125	Job 8:9	64		
Isaías 53:5	105, 126, 141	Job 10:22	159		
Isaías 53:6	141	Job 14:20	131		
Isaías 53:9	139	Job 15:23	74		
Isaías 54:5	108	Job 20:27	155, 223		
Isaías 54:7	108, 198	Job 22:19	21		
Isaías 54:10	86	Job 28:12	123, 180		
Isaías 55:3	28	Job 28:13	191		
Isaías 57:1	47	Job 28:23	180		
Isaías 57:2	212	Job 32:6	74		
Isaías 57:16	12	Job 33:25	131		
Isaías 58:8-9	221	Job 33:29	130		
Isaías 58:9	144	Job 34:3	201, 202, 207		
Isaías 58:11	45, 52, 182, 184, 187	Job 34:21	197		

Job 34:35	84
Job 35:10	151
Job 38:13	107
Joel 4:18	66
Jonás 2:2	159
Josué 1:2	125
Josué 1:8	15
Josué 5:12	148
Josué 5:14	58, 164, 165
Josué 7:9	37
Josué 24:2	222
Josué 24:27	153
Jueces 5:20-21	61, 62
Jueces 5:21	62
Jueces 5:23	61, 62
Jueces 17:10	72

L

Lamentaciones 1:1	55, 78, 141
Lamentaciones 1:5	120, 140
Lamentaciones 1:6	148
Lamentaciones 1:13	63, 137
Lamentaciones 2:1	199
Lamentaciones 5:16	122
Levítico 1:1	37, 156
Levítico 6:12	93
Levítico 16:19	86
Levítico 16:30	184
Levítico 18:19	183
Levítico 19:9	114
Levítico 19:10	114
Levítico 19:16	203
Levítico 19:30	32
Levítico 20:7	85
Levítico 21:11	139
Levítico 22:10	142, 213
Levítico 22:14	213
Levítico 23:2	144
Levítico 23:40	191
Levítico 25	243
Levítico 25:4	151
Levítico 25:10	184
Levítico 25:17	196
Levítico 25:49	132
Levítico 26:1	123
Levítico 26:25	62
Levítico 26:28	96
Levítico 26:44	216, 218

M

Malaquías 1:2	49
Malaquías 1:6	158
Malaquías 2:6	141
Malaquías 2:7	110
Malaquías 3:6	101, 131, 132
Malaquías 3:16	39
Miqueas 7:15	104, 117
Miqueas 7:20	50, 215

N

Números 1:51	93, 102, 142
Números 6:23	78
Números 6:24-25	79
Números 6:24-26	72
Números 6.25	204
Números 11:1	201, 202
Números 12:3	23, 141
Números 12:6	127, 129
Números 12:8	20
Números 13:23	92, 96
Números 15:19	75
Números 15: 37	255
Números 15:39	33
Números 19:14	120
Números 20:8	123
Números 20:11	123
Números 21:1	148
Números 21:14	118
Números 21:17	160
Números 21:18	160
Números 23:21	134
Números 24:11	173
Números 24:14	64
Números 24:17	136, 196
Números 24:21	118
Números 25:11	106
Números 25:12	125, 126
Números 26:56	153
Números 27:12-13	125
Números 28 y 29	248
Números 30:1	11

Números 31:18	11
Números 32:42	11

O

Oseas 2:14	108
Oseas 2:20	108
Oseas 11:1	107
Oseas 11:9	28
Oseas 12:2	224
Oseas 12:3	224
Oseas 12:11	128
Oseas 14:7	200
Oseas 14:9	181, 190

P

Proverbios 1:9	120
Proverbios 1:20	25
Proverbios 2:1	202
Proverbios 2:3	184
Proverbios 3:2	211
Proverbios 3:20	179
Proverbios 3:27	214
Proverbios 3:33	135
Proverbios 3:35	55, 56
Proverbios 4:2	214
Proverbios 4:10	202
Proverbios 4:12	24
Proverbios 4:18	74, 173, 215
Proverbios 4:19	195
Proverbios 4:26	195
Proverbios 5:15	45
Proverbios 5:16	126
Proverbios 6:23	129
Proverbios 7:4	209
Proverbios 8:30	157
Proverbios 9:5	72, 208
Proverbios 10:1	124
Proverbios 10:2	83
Proverbios 10:6	68, 74
Proverbios 10:25	121
Proverbios 11:13	203
Proverbios 12:21	102
Proverbios 13:23	149, 189
Proverbios 17:17	106
Proverbios 22:9	176
Proverbios 22:18	186
Proverbios 24:3	183, 185
Proverbios 24:4	180, 186, 210
Proverbios 27:8	114
Proverbios 27:20	159
Proverbios 28:13	95
Proverbios 28:24	67
Proverbios 29:19	123
Proverbios 30:4	124
Proverbios 30:19	222
Proverbios 30:20	190
Proverbios 30:21	43
Proverbios 30:23	43, 122, 137
Proverbios 31:13	11

R

1 Reyes 3:9	202
1 Reyes 7:23	112
1 Reyes 7:25	112
1 Reyes 8:1	28
1 Reyes 8:32	96
1 Reyes 13:4	171
1 Reyes 17:3	201
1 Reyes 18:39	34
1 Reyes 20:11	74, 75
2 Reyes 19:16	195, 200, 202
Rut 1:3	53
Rut 4:7	131, 132
Rut 4:11	46

S

Salmos 5:5	142
Salmos 7:16	134
Salmos 8:6	66
Salmos 16:8	23
Salmos 17:15	189
Salmos 19:5	122
Salmos 19:10	115
Salmos 19:11	208
Salmos 19:12	208
Salmos 21:5	211
Salmos 25:10	195
Salmos 25:14	203
Salmos 26:2	189
Salmos 27:4	51

Salmos 31:23	160	Salmos 105:1	160
Salmos 32:7	101	Salmos 106:2	200
Salmos 33:5	189	Salmos 106:48	157, 217
Salmos 33:14	80, 141	Salmos 108:5	219
Salmos 34:2	190	Salmos 110:4	70
Salmos 34:3	191	Salmos 115:17	170
Salmos 34:9	208	Salmos 118:5-6	205
Salmos 34:14	202	Salmos 118:19	168
Salmos 34:21	103	Salmos 118:20	34, 44
Salmos 35:10	52, 94	Salmos 118:22-23	122
Salmos 36:6	119	Salmos 121:4	176
Salmos 36:7	120	Salmos 121:8	33, 48
Salmos 39:2	179	Salmos 123:1	42
Salmos 41:1	225	Salmos 123:2	43
Salmos 42:9	98	Salmos 126:1	47
Salmos 44:23	197	Salmos 126:2	161
Salmos 45:5	58	Salmos 130:1	43
Salmos 47:6	143	Salmos 132:13	210
Salmos 48:2	66	Salmos 132:14	49
Salmos 48:5	191	Salmos 133:2	78, 206
Salmos 48:9	191	Salmos 133:3	210, 211
Salmos 51:15	92	Salmos 134:1	17
Salmos 63:2	125	Salmos 135:4	166, 223
Salmos 68:17	88	Salmos 138:2	40
Salmos 72:19	36, 38	Salmos 139:12	94
Salmos 73:11	196	Salmos 140:13	65
Salmos 75:7	91	Salmos 143:2	189
Salmos 78:5	186	Salmos 144:15	19, 190
Salmos 81:4	95	Salmos 145:10	38, 50
Salmos 84:11	136	Salmos 145:18	215
Salmos 85:1	217	Salmos 149:6	75, 92
Salmos 89:3	12, 13	1 Samuel 2:3	193, 194
Salmos 89:14	187	1 Samuel 2:6	159
Salmos 89:15	168	1 Samuel 2:18	58
Salmos 91:10	42	1 Samuel 2:30	17, 69, 156, 158
Salmos 91:11	24, 218	1 Samuel 3:10	202
Salmos 91:14	24	1 Samuel 12:22	223
Salmos 91:15	218	1 Samuel 15:2	60
Salmos 92:1	154	1 Samuel 16:12	23, 28, 137
Salmos 92:12	191	1 Samuel 17:40	75
Salmos 94:7	196	1 Samuel 28:16	206
Salmos 94:9	197	2 Samuel 12:4	53
Salmos 95:7	114	2 Samuel 22:1	155
Salmos 102:1	85, 113	2 Samuel 22:9	177, 199
Salmos 103:19	101, 111	2 Samuel 22:26	194
Salmos 104:3	94	2 Samuel 22:28	84
Salmos 104:24	177, 181, 183	2 Samuel 23:21	124

Z

Zacarías 3:7	16, 17
Zacarías 3:9	122, 197
Zacarías 4:10	96, 197
Zacarías 9:9	100, 119, 121
Zacarías 13:2	112
Zacarías 14:7	46
Zacarías 14:9	19, 31, 34, 100, 160
Zacarías 14:18	56

ÍNDICE

Dedicatoria de el Zohar 7
Palabras introductorias 9
Parashat Matot 11
Parashat Vaetjanan 15
Parashat Ekev 67
Parashat Shoftim 91
Parashat Ki Titza 99
Parashat Vaielej 147
Parashat Hazinu 163
   Idra Zuta Kaddisha 169
Apéndice: Veintiséis 229
Glosario 235
Tabla de equivalencias de libros bíblicos 261
Índice de citas bíblicas 263
El Zohar plan general de la obra 275
Estimado lector 277

EL ZOHAR
PLAN GENERAL DE LA OBRA

Volumen 1: Hakdamat Hazohar - Bereshit (1)
Volumen 2: Bereshit (2)
Volumen 3: Noaj - Lej Lejá
Volumen 4: Vaierá - Jaiei Sará
Volumen 5: Toldot - Vaietzé
Volumen 6: Vaishlaj - Vaieshev
Volumen 7: Miketz - Vaigash
Volumen 8: Vaiejí

Volumen 9: Shemot - Vaera
Volumen 10: Bo - Beshalaj
Volumen 11: Itró
Volumen 12: Mishpatim
Volumen 13: Terumá (1)
Volumen 14: Terumá (2) (Sifra Detzniuta)
Volumen 15: Tetzave - Ki Tisá
Volumen 16: Vaiakel
Volumen 17: Pekude (1)
Volumen 18: Pekude (2)

Volumen 19: Vaikrá
Volumen 20: Tzav - Shminí - Tazria - Metzorá
Volumen 21: Ajarei Mot - Kedoshim
Volumen 22: Emor - Behar - Bejukotai - Bamidbar
Volumen 23: Nasó - Behaalotjá (Idra Raba)
Volumen 24: Shelaj - Koraj - Jukat - Balak
Volumen 25: Pinjas (1) Pinjas (2)
Volumen 26: Matot - Vaetjanan - Ekev - Shoftim - Ki Titza - Vaielej - Hazinu

ESTIMADO LECTOR

Dado que los volúmenes de El Zohar se publicarán de modo progresivo a lo largo de varios años, Ediciones Obelisco se compromete, para su facilidad, a comunicarle la aparición de cada nuevo volumen publicado para que usted pueda adquirirlo en cualquier librería de su país. Para ello le agradeceríamos nos enviara sus datos por e-mail o por carta a:

Ediciones Obelisco

Collita, 23-25. Pol. Ind. Molí de la Bastida
08191 Rubí - Barcelona - España
Tel. (34) 93-309-85-25
Fax: (34) 93-309-85-23
e-mail: comercial@edicionesobelisco.com